Elogios a **EMPODERADO**

"Recomendo *INSPIRADO* como uma leitura obrigatória para todo empresário e profissional em desenvolvimento com quem converso. Esta lista de leitura obrigatória apenas dobrou com *EMPODERADO*, que está destinado a se tornar um clássico."

— *Shawn Boyer, Fundador, GoHappy e Snagajob*

"*EMPODERADO* mergulha profundamente nas difíceis questões organizacionais e culturais que atrapalham a maioria das empresas com as quais trabalho hoje. Esta é a experiência e o conselho que estou esperando em um livro."

— *Jeff Patton, Coach de Design e Processo de Produto*

"Conheço Chris há mais de uma década, e o considero um dos melhores líderes de produto com que já tive contato. Os gerentes de produto que trabalharam para ele tornaram-se grandes líderes de produto em algumas das melhores empresas de tecnologia. Se você deseja aprender com os melhores, este livro captura essas lições."

— *Doug Camplejohn, EVP e GM, Sales Cloud, Salesforce*

"Mais uma vez, a sabedoria e a perspectiva única de Marty sintetizaram as melhores empresas, culturas e líderes da classe em uma tese e um conjunto de princípios que são transformadores. Fácil de ler e de aplicar, *EMPODERADO* é uma leitura obrigatória para líderes de produto e para todos os líderes que estão convencidos de que deve haver um caminho melhor."

— *Chuck Geiger, ex-CTO da Chegg, IAC, PayPal, eBay, Wine.com, Travelocity*

"Se você está liderando o pessoal de produtos, ou mesmo todo o departamento de produtos de sua empresa, este livro é para você. É o primeiro a delinear a filosofia subjacente das organizações de produtos estelares a partir da perspectiva de um líder, e seus muitos exemplos tornam mais fácil entender esses conceitos e aplicá-los no ambiente de sua empresa."

— *Petra Wille*, *Coach de Liderança de Produto*

"Como um dos líderes mais respeitados em produtos globalmente, Marty nos leva por um passeio fascinante que o ajudará a evoluir como um líder de produto, para que você possa fazer o que faz de melhor: criar experiências satisfatórias e envolventes para seus usuários e clientes."

— *Simon Zhang*, *CEO, GrowingIO*

"Para prosperar nesta era de constantes disrupções, as empresas devem acelerar a inovação e fornecer continuamente produtos que os clientes adorem. Um nível mais alto de inovação consistente só pode vir de equipes realmente capacitadas. Nos últimos anos, as percepções, os conselhos práticos e a sabedoria de Marty foram muito valiosos durante nossa transformação para uma organização de produtos altamente empoderada. Neste livro, Marty fornece um projeto essencial para a construção de equipes empoderadas. Se você realmente deseja alcançar resultados de negócios extraordinários e desenvolver uma cultura de inovação de produtos da qual possa se orgulhar, esta é uma leitura obrigatória!"

— *Shamim Mohammad*, *Vice-presidente sênior,*
Diretor de Tecnologia e Informação, CarMax

"Tive a sorte de trabalhar com Marty por muitos anos e, ainda assim, toda vez que ele lança um novo livro ou artigo, fico cheio de entusiasmo e medo. Quais novas técnicas de produto nossos concorrentes estão usando e nós estamos perdendo? *EMPODERADO* acerta o alvo e fornece uma receita para a criação de produtos excelentes. Marty tem um talento especial para fazer com que técnicas de produtos difíceis pareçam necessárias e tangíveis. Leia este livro e rejuvenesça sua empresa!"

— *Jeff Trom*, *CTO, Workiva*

"O principal desafio de todas as empresas de tecnologia hoje é ser uma organização verdadeiramente voltada para o produto, com inovações de produto contínuas que resultem em uma vantagem competitiva sustentável. *EMPODERADO* dá aos executivos e aos líderes a chave para entender como eles precisam mudar suas empresas para sobreviver e prosperar."

— *Frerk-Malte Feller,* COO, *Afterpay*

"Se você está se perguntando o que garantirá a sobrevivência de sua empresa, ou por que seus produtos estão falhando, leia este livro. Este é o manual de 'como fazer' para construir grandes empresas de produtos duradouras."

— *Amanda Richardson,* CEO, *CoderPad*

"Incluí *INSPIRADO* como leitura obrigatória para qualquer pessoa que venha a ingressar nas minhas equipes de desenvolvimento de produtos. Agora, vou adicionar *EMPODERADO* a essa lista."

— *Joca Torres,* CPO, *Gympass*

"*INSPIRADO* foi um manual para a nossa equipe construir produtos melhores. *EMPODERADO* é um manual para construir uma equipe mais forte. Tudo o que li do Silicon Valley Product Group (SVPG) está correto, e muitas vezes parece que posso aplicar esse conhecimento no mesmo dia."

— *Ian Cairns,* *Líder de Produto da Plataforma de Desenvolvimento do Twitter*

"*EMPODERADO* é, antes de mais nada, sobre permissão. As empresas precisam se dar a permissão para orientar-se em torno de uma cultura de centralização do produto. Tudo, desde a estrutura organizacional, a tecnologia, a cultura e o coaching, deriva disso. E nada incorpora melhor essa ideia do que os escritos de Marty."

— *Punit Soni,* *Fundador, CEO, Suki*

EMPODERADO

The Silicon Valley Product Group Series

INSPIRADO: Como criar produtos de tecnologia que os clientes amam
(Marty Cagan, 2020)

EMPODERADO: Pessoas comuns, produtos extraordinários
(Marty Cagan e Chris Jones, 2022)

TRANSFORMED: Becoming a product-driven company
(Lea Hickman, 2021)

LOVED: How to market tech products customers adore
(Martina Lauchengco, 2021)

LIÇÕES DE LIDERANÇA DE PRODUTO DAS MAIORES
EMPRESAS DE TECNOLOGIA DO MUNDO

MARTY CAGAN
COM CHRIS JONES
Silicon Valley Product Group

EMPODERADO

PESSOAS
COMUNS,
PRODUTOS
EXTRAORDINÁRIOS

ALTA BOOKS
EDITORA
Rio de Janeiro, 2022

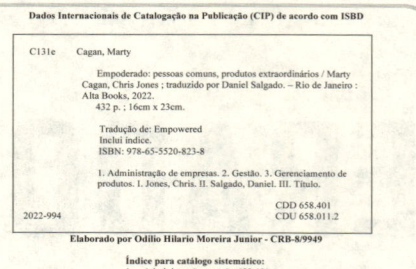

Dados Internacionais de Catalogação na Publicação (CIP) de acordo com ISBD

C131e   Cagan, Marty

       Empoderado: pessoas comuns, produtos extraordinários / Marty Cagan, Chris Jones ; traduzido por Daniel Salgado. – Rio de Janeiro : Alta Books, 2022.
       432 p. ; 16cm x 23cm.

       Tradução de: Empowered
       Inclui índice.
       ISBN: 978-65-5520-823-8

       1. Administração de empresas. 2. Gestão. 3. Gerenciamento de produtos. I. Jones, Chris. II. Salgado, Daniel. III. Título.

2022-994   CDD 658.401
                             CDU 658.011.2

Elaborado por Odílio Hilario Moreira Junior - CRB-8/9949

Índice para catálogo sistemático:
1.   Administração : gestão 658.401
2.   Administração : gestão 658.011.2

Produção Editorial
Editora Alta Books

Diretor Editorial
Anderson Vieira
anderson.vieira@altabooks.com.br

Editor
José Ruggeri
j.ruggeri@altabooks.com.br

Gerência Comercial
Claudio Lima
claudio@altabooks.com.br

Gerência Marketing
Andrea Guatiello
marketing@altabooks.com.br

Coordenação Comercial
Thiago Biaggi

Coordenação de Eventos
Viviane Paiva
comercial@altabooks.com.br

Coordenação ADM/Finc.
Solange Souza

Direitos Autorais
Raquel Porto
rights@altabooks.com.br

Produtor da Obra
Thales Silva

Produtores Editoriais
Illysabelle Trajano
Maria de Lourdes Borges
Paulo Gomes
Thiê Alves

Equipe Comercial
Adriana Baricelli
Daiana Costa
Fillipe Amorim
Heber Garcia
Kaique Luiz
Maira Conceição
Victor Hugo Morais

Equipe Editorial
Beatriz de Assis
Brenda Rodrigues
Caroline David
Gabriela Paiva
Henrique Waldez
Marcelli Ferreira
Mariana Portugal

Marketing Editorial
Jessica Nogueira
Livia Carvalho
Marcelo Santos
Pedro Guimarães
Thiago Brito

Atuaram na edição desta obra:

Tradução
Daniel Salgado

Copidesque
Lyvia Felix

Revisão Gramatical
Bernardo Kalina
Fernanda Lutfi

Diagramação
Joyce Matos

Editora
afiliada à:

ASSOCIADO

ALTA BOOKS
E D I T O R A

Rua Viúva Cláudio, 291 – Bairro Industrial do Jacaré
CEP: 20.970-031 – Rio de Janeiro (RJ)
Tels.: (21) 3278-8069 / 3278-8419
www.altabooks.com.br – altabooks@altabooks.com.br
Ouvidoria: ouvidoria@altabooks.com.br

Este livro é dedicado a Bill Campbell (1940-2016), conhecido afetuosamente como o Coach do Vale do Silício.

Embora eu tenha encontrado Bill algumas vezes ao longo dos anos, nunca tive a sorte de ser treinado por ele. No entanto, considero-me muito sortudo por ter tido a gestão e o treinamento de vários líderes que foram treinados por Bill.

Cada vez mais, percebo quantas lições importantes que aprendi sobre liderança, empoderamento, equipes e empresas de produtos fortes podem ser atribuídas a Bill.

Gostaria que ele pudesse aprovar este livro, e também que se orgulhasse de ver seus ensinamentos vivos.

Agradecimentos

Este livro é baseado nas lições aprendidas em uma carreira de quase 40 anos, em que trabalhei exclusivamente com produtos e serviços movidos a tecnologia. Assim, existem inúmeras pessoas que me influenciaram ao longo do caminho.

Muitos gerentes e líderes despenderam tempo e se esforçaram para fazer o meu coaching, desenvolver minhas habilidades e me mostrar o que é uma liderança forte. Muitos colegas de engenharia, de design e de produto me mostraram o que significa trabalhar em uma equipe de produto forte. E muitas empresas me convidaram para entrar em seus escritórios e sentar com suas equipes para conhecê-las e compartilhar o que aprendi; todos esses casos me ajudaram a construir meu conhecimento sobre equipes e empresas fortes.

Este livro se beneficiou, particularmente, dos insights de um conjunto de reconhecidos líderes de produto e coaches de descoberta que admiro e respeito: Holly Hester-Reilly, Teresa Torres, Gabrielle Buffrem, Petra Wille e Felipe Castro, cada um deles dedicou tempo e esforços reais para me ajudar a fazer com que este livro fosse digno do seu tema.

Também gostaria de agradecer às líderes que me deram permissão para fazer seus perfis neste livro. Além de serem líderes excepcionais, elas também têm em comum o desejo de iluminar os outros, e não elas próprias. Sou grato por terem concordado em me deixar dar aos outros um vislumbre de seu estilo de liderança: Debby Meredith, Audrey Crane, Christina Wodtke, April Underwood, Judy Gibbons, Avid Larizadeh Duggan, Lisa Kavanaugh e Shan-Lyn Ma.

Agradeço também ao meu editor de longa data, Peter Economy, e à minha editora John Wiley & Sons, especialmente a Richard Narramore.

Por fim, gostaria de agradecer aos meus parceiros do SVPG, começando com meu coautor Chris Jones e, em seguida, Martina Lauchengco, Lea Hickman, Christian Idiodi e Jon Moore. Essas pessoas são minhas parceiras exatamente porque acredito que são as melhores do mundo no que fazem, e cada uma delas contribuiu substancialmente para este livro. Tenho orgulho de conhecer e trabalhar com cada uma delas.

Marty Cagan, Junho de 2020

Meu ponto de vista sobre esses tópicos foi forjado pelos líderes da Vontu: Joseph Ansanelli, Michael Wolfe, Doug Camplejohn, Steve Roop, John Donnelly, Ken Kim, Margie Mader-Clark e muitos outros. Essa equipe transformou suas palavras em ação e me mostrou o que a liderança genuína e o foco na equipe podem fazer. Ainda me lembro de Michael Wolfe me dizendo: "Guarde minhas palavras, você vai passar o resto de sua carreira tentando recriar isso." Michael, considere suas palavras guardadas. Também quero agradecer às equipes que tive ao longo dos anos. Tive a sorte de ter tantas pessoas incríveis nessas equipes. Não há como listar todos, mas gostaria de destacar Rich Dandliker, Bruno Bergher, Jon Stull, Derek Halliday, Alex Bovee, Ayan Mandel, Shun Chen e Conall O'Raghallaigh. Todos vocês avançaram em seus caminhos. Minhas parcerias com vocês são minhas memórias de carreira mais queridas.

Obrigado também a todos os parceiros do SVPG: Martina, Lea, Christian, Jonathan. Que equipe incrível e diversificada! Aprendo com vocês todos os dias. Quero deixar um agradecimento especial a Martina Lauchengco, que não é apenas minha parceira do SVPG, mas também é minha parceira de vida. Martina, você me apoia e desafia meus pensamentos da melhor maneira.

Por último, gostaria de expressar minha mais sincera gratidão a Marty, por acreditar em mim e me trazer para a parceria do SVPG. Continuo a aprender muito com você e prezo pela nossa colaboração em todos os aspectos do SVPG. De todo o coração, obrigado!

Chris Jones, Junho de 2020

Sobre os Autores

Marty Cagan

Antes de fundar o Grupo de Produtos do Vale do Silício (SVPG) para perseguir seus interesses em ajudar os outros a criar produtos de sucesso por meio de sua escrita, palestras, aconselhamento e coaching, Marty Cagan atuou como executivo responsável pela definição e pela construção de produtos para algumas das empresas mais bem-sucedidas em todo o mundo, incluindo Hewlett-Packard, Netscape Communications e eBay.

Começou sua carreira trabalhando por uma década como desenvolvedor de software na Hewlett-Packard Laboratories — conduzindo pesquisas sobre tecnologia de software e construindo vários produtos para outros desenvolvedores de software.

Depois da HP, ingressou na então jovem Netscape Communications Corporation, onde teve a oportunidade de participar do nascimento da indústria da internet.

Foi, mais recentemente, vice-presidente sênior de produto e design do eBay, onde foi responsável por definir produtos e serviços para o site de comércio eletrônico global da empresa.

Durante sua carreira, desempenhou e gerenciou pessoalmente a maioria das funções de uma organização de produto de software moderna, incluindo gerenciamento de produto, desenvolvimento de software, marketing de produto, design de experiência do usuário, teste de software, gerenciamento de engenharia e gerenciamento geral.

Como parte do seu trabalho com o SVPG, é um palestrante convidado constantemente para grandes conferências e empresas importantes em todo o mundo.

É graduado pela Universidade da Califórnia em Santa Cruz — com bacharelado em Ciências da Computação e Economia Aplicada — e pelo Stanford University Executive Institute.

Também é autor do livro *INSPIRADO: Como Criar Produtos de Tecnologia Que os Clientes Amam.*

Chris Jones

Chris passou mais de 25 anos construindo e liderando equipes de produto que definiram novas categorias de produtos, de startups a empresas de software da Fortune 500, incluindo Lookout, Symantec e Vontu. Detentor de múltiplas patentes, descobriu e desenvolveu novos produtos em serviços móveis, web, dados e plataforma para consumidores e empresas.

Desde que ingressou no SVPG, trabalhou diretamente com mais de cem empresas, desde startups a empresas muito grandes, e com uma ampla variedade de tecnologias, modelos de negócios e setores. Trabalhou diretamente com equipes operacionais e de liderança nessas empresas para alinhar melhor sua organização, processos, ferramentas e cultura às práticas recomendadas para produtos modernos.

Antes de ingressar no SVPG, foi vice-presidente de produto, design e análise da Lookout e chefe de produto da Vontu (adquirida pela Symantec). Em ambas as empresas, construiu as organizações de produto do zero, e liderou o esforço para descobrir e entregar produtos líderes de várias categorias.

Formou-se em Stanford, com bacharelado em Ciência da Computação.

Sumário

EMPODERADO

Lições das Principais Empresas de Tecnologia

Meu primeiro livro, *INSPIRADO*, discutiu como as grandes equipes das melhores empresas de produtos utilizam técnicas modernas de descoberta de produtos para resolver problemas difíceis da maneira que seus clientes amam, e que, ao mesmo tempo, trabalhe em favor de seus negócios.

INSPIRADO me levou, e também a meus parceiros do Silicon Valley Product Group (SVPG) [em português, Grupo de Produtos do Vale do Silício], para várias outras organizações, muito além do Vale do Silício.

A coisa mais impressionante que aprendemos foi que, em diversas empresas — até mesmo nas que tentavam fazer produtos e serviços verdadeiros e baseados em tecnologia —, as equipes de produto muitas vezes não tinham *permissão* para trabalhar da maneira que precisavam.

Percebemos que, para além das técnicas que as grandes equipes de produtos usam para descobrir produtos de sucesso, as diferenças entre como as grandes empresas de produtos trabalham e o resto são muito mais profundas.

O que encontramos nessas empresas não foi nada bonito.

O Papel da Tecnologia

Muitas empresas ainda possuem a velha mentalidade da Tecnologia da Informação (TI) quando se trata de tecnologia. Esta é vista como um custo necessário, e não como o principal capacitador de negócios que precisa ser. As pessoas que trabalham nas equipes de tecnologia estão lá literalmente "para servir aos negócios", e os gerentes e líderes de tecnologia estão lá para facilitar o atendimento ao negócio. Ou são colocados de lado em alguma unidade de negócios "digital". As equipes de tecnologia estão desconectadas dos clientes reais — na verdade, elas são encorajadas a pensar em seus stakeholders como seus clientes.

Coaching

Há poucos, ou até mesmo nenhum coaching ativo, para as pessoas nas equipes de tecnologia. E, mesmo se quisessem cumprir essa função, os gerentes muitas vezes não têm experiência para tal. Assim, os problemas se perpetuam.

Pessoal

A maioria dessas empresas reconhece não possuir a equipe necessária, mas tem ideias muito equivocadas sobre como corrigir isso e o que procurar na equipe de produtos. Novamente, então, os problemas se perpetuam.

Visão de Produto

Essas empresas raramente têm uma visão de produto inspiradora e atraente. Até podem ter tido uma durante seus primeiros anos, mas, depois que os fundadores saíram, ela se desvaneceu. As pessoas nas equipes de tecnologia sentem que estão apenas trabalhando em fábricas de recursos.

Topologia de Equipe

O pessoal de tecnologia é dividido em equipes nas quais não se sentem responsáveis por nada significativo, sentem que não podem fazer muito sem depender das mudanças de várias outras equipes, e que são apenas uma pequena engrenagem em uma roda-gigante.

Estratégia de Produto

Não seria justo dizer que a maioria dessas empresas possui uma estratégia de produto fraca, porque, na verdade, a maioria literalmente não tem estratégia alguma. Elas estão apenas tentando agradar o máximo de stakeholders possível com o pessoal, o tempo e as habilidades que possuem.

Objetivos de Equipe

A maioria dessas empresas ouviu dizer que o Google e outras empresas usam a técnica Objetivos e Resultados-chave (OKR) para gerenciar seu trabalho, e o CEO provavelmente assistiu a um vídeo ou leu um livro e achou que aquilo parecia fácil. Então, elas adotaram a técnica — sobrepondo-a a seus roteiros e a sua cultura de produtos já existentes — e, a cada trimestre, passou a haver um exercício de planejamento que consome algumas semanas, sendo amplamente ignorado pelo resto do trimestre. A maioria das pessoas nas equipes diz que obtém pouco ou nenhum valor com essa técnica.

Relação com Negócios

O relacionamento entre as equipes de tecnologia e o restante da empresa não é bom. Os stakeholders e os executivos têm pouca ou nenhuma confiança nas equipes de tecnologia. E as pessoas nas equipes de tecnologia se sentem como mercenários desvalorizados, subservientes ao negócio.

Equipes Empoderadas

Pior ainda, as equipes não são empoderadas para resolver problemas da maneira que os clientes preferem, mas ainda assim trabalham para a empresa. E, como tal, elas não podem ser responsabilizadas pelos resultados.

O gerente de produto é, na verdade, um gerente de *projeto*, conduzindo os itens da lista de pendências ao longo do processo. Os designers e os engenheiros estão lá apenas para projetar e codificar os recursos do roadmap.

A motivação é baixa, o senso de propriedade é mínimo, e a inovação é rara.

É fácil ver por que tantas dessas empresas estão prontas para uma ruptura. E isso não tem nada a ver com a forma pela qual o produto é feito nas grandes empresas de produtos.[1]

É especialmente chocante para mim o fato de não ser nenhum segredo como as melhores empresas funcionam e quão bem-sucedidas elas são financeiramente. O que levanta a questão: por que isso acontece?

Pela minha experiência, não é que essas empresas não *queiram* se transformar. É que a transformação é *difícil*, e elas simplesmente não sabem *como* efetuá-la. E nem tampouco o que realmente *significa* se transformar.

O que elas precisam é migrar para *equipes de produto empoderadas*.

Agora, você pode não utilizar esse termo e nem mesmo perceber que existem diferentes tipos de equipes de tecnologia.

Contudo, se o que descrevi até aqui é semelhante à sua organização, preciso compartilhar com você algumas verdades muito duras:

- Em primeiro lugar, você tem pouquíssimas chances de obter resultados de negócios significativos, ou inovar de verdade, com essa forma de trabalhar.
- Em segundo lugar, seus clientes são alvos grandes e maduros para um concorrente que não opera dessa forma (por exemplo, a Amazon) e que sabe como fornecer produtos que os clientes adoram, mas que trabalham a favor dos seus negócios.
- Terceiro, você está desperdiçando grande parte dos talentos e das capacidades das pessoas que contratou, e seus melhores funcionários — aqueles de que você precisa desesperadamente para sobreviver e prosperar — provavelmente irão embora.
- Por fim, se você acha que, ao mudar para o Agile, já realizou algum tipo de transformação digital, sinto dizer que você ainda nem começou.

Espero que você esteja lendo este livro por estar convencido de que deve haver um caminho melhor. E, de fato, há.

---

1 Para ser bem claro, encontramos empresas excepcionalmente fortes muito além do Vale do Silício: em Xangai, Melbourne, Tel Aviv, Londres, Berlim, Bangalore e outros lugares, assim como encontramos empresas muito fracas no coração de São Francisco. O que focamos, neste livro, foi a diferença entre as melhores e o resto.

1

Por Trás de Toda Grande Empresa

Neste livro, quero compartilhar e destacar as diferenças entre como *as melhores* empresas criam produtos movidos a tecnologia e como *a maioria* das empresas o faz.

Essas diferenças são fundamentais e marcantes.

Elas certamente incluem o que muitas pessoas pensam como "cultura de produto", mas as grandes empresas de produtos em geral têm culturas muito diferentes umas das outras, então claramente vai além disso.

Por exemplo, considere a Amazon, o Google, a Apple e a Netflix. Eu diria que as quatro são empresas de produtos muito fortes, tendo inovado consistentemente por muitos anos, embora cada uma tenha culturas bem diferentes.

Ainda acredito que a cultura seja extremamente importante, mas há algo além no que se refere a grandes empresas de produtos, e que é mais fundamental.

Tudo se resume às opiniões que elas têm sobre o papel da tecnologia, o propósito das pessoas que trabalham com tecnologia e como esperam que essas pessoas trabalhem juntas para resolver problemas.

Além disso, não acho que seja por acaso que, apesar de suas diferentes culturas, essas empresas tenham em comum os elementos mais importantes.

O que tentarei fazer neste livro é desembaraçar as partes das culturas dessas empresas que são mais um reflexo das personalidades de seus fundadores daquelas que são essenciais para uma inovação consistente.

Quero compartilhar as lições importantes que aprendi a respeito do que separa o melhor do resto.

Há um elo comum surpreendente entre muitas das melhores empresas de produtos: o lendário coach Bill Campbell. Durante seus anos de formação, Bill literalmente forneceu coaching executivo para os fundadores da Apple, da Amazon e do Google, bem como para vários outros.

Para se ter uma ideia das opiniões e dos valores de Bill, aqui está uma das minhas citações favoritas sobre o papel da liderança em uma empresa de produtos forte:

> *Liderança é reconhecer que existe uma grandeza em todos, e seu trabalho é criar um ambiente onde essa grandeza possa emergir.*

Este livro tem como objetivo identificar o que constitui esse ambiente, e quero incentivá-lo a considerar a adoção dessas práticas e desses comportamentos importantes.

Observe que não estou argumentando que essas empresas de produtos fortes sejam modelos de virtude. Todos elas foram criticadas, com razão, devido a algumas de suas políticas e práticas.[1]

Porém, no que diz respeito à capacidade de inovar de forma consistente, essas quatro empresas demonstraram efetivamente suas habilidades, e acredito que há muito a aprender com elas.

No fundo, vejo três diferenças essenciais entre as empresas de produtos mais fortes e o resto:

---

1 Para uma crítica inflexível dessas empresas quando se trata de suas políticas, consultar os escritos do professor Scott Galloway (www.profgalloway.com) [conteúdo em inglês].

A primeira é como a empresa vê o papel da tecnologia. A segunda é o papel que seus líderes de produto desempenham. A terceira é como a empresa vê o propósito das equipes de produto — os gerentes de produto, os designers de produto e os engenheiros.

Vamos analisar cada uma delas.

O Papel da Tecnologia

Há uma diferença fundamental entre como as empresas fortes veem o papel e o propósito da tecnologia em comparação com a maioria das outras empresas.

Em seu nível mais básico, a grande maioria das empresas vê a tecnologia como uma despesa necessária. Elas sabem que é importante, mas pensam nisso mais como um custo comercial. Se puderem terceirizar a mão de obra, melhor ainda. Fundamentalmente, elas não se consideram no ramo da tecnologia. Em vez disso, pensam que estão no ramo dos seguros, no ramo bancário, no de transportes, ou em qualquer outro. É certo que elas precisam de alguma tecnologia para operar, mas essa tecnologia acaba sendo vista como uma função subserviente ao "negócio".

Por isso, na maioria das empresas, as equipes de tecnologia existem *para atender aos negócios*. Essa é, muitas vezes, a frase que você ouvirá. No entanto, mesmo que não sejam explícitas sobre isso, as diferentes partes do "negócio" acabam conduzindo aquilo que é construído pelas equipes de produto.

Em contraste, nas empresas de produtos fortes, a tecnologia não é uma despesa — ela *é* o negócio. A tecnologia habilita e capacita os produtos e os serviços que fornecemos aos nossos clientes e, para além disso, nos permite resolver problemas para eles de maneiras que somente são possíveis agora.

Quer o produto, ou serviço, seja uma apólice de seguro, uma conta bancária ou uma entrega de encomendas durante a noite, esse produto agora tem uma tecnologia capacitadora em seu núcleo.

Sendo assim, nas empresas de produtos *fortes*, o objetivo da equipe de produtos é *atender os clientes criando produtos que eles adorem, mas que trabalhem em favor dos negócios.*

Essa é uma diferença profunda, que impacta quase tudo relacionado à empresa e ao seu funcionamento, e que resulta em uma motivação e uma moral muito mais elevadas. E o mais importante: isso gera um nível muito mais alto de inovação e valor para os clientes e para os negócios.

Liderança de Produto Forte

Na *maioria* das empresas de produtos, o papel da verdadeira liderança de produto encontra-se, em grande parte, ausente na ação.

Em vez disso, elas estão lá principalmente como facilitadores, responsáveis por equipar a fábrica interna (ou pior ainda, terceirizada) de recursos e manter as atividades em funcionamento.

Na *maioria* das empresas, não há estratégias de produto. Observe que eu não disse estratégias de produto ruins — quero dizer, literalmente, *nenhuma* estratégia de produto. As equipes de recursos estão lá simplesmente "para servir aos negócios".

A empresa certamente possui motivos para o que solicita ou coloca nos roadmaps, mas muito raramente tem uma estratégia de produto, ou mesmo as habilidades ou os dados necessários para criá-la.

Os stakeholders acabam fornecendo às equipes de produto uma lista priorizada de recursos e projetos que precisam ser concluídos neste trimestre ou neste ano. Portanto, a "estratégia de produto", se é que se pode chamá-la assim, trata de tentar agradar o máximo possível aos negócios.

Quando as empresas de produtos de tecnologia mudaram para os métodos Agile nos últimos 10-20 anos, muitos gerentes e líderes questionaram se eles ainda eram necessários, uma vez que se esperava que os membros da equipe desempenhassem um papel muito mais ativo na forma como trabalham.

Sei que isso é contraintuitivo para muitas pessoas; no entanto, embora a mudança para equipes realmente capacitadas exija o afastamento do antigo modelo de gerenciamento de comando e controle, isso *não* significa que você precise de menos líderes e gerentes. Significa que você precisa de líderes e gerentes *melhores*.

Na verdade, é mais fácil para um gerente gerenciar (e muitas vezes microgerenciar) no antigo estilo de comando e controle. Não é difícil atribuir a uma equipe uma lista de atividades, ou uma lista de recursos para construir, e simplesmente exigir que o trabalho seja realizado o mais rápido possível.

Embora esse estilo de comando e controle possa ser mais fácil para o gerente, ele cria equipes de mercenários sem nenhum empoderamento em qualquer sentido significativo.

Em contraste, em empresas de produtos *fortes*, os líderes de produto estão entre os líderes de maior impacto.

Eles são responsáveis por formar e treinar as equipes de produto; pela estratégia do produto e pela conversão da estratégia em ação; e também por gerenciar os resultados.

Equipes de produto empoderadas dependem de gerentes de produto, designers de produto e engenheiros qualificados, e os líderes e gerentes são aqueles responsáveis por recrutar, contratar e treinar essas pessoas.

Além disso, uma estratégia de produto focada e atraente — com base em percepções quantitativas e qualitativas — está entre as contribuições mais importantes da liderança de produto.

Equipes de Produto Empoderadas

Na *maioria* das empresas, as equipes de tecnologia não são equipes de produto *empoderadas*, e sim aquilo que eu chamo, aqui, de *equipes de recursos*.

As equipes de recursos parecem superficialmente com uma equipe de produto. São multifuncionais, possuindo um gerente de produto, um designer de produto e alguns engenheiros. A diferença é que todos eles se referem à implementação de recursos e de projetos (produção) e, como tal, não são autorizados ou responsabilizados pelos resultados.

As equipes de recursos começam a trabalhar projetando os recursos no roadmap, talvez fazendo um pequeno teste de usabilidade e, em seguida, prosseguindo com a construção, o teste de controle de qualidade e a implantação dos recursos (o que é conhecido como *entrega*).

Essas equipes de recursos ocasionalmente afirmam que estão fazendo alguma descoberta de produtos, mas raramente o fazem, de fato. Elas já foram informadas de qual deveria ser a solução, mas não estão empoderadas para descobrir a solução por conta própria. Estão lá apenas para projetar e codificar.

Nessas equipes de recursos, geralmente há uma pessoa com o título de gerente de produto, mas ela está principalmente fazendo gerenciamento de *projetos*. Ela existe para garantir que os recursos sejam projetados e entregues. Talvez seja necessário, mas isso não é gerenciamento de *produto*.

Como as equipes recebem, ou são pressionadas a fornecer, roadmaps de recursos e projetos, seu foco está na *entrega* desses recursos. E os recursos são produzidos. Se alguém reclamasse da falta de resultados comerciais, quem, então, você responsabilizaria?

Por outro lado, nas empresas de produtos fortes, as equipes recebem *problemas para resolver*, em vez de recursos para construir, e, o mais importante, elas estão devidamente *empoderadas para resolver esses problemas da melhor maneira que entenderem*. Assim, elas são responsáveis pelos resultados.

No modelo de equipe de produto com poderes, o gerente de produto tem uma responsabilidade clara: garantir que as soluções sejam *valiosas* (nossos clientes comprarão o produto e/ou escolherão usá-lo) e *viáveis* (atenderão às necessidades do negócio). Junto com um designer de produto, responsável por garantir que a solução seja *utilizável*, e um líder de tecnologia, responsável por garantir que a solução seja *aplicável*, a equipe é capaz de colaborar para abordar toda essa gama de riscos (valor, viabilidade, usabilidade e aplicabilidade). Juntos, eles assumem o problema e são responsáveis pelos resultados.[2]

Para resumir equipes de recursos *versus* equipes de produtos empoderadas, portanto:

As *equipes de recursos* são multifuncionais (um gerente de produto fazendo principalmente o gerenciamento de projetos, um designer de produto e alguns engenheiros) e atribuem recursos e projetos a serem criados, em vez de problemas a serem resolvidos; desse modo, elas focam apenas a produção, e não os resultados de negócios.

As *equipes de produto empoderadas* também são multifuncionais (um gerente de produto, um designer de produto e engenheiros); porém, em contraste com as equipes de recursos, elas recebem *problemas para resolver* e, em seguida, são empoderadas para apresentar soluções funcionais — medidas por resultados —, bem como para se responsabilizarem por elas.[3]

---

2 Para ser claro, o designer e o líder de tecnologia contribuem muito mais do que simplesmente para garantir a usabilidade e a aplicabilidade, respectivamente. Refiro-me, aqui, àqueles que consideramos responsáveis por cada risco.

3 Na verdade, existe um terceiro tipo de equipe de tecnologia, que é conhecida como equipe de entrega (ou "equipe Scrum"; ou ainda, "equipe de desenvolvimento"). Uma equipe de entrega nem sequer finge ser uma equipe de produto; elas não são multifuncionais e nem empoderadas. Existe um product owner (responsável por administrar o product backlog) e alguns engenheiros, focados apenas na produção (codificar e enviar). Se você, por outro lado, estiver executando um processo como o SAFe, eu sinceramente não faço ideia do porquê de você estar lendo este livro, já que o que descrevo aqui é o polo oposto, tanto sob um ponto de vista filosófico quanto prático.

Descoberta de Produto

Se você ainda não leu *INSPIRADO*, pode estar se perguntando: *o que há de tão errado com os proprietários de negócios e os stakeholders em decidir o que vai no roadmap* e, portanto, o que os engenheiros devem construir?

Este é considerado o primeiro e mais importante princípio de descoberta de produtos: *nossos clientes e stakeholders não são capazes de nos dizer o que construir.*

Não é porque eles não sejam inteligentes ou bem informados.

Existem duas razões fundamentais pelas quais não são capazes de nos dizer o que construir:

Em primeiro lugar, eles não sabem o que é possível agora — não são especialistas em tecnologias capacitadoras, então não se pode esperar que saibam a melhor maneira de resolver os problemas em que estamos focados, ou mesmo se o problema é possível de resolver. Muitas vezes, as inovações resolvem problemas de maneiras que os clientes e os stakeholders nem imaginavam.

Em segundo lugar, com produtos de tecnologia, é muito difícil prever quais soluções funcionarão. Existem muitas razões pelas quais as ideias de produtos não entregam os resultados que esperávamos. Muitas vezes, ficamos entusiasmados com alguma ideia, mas nossos clientes não, então eles não compram o que pensamos que comprariam. Ou descobrimos que a ideia tem grandes problemas de privacidade ou segurança, ou que levará muito mais tempo para ser construída do que o esperado.

Equipes de produto empoderadas entendem esses problemas inerentes, e a descoberta de produtos é sobre *descobrir uma solução que nossos clientes adorem, mas que também funcione para nossos negócios.*

Chamamos isso de descoberta de produto para reconhecer que entendemos o que não podemos saber com antecedência e para enfatizar que nossa tarefa é descobrir uma solução que seja *valiosa*, *utilizável*, *aplicável* e *viável*.

2

O Papel da Tecnologia

Eu prometo que este é um livro prático e que você poderá aplicar diretamente tudo o que for discutido aqui. Contudo, neste capítulo, peço sua paciência para que sejamos um pouco filosóficos.

É fácil ver a diferença entre equipes de recursos e equipes de produto empoderadas.

É fácil identificar quando as empresas veem as equipes como prontas para atender os negócios, em vez de quando elas estão lá para atender os clientes de uma forma que funcione para os negócios.

É fácil ver quando uma empresa está apenas tentando agradar ao maior número possível de stakeholders, em vez de ter uma estratégia de produto clara e intencional.

Entretanto, embora essas diferenças possam ser óbvias, isso não explica *por que* elas existem.

Se esperamos fechar a lacuna entre o melhor e o resto, precisamos examinar a causa raiz dessa lacuna.

Há cerca de uma década, Marc Andreessen publicou aquele que considero como um dos ensaios mais importantes do nosso tempo: "Por que o

Software Está Comendo o Mundo".[1] Ele descreveu por que acreditava que a tecnologia estava prestes a causar grandes rupturas em praticamente todos os setores, dando voz ao que eu tinha vislumbrado em meu trabalho — principalmente em relação aos disruptores, mas ocasionalmente com aqueles sob ameaça de ruptura.

Dez anos depois, fica claro que ele foi notavelmente premonitório.

Dito isso, *a maioria* das empresas parece não ter compreendido seus avisos.

Sim, todas elas estão investindo mais em software agora. Sim, elas (a maioria) migraram para métodos Agile.

A maior parte, porém, *não* se transformou de forma significativa e, em particular, *não* adotou a tecnologia como o facilitador de negócios que de fato é.

Exemplos disso, infelizmente, estão por toda parte.

Um dos mais claros e flagrantes é a absoluta inépcia da liderança da Boeing em relação ao software no centro da crise chocante do fabricante da aeronave 737 MAX.[2]

O erro fundamental da Boeing foi considerar essa tecnologia apenas como um custo necessário, em vez de uma competência central que permite fornecer os aviões mais seguros, eficientes e econômicos disponíveis.

Em vez de contratar uma equipe de produto empoderada — que trabalhasse continuamente para fornecer um software de controle de missão mais seguro e mais eficiente, em termos de combustível —, eles decidiram terceirizar essa tecnologia, pensando que talvez pudessem economizar alguns dólares.

Não é apenas a indústria aeroespacial. A indústria automotiva sofreu com essa mentalidade por décadas, até que a Tesla apareceu e provou o que é realmente possível quando a tecnologia está no centro do carro, em vez de ser tratada apenas como um custo necessário. Indo muito além dos sistemas de navegação e entretenimento, utilizando tecnologia em seu núcleo e atualizações OTA (Over-the-Air), um Tesla na verdade *se aprimora* com o tempo, em vez de simplesmente se depreciar. Considere isso por um momento.

---

1 https://a16z.com/2011/08/20/why-software-is-eating-the-world/.

2 https://www.bloomberg.com/news/articles/2019-06-28/boeing-s-737-max-software-outsourced-to-9-an-hour-engineers.

A Pixar mostrou à indústria cinematográfica o que é realmente possível quando a tecnologia está no centro de um longa-metragem de animação, não sendo apenas um custo necessário. A empresa usa a tecnologia de maneiras que vão muito além da produção tradicional de filmes, e as equipes de tecnologia são tão valorizadas quanto as equipes de criação.

Como você deve saber, a Pixar agora faz parte da Disney, e veja como a Disney adotou a tecnologia para reimaginar completamente muitos de seus negócios existentes. Isso inclui tudo, desde seu legado de parques temáticos até o que fizeram recentemente com o serviço de streaming de vídeo Disney+.

A mesma história está acontecendo nas indústrias de seguros, bancos, saúde, telecomunicações, educação, agricultura, transporte e defesa. A lista poderia seguir indefinidamente.

Muitas vezes, quando estou jantando com o CEO de uma empresa que não entende isso, ele me diz que eles *não* são uma empresa de tecnologia — são uma seguradora, ou uma empresa de saúde, ou agrícola etc. Então, eu respondo: "Deixe-me dizer o que eu faria se fosse um líder de produto na Amazon ou na Apple, e nós decidíssemos ir atrás do seu mercado por acreditarmos que ele é grande, mal servido, e que a tecnologia está disponível para permitir soluções drasticamente melhores para seus clientes."

Depois de descrever como formaríamos nossas equipes em torno de tecnologias capacitadoras visando a otimizar uma inovação verdadeira, também apontei para o fato de que, competitivamente, estaríamos apostando que eles não seriam capazes de responder porque estariam muito ocupados tentando proteger seus antigos negócios.

Não é que esses CEOs não admirem o que empresas como a Amazon, a Netflix e outras fizeram — eles geralmente admiram. É só que eles não veem como essas lições se aplicam a eles. Não entendem o que Marc estava tentando alertá-los.

É claro que há muitos motivos possíveis pelos quais os CEOs dessas empresas demoram tanto para entender isso. Às vezes, eles trabalharam no velho mundo dos negócios por tanto tempo que precisam de mais tempo para compreender as mudanças. Às vezes, não posso deixar de sentir que têm medo da tecnologia. Às vezes, simplesmente parecem estar resistindo à mudança. Mas, em última análise, tudo isso são apenas desculpas. O conselho deve estar presente para garantir que o CEO seja capaz de liderar a empresa com eficácia.

O que é especialmente irônico é o fato dessas empresas quase sempre gastarem *muito mais* em tecnologia do que o necessário. Na verdade, nunca vi tanto investimento em tecnologia desperdiçado da forma que vejo nessas empresas que não entendem o verdadeiro papel da tecnologia.

Em vez de terceirizar centenas ou mesmo milhares de engenheiros mercenários — e fornecer a eles roadmaps dos recursos de seus stakeholders, que raramente geram os resultados de negócios necessários —, tento explicar que eles podem receber um retorno muito maior de um número significativamente menor de funcionários *certos*. Funcionários que têm problemas de negócios e clientes para resolver, e que podem ser responsabilizados pelos resultados.

De uma forma ou de outra, tornar-se uma das melhores empresas, hoje, requer líderes seniores que entendam o papel verdadeiro e essencial que a tecnologia desempenha.

O Líder de Tecnologia

Uma manifestação muito comum de como uma empresa vê o papel da tecnologia é se os engenheiros que criam os produtos se reportam a um chief information officer (CIO)/chefe de TI ou a um chief technology officer (CTO)/diretor de tecnologia.

Isso pode parecer um problema menor, mas percebi que é um impedimento muito mais significativo para a transformação do que a maioria das empresas imagina.

Com a grande ressalva de que cada CIO é uma pessoa única, compartilho isso não como algo absoluto, mas como algo a ser considerado de modo sério e honesto. Além disso, é relevante perceber que o trabalho central do CIO (a saber, gerenciar a função de TI) é importante e difícil.

Mas aqui está o problema: o CIO *realmente* está lá para *servir aos negócios*.

As próprias características que tornam um CIO forte podem acabar facilmente prejudicando as tentativas de transformação da empresa.

Essa é a minha teoria do porquê eu achei tão difícil fazer com que os CIOs — até mesmo CIOs fortes — apreciassem, e principalmente adotassem, a mentalidade, os métodos e as práticas das organizações de engenharia de produto.

(continua)

(continuação)

O que é especialmente problemático é que os engenheiros de produto — o tipo de pessoa do qual o futuro da sua empresa depende — raramente estão dispostos a trabalhar para um CIO, porque sabem que essa diferença de mentalidade é extremamente importante.

Os engenheiros em uma organização de CIOs desempenham um papel muito diferente daqueles em uma organização de CTOs. É a diferença entre equipes de recursos e equipes de produto empoderadas.

Em alguns casos, incentivei o CIO a se renomear como CTO (porque eu acreditava que a pessoa estava à altura dos desafios dessa função muito mais ampla); em outros, incentivei fortemente o CEO a contratar um verdadeiro CTO para liderar a engenharia de produto.

Os engenheiros em uma organização de CIOs desempenham um papel muito diferente do que aqueles em uma organização de CTO. É a diferença entre as equipes de recursos e as equipes de produto empoderadas.

Em alguns casos, incentivei o CIO a renomear-se como CTO (porque acreditava que a pessoa estava à altura dos desafios dessa função muito maior) e, em outros casos, incentivei fortemente o CEO a contratar um verdadeiro CTO para liderar a engenharia do produto.

CAPÍTULO

3

Liderança de Produto Forte

O cerne deste livro está na importância de uma liderança de produto forte.

Para ser claro, por "liderança de produto" refiro-me aos líderes e gerentes de produto, aos líderes e gerentes de design de produto[1] e aos líderes e gerentes de engenharia.

Para esta discussão, vou fazer uma distinção entre líderes e gerentes. Certamente, muitos líderes também são gerentes e vice-versa, mas, mesmo que ambas as funções sejam desempenhadas pela mesma pessoa, existem responsabilidades diferentes.

No geral, olhamos para a liderança como inspiração e para a gestão como execução.

---

1 Neste livro, refiro-me ao papel do design de produto e ao título designer de produto. Muitas empresas usam as expressões "design de experiência do usuário" ou "design de experiência do cliente". O importante é que estou incluindo design de serviço, design de interação, design visual e, para dispositivos, design industrial.

O Papel da Liderança — Inspiração

O assunto da liderança forte é, obviamente, um tópico importante, além de ser uma diferença clara e visível entre as empresas de produtos *fortes* e a *maioria* das empresas.

O objetivo de uma liderança forte é inspirar e motivar a organização.

Para que as equipes de produto sejam capacitadas a tomar boas decisões, elas precisam do contexto estratégico necessário.

Parte do contexto estratégico vem dos líderes seniores da empresa, como o propósito do negócio (a missão) e os objetivos críticos do negócio, mas a liderança do produto tem quatro responsabilidades principais explícitas:

Visão e Princípios do Produto

A visão do produto descreve o futuro que estamos tentando criar e, o mais importante, como isso pode melhorar a vida de nossos clientes.

Geralmente ocorre entre os três e os dez anos de vida. Ela serve como objetivo compartilhado para a organização do produto.

Pode haver qualquer número de equipes multifuncionais e empoderadas de produtos — variando de algumas, em uma startup, a centenas, em uma grande empresa —, mas todas elas precisam seguir na mesma direção e contribuir à sua maneira para a resolução dos problemas maiores.

Algumas empresas se referem à visão do produto como sua "Estrela do Norte" — no sentido de que não importa em qual equipe de produto você esteja e qual o problema específico que está tentando resolver, todos podem ver e seguir a Estrela do Norte. Você sempre sabe como sua parte contribui para um todo mais significativo.

De maneira mais geral, a visão do produto é o que nos mantém inspirados e entusiasmados para trabalhar todos os dias — mês após mês, ano após ano.

É importante notar que a visão do produto normalmente é a ferramenta de recrutamento mais poderosa para profissionais de produto fortes.

Os princípios do produto complementam a visão deste, definindo a natureza dos produtos que sua organização acredita precisar produzir. Os princípios refletem os valores da organização e também algumas decisões estratégicas que ajudam as equipes a tomar as decisões certas quando confrontadas com trade-offs desafiadores.

Topologia de Equipe

A "topologia de equipe" refere-se a como dividimos o trabalho entre equipes de produtos diferentes para melhor capacitá-las a fazer um ótimo trabalho. Isso inclui a estrutura e o escopo das equipes, além do relacionamento entre elas.

Estratégia de Produto

A estratégia do produto descreve como planejamos realizar a visão do produto, ao mesmo tempo em que atendemos às necessidades do negócio à medida que avançamos. A estratégia deriva do *foco* e, em seguida, aproveita os *insights*, convertendo-os em *ação*; por fim, *gerencia* o trabalho até a conclusão.

Evangelismo de Produto

Outra função crítica dos líderes é comunicar a visão, os princípios e a estratégia do produto — tanto para a organização interna do produto quanto para toda a empresa de forma mais ampla.

John Doerr, o famoso capitalista de risco, gosta de explicar que "precisamos de equipes de missionários, não de mercenários".

Se quisermos equipes de missionários, é essencial que cada pessoa na organização entenda e esteja convencida — elas precisam ser *verdadeiros crentes*.

Isso requer uma cruzada contínua de evangelização — recrutamento, integração, treinamento 1:1 semanal, reuniões gerais, almoços de equipe e tudo o mais.

Quanto maior a organização, mais essencial é ser *muito bom* no evangelismo, e é importante que os líderes entendam que isso é algo que nunca está "concluído". Precisa ser uma constante.

Queremos garantir que todos os membros da organização do produto se juntarão por acreditarem sinceramente no seu propósito maior.

Normalmente, é a visão do produto que descreve o que as pessoas estão buscando; não obstante, de uma forma ou de outra, precisamos garantir que as pessoas da equipe sejam crentes de verdade.

Por exemplo, se a sua visão é fornecer carros elétricos em massa, então precisaremos de pessoas que estejam dispostas a dar o salto de fé de afirmar que isso é possível e digno. Observe que não é um problema se a pessoa que você contrata tem pontos de vista diferentes sobre o que pode funcionar para nos levar aos carros elétricos em massa; mas não é útil, por exemplo, contratar um defensor apaixonado dos motores de combustão interna.

O Papel da Gestão — Execução

É claro que existem muitos tipos de "gerentes" em uma empresa. Eu, aqui, estou mais interessado nas pessoas responsáveis por contratar e desenvolver os membros reais das equipes multifuncionais de produto.

Normalmente, isso inclui o diretor de gerenciamento de produto, o diretor de design de produto e os gerentes e diretores de engenharia. Não estou focado, aqui, em mais gerentes de nível sênior (gerentes de gerentes), ou em gerentes que não são de pessoas (como gerentes de produto ou gerentes de marketing de produto).

Se você deseja ter equipes de produto verdadeiramente empoderadas, seu sucesso dependerá diretamente dessa gestão de pessoas de primeiro nível.

Se você está se perguntando por que existem tantas empresas de produtos fracas no mundo, este seria o principal culpado. E até — ou a menos — que isso seja corrigido, há pouca esperança de transformação.

É importante que esses gerentes entendam — e possam comunicar com eficiência — a visão do produto, os princípios e a estratégia de produto dos líderes seniores. Além disso, esses gerentes têm três responsabilidades essenciais:

Alocação de Pessoal

Essas são as pessoas que responsabilizamos por formar as equipes de produtos, o que implica buscar, recrutar, entrevistar, integrar, avaliar, promover e, quando necessário, substituir os membros das equipes.

Se você tem uma função de recursos humanos (RH) em sua empresa, ela está lá para *apoiar* — de forma alguma substituir — os gerentes nessas atividades.

Treinamento

Provavelmente, o elemento mais importante para uma gestão capacitada, e também o mais frequentemente esquecido, é o treinamento. No mínimo, isso envolve um 1:1 semanal com as pessoas que se reportam a você como gerente de pessoal.

A responsabilidade mais importante de todo gerente de pessoal é desenvolver as habilidades de seus funcionários. Isso, definitivamente, não significa microgerenciá-los. Significa entender suas fraquezas e ajudá-los a melhorar, oferecendo orientação sobre as lições aprendidas, removendo obstáculos e fazendo o que é vagamente conhecido como "conectar os pontos".

Por exemplo, digamos que você seja o gerente de design de produto e se reúna semanalmente, por uma hora ou mais, com cada um dos seis designers de produto das seis equipes de produto diferentes que trabalham para você.

Esses seis designers são, cada um, membros de primeira classe de suas equipes multifuncionais de produto (porque o design é uma atividade de primeira classe e, como tal, precisa ter uma parceria estreita com o gerente de produto e os engenheiros enquanto eles lidam com — e resolvem — problemas difíceis). Contudo, mesmo que esse designer seja excepcionalmente habilidoso, como se pode esperar que ele acompanhe o que está acontecendo com todas as outras equipes de produto? E se o projeto no qual ele está trabalhando agora for, de alguma forma, inconsistente ou incompatível com as soluções em andamento em outras equipes? Espera-se que o gerente de design sinalize esses conflitos e reúna os designers mais relevantes para considerar o panorama geral e o impacto das diferentes soluções sobre os usuários.

De maneira mais geral, cada membro de uma equipe de produto merece ter alguém que se comprometa a ajudá-lo a se aprimorar em seu ofício. É por isso que, na maioria das grandes organizações de produtos de tecnologia, os engenheiros se reportam a gerentes de engenharia experientes; os designers se reportam a gerentes de design experientes; e os gerentes de produto se reportam a gerentes com experiência comprovada em gerenciamento de produto.

Objetivos de Equipe

A terceira responsabilidade dos gerentes de pessoal é garantir que cada equipe de produto tenha um ou dois objetivos claros que lhes tenham sido atribuídos (geralmente trimestralmente) e que explicitem os problemas a serem resolvidos.

Esses objetivos derivam diretamente da estratégia do produto — que é onde os insights são transformados em ações.

É aqui, também, que o empoderamento se torna *real*, e não apenas um modismo. A equipe recebe um pequeno número de problemas significativos para resolver (os objetivos da equipe); depois, considera esses problemas e propõe medidas claras de sucesso (os resultados principais), que por sua vez serão discutidas com seus respectivos gerentes. Esses gerentes, então, podem precisar interagir com suas equipes e com outras pessoas para tentar obter o máximo de abrangência possível dos objetivos gerais da organização.

O teste decisivo para o empoderamento é que a equipe seja capaz de decidir a melhor maneira de resolver os problemas que lhes foram atribuídos (os objetivos).

É preciso ter gerentes fortes, que sejam autoconfiantes e seguros o suficiente para realmente empoderar as pessoas que trabalham para eles, e para recuar e permitir que a equipe receba o devido crédito pelos seus sucessos.

CAPÍTULO

4

Equipes de Produtos Empoderadas

O mais surpreendente para mim é que as vantagens das equipes de produto verdadeiramente empoderadas não são um segredo. Na verdade, existem muitos livros e artigos por aí que descrevem por que esse tipo de equipe é muito mais eficaz na inovação e na solução de problemas difíceis.

Embora alguns desses livros sejam inspiradores e valham a pena ler, a maioria das empresas não foi convencida a empoderar suas equipes de forma significativa. Por que será?

Quando faço essa pergunta aos CEOs e a outros líderes-chave dessas organizações, a resposta frequentemente se resume a uma palavra: *confiança*.

Os líderes não confiam nas equipes. Especificamente, eles não acreditam que suas equipes tenham o nível de pessoal necessário para realmente empoderá-las. Portanto, junto com os outros líderes empresariais importantes de toda a empresa, acreditam que precisam dirigir as próprias equipes de forma muito explícita. Isso também é conhecido como o modelo de gerenciamento de "comando e controle".

Quando pergunto a esses líderes por que não colocam pessoas de confiança nos cargos, eles geralmente argumentam que não conseguem encontrá-las, não podem pagar por isso ou não conseguem atrair o mesmo nível de pessoal que o Google, a Amazon, a Apple e a Netflix.

Em seguida, menciono para eles as muitas pessoas que conheço que mudaram de empresas como as deles para uma dessas empresas líderes, e como seu desempenho melhorou drasticamente no processo.

Além disso, tendo trabalhado com muitas pessoas em cada uma dessas empresas, tento mostrar o quão comum a grande maioria das pessoas nessas equipes de fato é. Será que a diferença importante está em outro lugar?

Talvez essas empresas fortes tenham visões diferentes sobre como alavancar seu talento para ajudar seu pessoal comum a alcançar seu verdadeiro potencial e criar, juntos, produtos extraordinários.

5

Liderança em Ação

Este livro argumenta que a chave para construir empresas de produtos fortes é ter líderes de produto fortes.

Afinal, essas são as pessoas responsáveis por formar e treinar os membros das equipes de produto, bem como pela visão do produto, pelos princípios e, especialmente, pela estratégia do produto, que determina os problemas específicos que precisamos que as equipes de produto resolvam.

Então, como são esses líderes de produto fortes? E como seria trabalhar para eles?

Em *INSPIRADO*, tracei o perfil de seis gerentes de produto responsáveis por produtos icônicos, mas que eram, em grande parte, desconhecidos, e contei suas histórias — incluindo os desafios que enfrentaram e como conseguiram superá-los.

Em *EMPODERADO*, pretendo fazer o mesmo, mas desta vez com os líderes de produto. Trago aqui o perfil de oito líderes. Cada um deles teve uma carreira excepcional em empresas de produtos icônicos. Mais uma vez, a maioria é amplamente desconhecida.

Destaco dois líderes de gerenciamento de produto, dois líderes de design de produto, dois líderes de engenharia e dois líderes de empresas.

Não estou tentando traçar biografias completas aqui; antes, pedi a cada um deles para compartilhar, em suas próprias palavras, a sua jornada até a liderança. Minha esperança é de que suas palavras possam lhe apresentar uma boa noção das suas abordagens em relação à liderança e, acima de tudo, como é trabalhar com e para um líder de produto forte e experiente.

CAPÍTULO

6

Um Guia para
EMPODERADO

Para Quem É Este Livro

Este livro é destinado a qualquer pessoa interessada em criar uma organização de produto forte — desde o fundador de uma startup até o CEO de uma grande empresa movida a tecnologia.

Esta obra é direcionada especificamente aos *líderes de produto* e *aspirantes a líderes de produto*, em especial os líderes de gerentes de produto, designers de produto e engenheiros.

Quando você vir uma referência à "pessoa do produto", normalmente se tratará de qualquer pessoa em gerenciamento de produto, design de produto ou engenharia. Pode ser tanto um colaborador individual como um gerente.

Embora existam muitas outras funções que você pode encontrar em uma determinada equipe de produto — as principais sendo o gerente de entrega, o pesquisador de usuário, o analista de dados, o cientista de dados e o gerente de marketing de produto —, este livro tem como foco as três funções centrais de gerente de produto (GP), designer de produto (designer) e líder de tecnologia de engenharia (líder de tecnologia).

Quando você vir uma referência a um "líder de produto", normalmente será um gerente/diretor/VP/CPO de gerenciamento de produto, gerente/diretor/VP/CDO de design de produto ou um gerente/diretor/VP/CTO de engenharia.

A menos que seja dito de outra forma, os conselhos presentes neste livro são direcionados aos *líderes de produto*.

Se algum conselho for direcionado a uma função específica, como gerente de produto, designer de produto, líder de tecnologia ou cientista de dados, isso será explicitado.

Embora haja algumas informações específicas de função para projetistas de produto e seus líderes, e para engenheiros e seus líderes, há mais informações direcionadas a gerentes de produto e seus líderes. Isso ocorre porque, ao mudar para equipes de produto empoderadas, a função de gerente de produto e a função de liderança de gerenciamento de produto geralmente estão mais distantes do que precisam estar.

Quem Está Falando?

A menos que seja indicado, a voz do autor é de Marty Cagan ou Chris Jones. Ambos somos parceiros do SVPG.

Não sinalizamos quem escreveu cada capítulo porque ambos concordamos com tudo o que foi escrito aqui, e ambos estávamos envolvidos nas muitas iterações necessárias para ir do primeiro rascunho de cada capítulo ao resultado final.

Além disso, as lições compartilhadas neste livro são extraídas de um conjunto mais amplo de parceiros do SVPG. Somados, temos mais de cem anos de experiência na liderança de organizações de produtos em muitas das principais empresas de tecnologia existentes.

Estamos escrevendo intencionalmente na primeira pessoa porque queremos chegar o mais perto possível da experiência de sentar com você, leitor, para uma série de sessões de coaching individuais, nas quais o nosso único objetivo é ajudá-lo a se tornar um líder de produto excepcionalmente forte.

Como Este Livro É Organizado

Para que você saiba a respeito da variedade de tópicos que estão por vir, aqui está uma visão geral do livro:

Na Parte II, focamos a responsabilidade mais importante dos líderes de produto fortes: o *coaching* e o desenvolvimento das pessoas nas equipes de produto.

Na Parte III, discutimos a *alocação de pessoal* dessas equipes de produto — como identificar, recrutar e integrar essas pessoas e garantir que sejam eficazes.

Na Parte IV, discutimos *a visão e os princípios do produto*, que definem o futuro que estamos tentando criar.

Na Parte V, abordamos como estruturar as equipes de produto em uma *topologia de equipe* que melhor atenda às necessidades da empresa.

Na Parte VI, discutimos a *estratégia do produto*, que é como decidimos quais são os problemas mais importantes para essas equipes de produto resolverem.

Na Parte VII, convertemos nossa estratégia de produto em ação por meio de *objetivos de equipe* (problemas a serem resolvidos) para cada equipe de produto.

Na Parte VIII, fornecemos um *estudo de caso* detalhado que mostra como cada um desses conceitos funciona na prática em uma situação complicada do mundo real

Na Parte IX, discutimos como estabelecer a *colaboração* necessária entre a organização do produto e o resto da empresa.

Na Parte X, juntamos tudo e oferecemos um plano para *transformar sua organização*, de forma que ela funcione tal como as melhores equipes e empresas.

Embora o tipo de mudança necessária não seja fácil, ele é absolutamente possível. Este livro foi projetado especificamente para fornecer o conhecimento e as habilidades que você precisa para ter sucesso.

II

Coaching

O coaching não é mais uma especialidade; você não pode ser um bom gerente sem ser um bom coach.

— Bill Campbell

Bill fez essa afirmação anos atrás, mas um dos maiores aprendizados de nossa indústria pós-pandemia é o fato do *coaching* ser mais essencial do que nunca. Simplesmente não é algo opcional se você espera inovar em grande escala. Os problemas aumentam mais rapidamente, os relacionamentos são danificados com muito mais facilidade e a colaboração é mais difícil.

É por isso que você notará que a parte mais longa deste livro aborda o coaching. Isso não é acidental.

Na indústria de tecnologia, concentramo-nos muito nas habilidades e competências essenciais usadas por gerentes de produto, designers e engenheiros, mas o fazemos pouco com as habilidades e as competências de gerentes e líderes. No entanto, são eles os responsáveis por moldar as pessoas em equipes eficazes.

A lógica é simples: sua empresa depende de produtos de sucesso. E produtos de sucesso vêm de equipes de produto fortes.

Coaching é o que transforma pessoas comuns em equipes de produto extraordinárias.

Se uma equipe de produto não for eficaz, precisamos olhar atentamente para as pessoas que fazem parte dela e ver em que sentido podemos ajudá-las a melhorar como indivíduos e, especialmente, como equipe.

Os capítulos desta parte destacam as áreas mais importantes de coaching e desenvolvimento para membros de equipes de produto. A menos que tenha sido treinado pessoalmente por um gerente experiente, muitos dos tópicos podem ser novos para você. Certamente, se você pode falar por experiência própria sobre esses tópicos, quanto mais, melhor; se não, ainda é valioso poder discutir o assunto abertamente. Você pode aprender e melhorar junto.

Acima de tudo, um bom coaching é um diálogo permanente, com o objetivo de ajudar o colaborador a atingir seu potencial.

CAPÍTULO

7

A Mentalidade do Coaching

O coaching pode ser ainda mais essencial do que a mentoria para nossas car-reiras e equipes. Enquanto os mentores distribuem palavras de sabedoria, os coaches arregaçam as mangas e sujam as mãos. Eles não acreditam apenas em nosso potencial; eles entram na arena para nos ajudar a realizar nosso potencial. Seguram um espelho para que possamos ver nossos pontos cegos e nos auxiliam a trabalhar os pontos doloridos. Assumem a responsabilidade de nos tornar melhores, sem assumir o crédito por nossas realizações.

— *Bill Campbell*

Neste capítulo, gostaria de focar não as pessoas que estiver tentando treinar, mas a mentalidade que *você* deve ter como coach.

Uma mentalidade errada pode levá-lo a aplicar essas ferramentas de ma-neiras que realmente prejudiquem sua intenção.

Por exemplo, você pode estar comprometido a ter reuniões individuais regulares com cada um dos membros da sua equipe, mas, se essas reuniões consistirem principalmente em você alocando e priorizando tarefas, elas não serão úteis — e provavelmente serão até prejudiciais — enquanto ferramenta de coaching.

Uma mentalidade de coaching fornece uma base de intenção. É a estrutura que direciona a aplicação de técnicas de coaching e o princípio orientador para agir e tomar decisões relacionadas ao desenvolvimento de uma equipe.

Se você for um coach ou gerente experiente, pode já ter desenvolvido um conjunto de princípios próprio. Caso contrário, se você for novo na gestão, ou for responsável por desenvolver um novo gerente, este capítulo tenta descrever as diretrizes mais importantes para o coaching e a gestão.

Desenvolver as Pessoas É a Tarefa Número 1

É incrível e angustiante como poucos gerentes realmente aderem a esse princípio — que desenvolver as pessoas é a tarefa número 1. A maioria diz coisas corretas sobre a importância da equipe, mas suas ações contam uma história muito diferente. Eles se responsabilizam pelos resultados agregados do produto como sua tarefa mais importante e tratam suas equipes como um meio para atingir um fim.

Se você for um gerente, deve gastar a maior parte de seu tempo e energia treinando sua equipe. Isso significa despender esforços reais em coisas como avaliar sua equipe, criar planos de coaching e ajudá-los ativamente a se aprimorar e a se desenvolver.

Você deve medir o desempenho do seu próprio trabalho com base no sucesso dos membros de sua equipe, mais ainda do que no sucesso de seus produtos.

Empoderar as Pessoas Produz Melhores Resultados

Muitos novos gerentes veem seu trabalho como um impulsionador da lista de tarefas de sua equipe.

Isso pode resultar em alguns sucessos táticos de curto prazo, mas seu produto nunca alcançará o seu potencial máximo se for solicitado à equipe que execute apenas as *suas* ideias e ações. E, pior ainda, você perceberá que é

muito difícil reter pessoas fortes quando elas têm tão pouco senso de propriedade sobre seu trabalho.

Empoderar significa criar um ambiente onde seu pessoal possa ter resultados, e não apenas tarefas. Não obstante, isso não significa *menos* gerenciamento — significa um gerenciamento *melhor*.

Você deve recuar para criar esse espaço, enquanto intervém para remover impedimentos, esclarecer contextos e fornecer orientação.

Lembre-se: precisamos de equipes de *missionários*, não de *mercenários*.

Cuidado com Suas Inseguranças

Gerentes inseguros têm muita dificuldade em empoderar as pessoas.

O gerente inseguro está tão preocupado em ser reconhecido por sua contribuição que pode ver o sucesso de sua equipe como uma ameaça a esse reconhecimento, em vez de vê-lo como realmente é, ou seja, a confirmação de
sua contribuição. Ele pode lidar com isso controlando de perto como a equipe
trabalha ou a visibilidade da equipe para a liderança. Gerentes verdadeiramente ruins podem acabar minando ativamente a própria equipe.

Esteja ciente de suas inseguranças e entenda como seu comportamento
pode interferir no fortalecimento de sua equipe.

Quero deixar claro que não se trata de ser arrogante. Na verdade, a arrogância é frequentemente uma manifestação de insegurança. A maioria dos
bons gerentes possui um nível saudável de humildade e está sempre explo-
rando e trabalhando para melhorar os próprios desempenho e crescimento.
Eles podem ter esses sentimentos sem precisar microgerenciar ou minar suas
equipes.

Você pode estar se perguntando o que pode fazer se, como líder na
organização, não tiver pessoalmente a experiência necessária para treinar e
desenvolver outras pessoas. Se esse for o caso, pelo menos você está ciente
dessa grande lacuna em suas qualificações para o trabalho, mas será essencial que encontre imediatamente algum coaching de líder de produto para si
mesmo. Encontre alguém que tenha estado lá e feito isso em uma empresa de
produtos forte e envolva-o para treiná-lo — e ajudá-lo a treinar seu pessoal.

Cultive Pontos de Vista Diversos

Um gerente inseguro pode querer suprimir opiniões diferentes das suas próprias. Isso, obviamente, impede o desenvolvimento da equipe, mas também sufoca sua eficácia como líder. Bons líderes sabem que obterão os melhores resultados quando forem capazes de considerar pontos de vista diversos. Eles também sabem que não têm monopólio sobre as boas ideias e que ideias melhores podem vir de outras pessoas.

Nutrir uma equipe que permita pontos de vista diversos começa com o processo de contratação, no qual você considera sua equipe como um portfólio de pontos fortes e experiências.

Isso se mantém ao criar-se um espaço no qual pontos de vista alternativos possam florescer. Em alguns casos, significa empoderar um profissional de produto para abordar seu trabalho de uma forma diferente da sua. Em outros, significa coletar uma gama diversificada de opiniões para que você possa tomar a melhor decisão.

Observe que não estou sugerindo que você incentive o consenso de opinião dentro de sua equipe. Em vez disso, como gerente, você deve estar sempre ajudando sua equipe a aprender como tomar boas decisões de forma colaborativa — aproveitando as habilidades e a experiência de cada indivíduo.

Busque Momentos de Aprendizagem

Muitas pessoas — senão a maioria — não estão cientes do próprio potencial. Como coach, você está em uma posição única para ajudá-las a perceber isso.

Alcançar o potencial requer trabalhar com a adversidade. Como coach, você está sempre procurando oportunidades que incentivem seu pessoal a ir além da zona de conforto. Use o bom senso para dimensionar corretamente a oportunidade para a pessoa e a área de desenvolvimento. Você não deve pedir a uma pessoa para tentar algo para o qual você sabe que ela não está pronta, mas precisa encontrar fatores que criem algum desconforto. É superando o desconforto que as pessoas superam seus medos e percebem do que realmente são capazes.

Todavia, alcançar o potencial não quer dizer apenas abordar as lacunas de competência. Também significa reconhecer e desenvolver forças inerentes. Isso é particularmente importante para pessoas de produto mais experientes que já têm um bom domínio do trabalho.

Conquiste a Confiança de Sua Equipe Continuamente

Nenhum dos seus esforços de coaching será eficaz sem uma relação de confiança.

Isso não é algo que você pode exigir ou esperar que aconteça por conta própria, mas algo que resulta da demonstração contínua, por meio de suas ações, do seu compromisso genuíno para com o sucesso e o desenvolvimento de cada membro de sua equipe.

Claro, é importante que você apoie sua equipe tanto privada quanto publicamente. Mais importante ainda é ser honesto com eles em seus elogios e críticas. Não se contenha se alguém estiver indo particularmente bem. Da mesma forma, não relativize áreas que precisam de melhorias. Lembre-se sempre de elogiar publicamente, mas de criticar em particular.

Descobri que você pode ajudar a estabelecer relacionamentos pessoais e confiança compartilhando alguns de seus próprios desafios pessoais. A confiança também floresce ao se expressar um interesse genuíno na pessoa enquanto *pessoa*, e não apenas um membro da equipe.

Sem dúvida, você deve usar o bom senso e não se intrometer demais. Dito isso, descobri, ao longo da minha experiência, que a confiança normalmente cresce quando uma relação de trabalho é humanizada.

Tenha Coragem para Corrigir Erros

Às vezes, apesar de seus melhores esforços, você não consegue encontrar um caminho para um membro da equipe se tornar bem-sucedido. Quando chegar a esse ponto, é importante que você aja de forma decisiva.

Para muitos gerentes, esse é o princípio mais difícil de seguir. Coaching está ligado ao desenvolvimento; você está necessariamente olhando para os problemas das pessoas como oportunidades para se desenvolver. Mais do que isso, dizer a alguém que ele não está dando certo é uma das conversas mais dolorosas que você pode ter. Pode parecer mais fácil simplesmente evitá-la e seguir em frente.

Isso prejudica você, sua equipe e a própria pessoa. Primeiro, você provavelmente estará gastando muito mais tempo com essa pessoa do que deveria, às custas de outras. Também estará sinalizando para o resto da equipe que está disposto a tolerar a mediocridade ao mesmo tempo em que exige que todos trabalhem duro — um caminho certeiro para minar a confiança e extinguir qualquer motivação. Além disso, a pessoa com o problema de desempenho não estará tendo a oportunidade de passar para outra situação em que possa ter melhores chances de sucesso.

Observe que não estou sugerindo que você seja arrogante ao demitir pessoas ou transferi-las para funções diferentes — você sempre deve levar esse tipo de decisão muito a sério. Estou simplesmente dizendo que, quando souber o que deve ser feito, não hesite. Você não está fazendo nenhum favor a ninguém.

Eu (Chris) tive a sorte de trabalhar para uma empresa profundamente comprometida com os valores do coaching no início da minha carreira. Os líderes não apenas "falavam com propriedade" sobre o desenvolvimento da equipe, mas também tomavam ações concretas no dia a dia que comunicavam seu compromisso com esses ideais, incorporando-os firmemente à cultura da empresa. Isso significava que, à medida que eu lidava com responsabilidades de gestão e de liderança cada vez maiores, tinha uma estrutura sólida para abordar meu trabalho e fazia minha parte para transmitir as ideias — tanto em palavras quanto em ações.

Infelizmente, a maioria das empresas, hoje, não está tão comprometida com o coaching e o desenvolvimento de seu pessoal; talvez você tenha que ser o modelo para essa abordagem. E isso começa com uma compreensão clara e um comprometimento com uma mentalidade de coaching forte.

Alternativas ao Gerente como Coach

Na maioria das empresas de tecnologia, a estrutura organizacional é muito típica. É um modelo organizacional funcional, o que significa que os gerentes de produtos trabalham para um gerente ou diretor de gerenciamento de produtos; os designers trabalham para um gerente ou diretor de design; e os engenheiros trabalham para um gerente ou diretor de engenharia.

Nesse modelo organizacional, espera-se que o gerente atue como coach daqueles que se reportam a ele.

No entanto, existem algumas estruturas organizacionais alternativas, nas quais o gerente pode não ter a experiência necessária na função para ser capaz de fornecer um coaching eficaz.

Um exemplo: pode ser que se tenha alguém em uma função de liderança de equipe de produto — semelhante ao gerente geral de uma pequena unidade de negócios — e essa pessoa venha de outro contexto. Digamos que ela venha do desenvolvimento de negócios.

Agora, digamos que todos os membros da equipe multifuncional de produto se reportem a ela, mas que ela nunca tenha sido gerente de produto, designer ou engenheira. Como ela pode fazer o coach dos membros de sua equipe?

Embora seja nossa primeira escolha ter o gerente como coach, quando isso não for possível, ainda poderemos oferecer um coaching eficaz. O ponto-chave é que alguém na organização precisa ser incumbido de fornecer o coaching necessário.

Assim, por exemplo, pode haver um gerente de design de outra parte da organização que deve fornecer o coaching necessário ao designer. O mesmo se aplica ao gerente de produto e aos engenheiros.

O segredo é garantir que, de uma forma ou de outra, o coaching seja considerado uma prioridade, e que cada pessoa em uma equipe de produto saiba quem foi especificamente designado para ajudá-la a se desenvolver e a alcançar seu potencial máximo.

8

A Avaliação

Neste capítulo, descreverei uma ferramenta de coaching para ajudar os gerentes de equipe de produto a elevar o nível de desempenho das pessoas que se reportam a eles.

Quero que cada líder de produto sinta considerável urgência e importância em torno dessa necessidade.

Equipes de produto empoderadas dependem de profissionais de produto competentes e, se você não desenvolver seu pessoal e não fornecer oportunidades de crescimento, outras empresas o farão. Sempre acreditei no velho ditado que diz que "as pessoas entram em uma empresa, mas abandonam seu gerente".

Este capítulo explora a técnica que uso e defendo para avaliar um *gerente de produto*. Ela é facilmente ajustável para designers de produto ou líderes de tecnologia.

Essa é a base para treinar uma pessoa para o sucesso (o *plano de coaching*, que discutiremos a seguir).

A avaliação está estruturada na forma de uma análise de lacunas. O objetivo é avaliar o nível atual de competência do profissional do produto ao longo de cada uma das várias dimensões necessárias e, em seguida, comparar isso com o nível de competência que é esperado para essa função específica.

Esse formato reconhece que nem todas as habilidades são igualmente importantes, nem todas as lacunas são igualmente significativas e as expectativas mudam com o nível de responsabilidade. Trata-se de uma ferramenta que visa a ajudar a focar a atenção onde ela é mais necessária.

Pessoas, Processo e Produto

Como os leitores do *INSPIRADO* sabem, a taxonomia que gosto de usar quando falo de produtos envolve três pilares: pessoas, processo e produto.

Para os propósitos da ferramenta de avaliação, gosto de abarcar o produto primeiro, já que seu conhecimento é a base para todo o resto. Sem competência no conhecimento do produto, o resto realmente não importa tanto.

Conhecimento do Produto

- Conhecimento do usuário e do cliente — o gerente de produto é um especialista reconhecido por seus usuários/clientes-alvo?

- Conhecimento de dados — o gerente de produto é hábil com as várias ferramentas de dados? Ele é considerado por sua equipe de produto e pelos stakeholders como um especialista reconhecido em relação a como o produto é realmente utilizado pelos usuários?

- Conhecimento do setor e da área — o gerente de produto tem conhecimento do setor e da área? Ele compreende o cenário competitivo e as tendências relevantes do setor?

- Conhecimento de negócios e da empresa — o gerente de produto entende as várias dimensões dos negócios da sua empresa, incluindo marketing, vendas, finanças (receita e custos), serviços, jurídico, conformidade, privacidade, e assim por diante? Os stakeholders acreditam que ele compreenda suas preocupações e restrições?

- Conhecimento operacional do produto — o gerente de produto é considerado um especialista reconhecido em relação ao funcionamento do seu produto? Ele seria capaz de fazer uma demonstração eficaz para um cliente em potencial, treinar um novo cliente sobre como utilizá-lo com sucesso e lidar com consultas ao vivo de suporte ao cliente?

O conhecimento do produto é realmente importante. Um novo gerente de produto em geral requer de dois a três meses para acelerar seu conhecimento do produto, supondo que ele mergulhe intensivamente nisso e dedique várias horas por dia ao seu aprendizado.

Habilidades e Técnicas de Processo

- Técnicas de descoberta de produto — o gerente de produto tem um forte entendimento dos riscos do produto e de como lidar com cada um deles? Ele entende como lidar com os riscos antecipadamente, antes que os engenheiros sejam solicitados a construir? Sabe como resolver problemas de forma colaborativa? Sabe se concentrar no resultado? Entende e utiliza técnicas qualitativas e quantitativas?

- Técnicas de otimização de produto — quando um produto, ou uma nova função, está ativo e em produção, o gerente de produto sabe como utilizar técnicas de otimização para melhorar e refinar rapidamente seu produto?

- Técnicas de entrega de produto — embora a principal responsabilidade do gerente de produto seja a descoberta, ele ainda tem um papel de apoio importante a desempenhar na entrega. Ele entende suas responsabilidades para com os engenheiros e o marketing do produto?

- Processo de desenvolvimento do produto — o gerente de produto tem uma compreensão sólida do processo mais amplo de desenvolvimento do produto, incluindo a descoberta e a entrega, bem como as responsabilidades administrativas do gerente de produto como proprietário do produto da equipe?

Espera-se que os novos gerentes de produto conheçam as técnicas básicas, mas os gerentes de produto fortes estão sempre desenvolvendo suas habilidades e aprendendo técnicas novas e mais avançadas. Assim como um bom cirurgião está constantemente seguindo os aprendizados mais recentes sobre habilidades e técnicas cirúrgicas, um gerente de produtos forte sempre tem mais a aprender em termos de habilidades e técnicas.

Habilidades e Responsabilidades da Equipe

- Habilidades de colaboração em equipe — com que eficácia o gerente de produto trabalha com seus engenheiros e designers de produto? Trata-se de um relacionamento colaborativo? Existe respeito mútuo? O gerente de produto está envolvendo os engenheiros e os projetistas com antecedência suficiente e fornecendo-lhes acesso direto aos clientes? Ele está alavancando as habilidades e mentes da sua equipe?

- Habilidades de colaboração com os stakeholders — o gerente de produto é bom em colaborar com os stakeholders em toda a empresa? Eles sentem que possuem um parceiro de verdade no produto, um que está genuinamente comprometido com o sucesso de seus negócios? Ele estabeleceu respeito e confiança mútuos com cada stakeholder, incluindo a liderança sênior da empresa?

- Habilidades de evangelização — o gerente de produto é capaz de compartilhar efetivamente a visão e a estratégia do produto, bem como motivar e inspirar sua equipe, os vários stakeholders e outras pessoas na empresa que devem contribuir com o produto, de uma forma ou de outra?

- Habilidades de liderança — embora o gerente de produto não gerencie ninguém, ele precisa influenciar e inspirar as pessoas; isso torna as habilidades de liderança importantes. Ele é um comunicador e um motivador eficaz? Sua equipe e os stakeholders procuram por sua liderança, especialmente em situações estressantes?

As habilidades pessoais são semelhantes ao conhecimento do produto no sentido de que, se você não tiver uma base sólida, é muito difícil realizar o trabalho de gerenciamento de produto. Ainda assim, como acontece com as habilidades de processo, gerentes de produto fortes trabalham constantemente para melhorar e desenvolver suas habilidades pessoais.

Observe que a taxonomia apresentada é o conjunto de habilidades e técnicas que geralmente uso. No entanto, em certas situações, eu personalizo essa lista com base na cultura ou no setor da empresa.

A título de exemplo, nas empresas de comunicação existe uma relação especialmente importante entre produto e editorial, e gosto de chamar a atenção para essa relação de forma explícita, para que não se confunda com outros stakeholders. Ou seja, se você, como líder de produto, acha que deve ajustar essa taxonomia de habilidades, não hesite em fazê-lo.

Análise de Lacunas

Agora que temos a taxonomia de habilidades, o cerne dessa técnica é uma análise de lacunas. Isso funciona da seguinte maneira: o gerente deve revisar o conjunto de critérios já mencionados e atribuir duas classificações a cada habilidade.

Expectativas vs. Capacidade Atual

A primeira classificação é uma avaliação de onde o funcionário precisa estar nessa habilidade (ou seja, classificação de *expectativas*), e a segunda é uma avaliação de onde o desempenho do funcionário se encontra nessa escala, atualmente (ou seja, sua *capacidade*). Em geral, classifico isso em uma escala de 1 a 10, sendo 10 uma habilidade absolutamente essencial para o trabalho.

Então, por exemplo, se você considera uma habilidade como "Técnicas de descoberta de produto" um 8 nas expectativas, mas avalia a capacidade atual de seu gerente de produto como um 4, então há uma lacuna significativa para uma habilidade crítica, e você precisará investir no coach do gerente de produto em relação aos seus conhecimentos ou habilidades nessa área-chave.

Nota: normalmente, a diferença entre um gerente de produto e um gerente sênior de produto é capturada nas expectativas de onde o nível de habilidades deve estar (a classificação das expectativas). Apenas como um exemplo, eu geralmente classifico as habilidades de colaboração com os stakeholders como 7 nas expectativas para uma pessoa no nível de gerente de produto padrão, mas considero essa habilidade como 9 para um gerente de produto sênior.

Nota: o nível de *expectativas* é sempre definido pelo gestor, quando não pela organização como um todo. A maior parte do nosso esforço é determinar a *classificação de capacidade*. Em geral, a avaliação do nível de capacidade do gerente de produto é feita pelo gerente. No entanto, não há razão para que o gerente de produto não possa fazer uma autoavaliação; na verdade, eu encorajo essa atitude. Esteja ciente, no entanto, de que não é incomum que a autoavaliação exponha algumas diferenças significativas na forma como o gerente de produto avalia as próprias capacidades. Um gerente que confia apenas na autoavaliação porque se sente incomodado em enfrentar essas diferenças de percepção está, a meu ver, abdicando de sua responsabilidade como gerente.

O Plano de Coaching

Agora que fizemos uma avaliação de habilidades e uma análise de lacunas subsequente, procuraremos as áreas com as maiores lacunas. Esse é o propósito da avaliação.

Para o plano de coaching, gosto de limitar o foco inicial às três áreas principais. Depois de progredir nessas áreas, o profissional de produto pode passar para as próximas áreas mais importantes.

Como gerente, agora você pode fornecer coaching, treinamento, leitura ou exercícios a esse profissional de produto, destinados a desenvolver as habilidades em cada área.

No próximo capítulo, compartilharei o que normalmente recomendo em um plano de coaching para desenvolver cada habilidade na taxonomia descrita. Contudo, muitos de vocês já sabem como fazer o coaching de um gerente de produto em uma habilidade específica, então tudo que realmente precisam são a avaliação e a análise de lacunas descritas aqui.

Além disso, uma vez que um funcionário tenha preenchido as lacunas com sucesso, é o momento ideal para mostrá-lo como as classificações de expectativa caminham para a posição de nível seguinte e ele pode começar a desenvolver e a demonstrar as habilidades necessárias para uma promoção.

Certifique-se de se sentar com cada um de seus funcionários de produto pelo menos uma vez por semana para discutir o progresso do plano de coaching.

Avaliação vs. Revisão de Desempenho

Finalmente, você pode estar se perguntando como esse tipo de avaliação de habilidades e plano de coaching se relaciona com as revisões de desempenho. Discutiremos as revisões de desempenho com mais detalhes na próxima parte do livro, que aborda a Alocação de Pessoal. Em geral, acho que a maneira pela qual a maioria das empresas implementa revisões de desempenho é de pouca utilidade em termos de desenvolvimento de pessoas. Infelizmente, trata-se muito mais de uma conformidade de RH e administração de salários.

Você pode ter que cumprir os requisitos do seu departamento de RH em termos de revisões anuais, mas perceba que elas não são, *de forma alguma*, um substituto adequado para o coaching ativo, contínuo e engajado e para o desenvolvimento das habilidades de cada membro da equipe.

Algo para se ter em mente é que seus contínuos esforços para fazer o coaching de seus funcionários, preparando-os para uma possível promoção, não significa que você seja realmente capaz de concedê-la. Muitas empresas têm políticas relacionadas a quando promoções podem ser concedidas; você não quer definir expectativas que não pode cumprir com seus funcionários. Eu procuro expressar isso para os funcionários afirmando que irei me esforçar para prepará-los para a promoção; em seguida, defendo essa promoção, mas nem sempre posso garantir se, e quando, ela acontecerá.

A boa notícia é que, se você gerenciar ativamente a avaliação de habilidades e o plano de coaching conforme venho descrevendo aqui, a simulação de incêndio da revisão anual será muito mais fácil.

CAPÍTULO

9

O Plano de Coaching

No capítulo anterior, defini uma ferramenta para avaliar o nível de habilidade atual de um profissional de produto, a fim de identificar lacunas de habilidade.

Neste capítulo, gostaria de compartilhar como oriento os profissionais de produto em cada uma dessas lacunas específicas.

Na verdade, a versão completa desse plano de coaching se encontra neste livro como um todo, mas tenho a esperança de poder fornecer exemplos e sugestões suficientes neste capítulo para ajudar a maioria dos gerentes a fornecer orientação e coaching úteis.

Observe que estou usando a mesma taxonomia de habilidades de pessoas, processos e produtos que expliquei no capítulo anterior; portanto, se você não tiver certeza sobre o que se trata qualquer um desses tópicos, consulte o capítulo. E também, como no capítulo de avaliação, estou usando o exemplo do *gerente de produto*, embora muito do que esteja escrito aqui também seja útil para designers de produto e líderes de tecnologia.

Conhecimento do Produto

Para definir suas expectativas, o conhecimento do produto é onde um novo gerente de produto passa a maior parte do tempo no processo de integração. Em geral, leva de dois a três meses para se especializar, presumindo que ele receba o coaching necessário e se concentre profundamente nisso durante várias horas por dia.

Entretanto, para ser claro, um gerente de produto que não possui esse nível de conhecimento não tem por que atuar como gerente de produto para sua equipe. E a responsabilidade de garantir tal nível de competência recai inteiramente sobre seu gerente.

Conhecimento do Usuário e do Consumidor

De fato, sair do escritório e visitar usuários e clientes é algo insubstituível. Dito isso, há muito a se ganhar quando nos aproveitamos do conhecimento de nossos colegas.

Conforme você avança nesse aprendizado, lembre-se de que cada pessoa com quem fala traz uma perspectiva própria, e você está procurando entendê-la, e também o máximo de perspectivas possível.

Se sua empresa possui uma equipe de pesquisa de usuário, esse é meu lugar favorito para começar, uma vez que se trata de um relacionamento valioso para o gerente de produto estabelecer. Os pesquisadores de usuários estão lá para educá-lo — eles sabem que, se você não decifrar os problemas de verdade, não irá corrigi-los.

Em seguida, se você tiver um sucesso do cliente ou uma equipe de atendimento ao cliente, esse é um recurso excelente. Você quer saber quem são seus clientes favoritos, quais são os menos favoritos e por quê. Também vai querer passar um tempo de qualidade com essa equipe para entender mais a respeito de como os clientes percebem seu produto. Mas, por enquanto, você quer aprender o que eles podem ensinar sobre seus usuários e clientes.

O marketing de produto é outra perspectiva valiosa sobre usuários e clientes, e outro relacionamento importante a ser estabelecido pelo gerente de produto. O marketing de produto também trará bons insights de vendas maiores, de organizações de marketing e das pessoas com quem você deve conversar, que terão perspectivas úteis.

Em muitas empresas, os fundadores ou CEOs tiveram mais contato com os clientes do que qualquer outra pessoa, o que faz deles outro grande recurso.

Pergunte aos fundadores quais clientes eles consideram mais úteis para realmente conhecer e compreender. Você não está apenas procurando clientes satisfeitos, assim como não está apenas procurando clientes insatisfeitos: está atrás da maior quantidade de perspectivas possível.

Neste momento, você está pronto para sair e encontrar usuários e clientes reais.

Para definir suas expectativas, quando eu (Marty) assumi a responsabilidade por um novo produto B2B, meu gerente queria que eu visitasse 30 clientes (e, além disso, insistiu que metade fosse de fora dos Estados Unidos) antes de tomar qualquer decisão significativa. Não acho que o número 30 tenha algo de especial, mas o fato é que não se trata de 2 ou 3, apenas. Normalmente, recomendo ao gerente de produto recém-chegado a fazer pelo menos 15 visitas a clientes.

Quando voltei daquela viagem, havia progredido de saber praticamente nada para saber tanto quanto qualquer pessoa em nossa organização. Aproveitei tudo aquilo que aprendi — sobre as pessoas que conheci e os relacionamentos que estabeleci — por anos.

Quando você está realmente sentado com usuários e clientes, outro tópico importante são as técnicas que usamos para aprender; mas esse é o tópico das técnicas de descoberta. No mínimo, com cada interação, você deve aprender se: os clientes são quem você pensa que são? Eles têm os problemas que você acha que têm? Como eles resolvem esses problemas, hoje? O que seria necessário para fazê-los mudar?

Observe que há algumas diferenças óbvias entre clientes que são empresas e aqueles que são consumidores, mas o princípio é o mesmo em ambos os casos.

Note também que, se você estiver se juntando a uma equipe existente com um designer de produto habilidoso e um líder de tecnologia, então certamente deve aprender o máximo possível com eles. E, se está entrando em uma nova equipe, deve querer incluir essas duas pessoas-chave com você durante seu aprendizado.

Conhecimento de Dados

Em geral, há três tipos de dados e ferramentas que o novo gerente de produto precisará para adquirir competência. Normalmente, há uma ferramenta que contém os dados sobre como os usuários interagem com seu produto — análise do usuário. Outra ferramenta contém dados sobre o ciclo de vendas de seu produto — análise de vendas. E uma terceira geralmente mostra como esses dados estão mudando ao longo do tempo — análise de armazenamento de dados.

Perceba que alcançar competência em cada uma dessas ferramentas significa duas coisas. Primeiro, que você precisa saber como responder a perguntas com essa ferramenta — aprendendo como operá-la. Em segundo lugar, você precisa entender o que os dados na ferramenta estão tentando lhe dizer.

Seu recurso principal para obter velocidade com os dados (operação da ferramenta e semântica de dados) geralmente é um dos analistas de dados da empresa. Esse é outro relacionamento importante que o novo gerente de produto deve estabelecer. Contudo, para ser claro, a menos que você tenha um analista de dados em tempo integral ou cientistas de dados integrados em sua equipe de produto, eles não estarão lá para você delegar-lhes trabalho. Eles existem para educá-lo e empoderá-lo para responder a perguntas com dados.

Esse tópico está entrelaçado com outro tópico mais adiante, sobre como entender seu negócio. Cada produto tem um conjunto de indicadores-chave de desempenho (KPIs) que descrevem coletivamente a saúde do seu produto; embora as ferramentas de dados o ajudem a entender onde você está, seu negócio ditará quais KPIs são mais importantes para você se concentrar.

Conhecimento da Área e da Indústria

Em geral, espera-se que o gerente de produto se torne competente na área. Claro que isso é diferente para cada produto. Os produtos de mídia são diferentes dos produtos de desenvolvedor, que são diferentes dos produtos de tecnologia de publicidade. Felizmente, na maioria dos casos, existe uma riqueza de conhecimento facilmente acessível com uma rápida pesquisa online.

No entanto, com certos produtos em áreas muito especializadas (como tributação, dispositivos cirúrgicos e conformidade regulatória), geralmente haverá um recurso interno disponível para todos os gerentes de produto: os especialistas reconhecidos na área. Essas pessoas às vezes são chamadas de *especialistas no assunto* ou *especialistas na área*, e é outro relacionamento importante a ser estabelecido pelo gerente de produto. Não se espera que o gerente de produto se torne tão conhecedor da área quanto esses especialistas, mas ele precisa aprender o suficiente para se envolver e colaborar com eficácia.

Em termos de conhecimento mais amplo da indústria de tecnologia, existem muitos profissionais oferecendo análises e insights.[1]

A chave para o conhecimento da indústria é identificar quais das suas tendências devem ser relevantes para o produto do gerente de produto. O primeiro passo é identificar as tendências; então, pode ser necessária alguma educação para entender o que a tendência, ou a tecnologia, permite e quais podem ser suas capacidades e suas limitações.

A análise competitiva também está incluída no conhecimento do setor. O marketing de produto é um bom recurso para começar, mas o gerente de produto precisará ter uma compreensão mais profunda das ofertas, da visão e da estratégia de cada um dos principais participantes do cenário.

Quando faço o coaching de gerentes de produto em análise competitiva, gosto de pedir para que avaliem de três a cinco das melhores empresas na área e escrevam uma narrativa comparando e contrastando os pontos fortes e os fracos de cada uma — destacando as oportunidades.

Conhecimento dos Negócios e da Empresa

Para a maioria dos novos gerentes de produto, entender como funciona o próprio negócio exige muito trabalho, mas essa, frequentemente, é a diferença essencial entre gerentes de produto competentes ou não.

Uma maneira de dar início a esse processo é pedir ao novo gerente de produto que preencha uma tela de modelo de negócios (qualquer uma das variantes serve para isso) para seu produto. É uma forma rápida e fácil de ajudar o gerente de produto a perceber rapidamente as áreas que ele ainda não compreende.

---

1 Há muito tempo sou fã do www.stratechery.com [conteúdo em inglês], e recomendo esse recurso a todos os gerentes e líderes de produto.

Vendas e Marketing — Estratégias de Mercado

A estratégia de entrada no mercado é um aspecto essencial de todo produto. Ela descreve como nosso produto chega às mãos de usuários e clientes. Se aplica a todos os tipos de produto — do consumidor à empresa —, mas geralmente está mais envolvida na venda para empresas. Seu produto pode ser vendido por meio de uma equipe de vendas direta, por um canal indireto, como os revendedores, ou diretamente para seus clientes.

O processo de vendas começa com o marketing, que por sua vez tem muitas estratégias e técnicas diferentes. Em última análise, sempre há algum tipo de funil que começa com as pessoas se conscientizando de que você existe e, com sorte, prosseguindo até o ponto em que se tornem um usuário e cliente ativo.

O novo gerente de produto precisa entender todo o funil, desde a conscientização até os testes e a integração. É especialmente importante compreender as capacidades e as limitações do canal de vendas. Seus colegas de marketing de produto normalmente são o próprio recurso de referência para aprender sobre sua estratégia de entrada no mercado.

Finanças — Receitas e Custos

Também é essencial para o novo gerente de produto obter um entendimento profundo das finanças em relação ao seu produto. Isso envolve tanto o lado da receita quanto o dos custos.

Há muito tempo venho defendendo a opção de se ter um amigo nas finanças, justamente para esse propósito. Há um conjunto de KPIs relacionados a finanças para cada produto, e você precisa entender primeiro o que são esses KPIs (por exemplo, valor de vida útil do cliente) e o que eles significam (por exemplo, como o valor de vida útil é calculado?). Finalmente, você precisa saber onde seu produto está (por exemplo, seu valor vitalício é suficiente em comparação com seu custo para adquirir novos clientes?).[2]

---

2 Costumo recomendar o livro http://leananalyticsbook.com/ [conteúdo em inglês] para ajudar o novo gerente de produto a aprender mais sobre quais análises são importantes para seu tipo de produto.

Questões Legais — Privacidade e Conformidade

Outro aspecto crítico para seu negócio são as questões legais. Essas questões estão relacionadas principalmente à privacidade, à segurança, à conformidade e, cada vez mais, à ética. Assim como no setor financeiro, estabelecer um relacionamento com alguém do departamento jurídico que possa ajudar o novo gerente de produto a entender as restrições legais é importante — não apenas para se atualizar, mas também ao se considerar novas ideias de produtos.

Desenvolvimento de Negócios — Parcerias

A maioria dos produtos hoje envolve certo número de parcerias. Pode ser um parceiro de tecnologia para entregar seus produtos ou serviços, ou uma parceria de vendas ou marketing para adquirir novos clientes.

Seja qual for o propósito, esses acordos geralmente vêm com restrições relacionadas ao que podemos fazer, e por isso é importante que o gerente de produto entenda esses contratos e restrições.

Áreas Adicionais

As áreas apresentadas são comuns a quase todos os produtos, mas também é verdade que muitos produtos têm uma ou mais áreas adicionais, dependendo da natureza da empresa.

Se a empresa estiver estruturada em torno de várias unidades de negócios, esses líderes de unidades de negócios (por exemplo, gerentes gerais) serão stakeholders essenciais.

Da mesma forma, para citar alguns exemplos, as empresas de mídia têm editorial/conteúdo; as empresas de comércio eletrônico têm merchandising; os fabricantes de hardware ou dispositivos têm manufatura; e as empresas que vendem globalmente têm questões internacionais.

Conhecimento Operacional do Produto

Este tópico deveria ser óbvio, mas não posso dizer com que frequência encontro um gerente de produto que não conhece efetivamente seu próprio produto para além de conseguir dar uma demonstração básica. Contudo, espero que esteja claro que um gerente de produto deve ser um usuário especialista do próprio produto para poder ser, de fato, confiável.

Para produtos de consumo, geralmente não é muito difícil se tornar um especialista, mas, para produtos direcionados a empresas, isso pode ser muito mais difícil — especialmente quando o gerente de produto não possui conhecimento na área.

Acelerar isso normalmente envolve ler cada documentação existente do usuário ou do cliente, fazer todos os cursos de treinamento que possam existir, passar tempo com a equipe de atendimento ao cliente e, se possível, usar os próprios produtos diariamente (isso é conhecido como *dogfooding*).

Como um claro teste decisivo, se um importante analista da indústria se oferecesse para visitar sua empresa a fim de discutir seu produto, o gerente de produto daria o briefing sozinho ou, no mínimo, gastaria um tempo significativo preparando a pessoa que fosse dar o briefing (normalmente, o gerente de marketing de produto).

Habilidades e Técnicas de Processo

Existem inúmeras habilidades e técnicas relacionadas a processos, e novas técnicas estão sempre surgindo. O principal objetivo para aqueles de nós responsáveis por fazer o coaching de gerentes de produto é garantir que eles tenham conhecimento sobre as técnicas adequadas para as tarefas em questão.

Técnicas de Descoberta de Produto

No mínimo, o novo gerente de produto deve compreender os quatro tipos de risco do produto (valor, usabilidade, aplicabilidade e viabilidade), as diferentes formas de protótipos para lidar com esses riscos e como testar esses riscos qualitativa e quantitativamente.

Existem muitos recursos online e aulas de treinamento, e o livro *INSPIRADO* aborda essas técnicas de descoberta de produto detalhadamente.

Quando treino gerentes de produto, normalmente peço que leiam o livro; depois, gosto de verificar se entenderam as técnicas, descrevendo diferentes cenários e perguntando a eles como lidariam com isso. Procuro ter certeza de que eles estão pensando sobre o risco de forma adequada, e de que entendem os pontos fortes e as limitações de cada técnica.

Técnicas de Otimização do Produto

Para produtos que estão em produção e têm tráfego significativo, existem técnicas importantes, conhecidas como *técnicas de otimização de produto*, que o gerente de produto precisa entender e saber como utilizar de forma eficaz.

Isso normalmente envolve aprender uma das ferramentas comerciais e, em seguida, executar uma série contínua de testes A/B — principalmente para otimizar o funil do produto, mas também podendo ser utilizada para outros fins.

Técnicas de Entrega de Produto

Em geral, as técnicas de entrega de produto são o foco dos engenheiros da equipe. No entanto, é importante que o gerente de produto entenda as técnicas de entrega que estão sendo utilizadas (por exemplo, entrega contínua) e, em alguns casos — como no planejamento do lançamento —, assuma um papel mais ativo.

Por exemplo, para certas mudanças significativas de produto, uma implantação paralela pode se revelar necessária. O gerente de produto precisa saber o que essas técnicas envolvem — especialmente os custos adicionais de engenharia — para tomar decisões adequadas a respeito da entrega.

Processo de Desenvolvimento de Produto

A decisão sobre qual processo de desenvolvimento os engenheiros utilizarão para desenvolver e entregar o software cabe aos engenheiros e à liderança de engenharia. No entanto, o gerente de produto desempenha um papel no processo e deve compreender quais são as suas responsabilidades.

A maioria das equipes usa alguma forma de técnica Scrum, Kanban e/ou XP (Extreme Programming). Frequentemente, as equipes usam uma mistura delas.

Eu geralmente recomendo que o novo gerente de produto faça um curso de *Certified Scrum Product Owner* (CSPO), caso não o tenha feito. Esse curso simples e curto explicará suas responsabilidades enquanto proprietário do produto para a equipe.

A maioria das empresas também padronizou uma ferramenta para gerenciar o backlog do produto; assim, o novo gerente de produto também precisará aprender essa ferramenta. Observe que há muito tempo reclamo que muitos gerentes de produto só tiveram treinamento CSPO, e que não entendem por que falham como gerentes de produto. Espero que esteja claro, neste ponto, que as responsabilidades do CSPO, embora importantes, são apenas um subconjunto muito pequeno das responsabilidades do gerente de produto de uma equipe de produto empoderada.

Habilidades e Responsabilidades Pessoais

Até agora, basicamente discutimos áreas (conhecimento do produto e habilidades e técnicas de processo) nas quais qualquer pessoa que esteja disposta a investir tempo e esforço pode ter sucesso. E eu diria que, sem esse fundamento, nada mais importa.

Dito isso, a diferença entre ser apenas um gerente de produto competente e um gerente de produto verdadeiramente eficaz em geral está em suas habilidades com as pessoas.

Há muito tempo existe um debate no mundo dos produtos sobre se essas habilidades pessoais podem ser ensinadas ou treinadas com eficácia. Na minha experiência, para a maioria das pessoas — mas não todas —, é possível melhorar e desenvolver significativamente as habilidades pessoais. Contudo, elas precisam querer melhorar.

Se a pessoa não for boa nessas habilidades e não mostrar nenhum interesse sincero em melhorar, então o gerente precisará ajudá-la a encontrar um trabalho mais adequado.

Habilidades de Colaboração em Equipe

O gerenciamento de produto moderno prioriza a verdadeira colaboração entre produto, design e engenharia. Isso acontece ao garantir que o gerente de produto conheça a real contribuição do produto e de sua engenharia.

O gerente de produto não precisa ser pessoalmente qualificado em design ou engenharia (a maioria não é, embora muitos acreditem ser grandes designers), mas ele precisa entender e apreciar suas contribuições a ponto de compreender que aquilo que o design e a engenharia trazem para a mesa é tão essencial quanto o que o gerente de produto traz.

Em seguida, o gerente de produto precisa estabelecer os relacionamentos necessários para uma colaboração verdadeira, que se baseia na confiança e no respeito.

Em meu coaching de gerentes de produto, uma vez que eles tenham aprendido o básico do que discutimos anteriormente, a maior parte passa a ter a ver com colaboração. Quando me sento com uma equipe de produto para falar sobre um problema que eles estão tentando resolver, raramente passo tempo apenas com o gerente de produto. Quase sempre, procuro lidar com o gerente de produto, o designer de produto e o líder de tecnologia.

Novamente, essa é apenas a natureza do produto hoje; entretanto, durante essas sessões, sou testemunha de inúmeras interações. Depois, caso observe algo, muitas vezes vou falar com o gerente de produto separadamente para tentar apontar como suas interações durante a reunião ajudaram ou prejudicaram seus esforços para construir relações de confiança.

Uma reunião de uma hora discutindo um problema ou um objetivo geralmente renderá bons exemplos que posso vir a utilizar como uma oportunidade de coaching para o gerente de produto. Quão engajado está o resto da equipe? Eles estão agindo como se estivessem empoderados para resolver o problema, ou estão agindo como anotadores de pedidos? O designer e o engenheiro estão trazendo soluções potenciais para a mesa, ou apenas apontando questões a partir do que o gerente de produto propõe? Eles estão gastando tempo demais conversando (por exemplo, planejando) e não o suficiente tentando (por exemplo, prototipando)? Como eles estão resolvendo suas diferenças de opinião?

Habilidades de Colaboração com os Stakeholders

Muitos pontos relativos às habilidades de colaboração em equipe também se aplicam às habilidades de colaboração com os stakeholders; no entanto, é muito mais fácil construir confiança e relacionamentos com seus colegas de equipe (por exemplo, seu designer e engenheiros), já que você interage com eles todos os dias — focando resolver o mesmo problema.

Existem dinâmicas adicionais em jogo com os stakeholders. Em primeiro lugar, embora a maioria dos gerentes de produto sejam colaboradores individuais, a maioria dos stakeholders são executivos de empresas. Frequentemente, eles conhecem bem a sua parte do negócio, e estão acostumados a dar ordens.

A chave para relações de trabalho bem-sucedidas com os stakeholders é estabelecer uma confiança mútua.

Para o gerente de produto, isso começa com um investimento de tempo e esforço para entender quais são as restrições de cada um dos stakeholders. Discutimos isso na seção *Conhecimentos dos Negócios e da Empresa*.

Porém, uma vez que o gerente de produto tenha feito esse esforço, ele precisará convencer pessoalmente cada stakeholder de que entende o que os preocupa e de que fará todos os esforços para chegar a soluções que funcionem para eles.

Em qualquer caso, sempre que ele identificar algo que possa ser preocupante, terá que visualizar essas soluções com aquele stakeholder antes da equipe construir qualquer coisa.

Construir essa confiança leva tempo, pois há menos interações e, consequentemente, cada interação tem um peso maior.

Novamente, em meu trabalho com equipes de produto, muitas vezes observo as interações entre gerentes de produto e stakeholders e percebo várias oportunidades boas de coaching. Tento reforçar as ações que ajudaram a construir confiança e apontar abordagens para ações que a diminuem.

Habilidades de Evangelismo

Especialmente em empresas de médio a grande porte, uma boa parcela do produto diz respeito à persuasão. Isso envolve convencer sua equipe e os stakeholders de que você entende o que precisa fazer e que tem um plano sólido para entregar.

Minha técnica favorita para desenvolver um argumento forte e convincente é a narrativa escrita, que será discutida no Capítulo 11 — *A Narrativa Escrita*.

Também procuro incentivar os gerentes de produto a fazerem uma aula de habilidades de apresentação em que suas apresentações sejam gravadas em vídeo e eles recebam críticas profissionais. Fiz essa aula duas vezes ao longo da minha carreira, e considero-a inestimável.

Habilidades de Liderança

Por fim, grande parte do gerenciamento de produtos forte diz respeito, na verdade, à liderança.

Habilidades de liderança são especialmente importantes para o gerente de produto, porque a equipe de produto e os stakeholders não se reportam a você; portanto, você deve depender de persuasão e liderança.

Ou seja, para o gerente de produto, a liderança deve ser conquistada. Ela não vem junto com o título.

É também por isso, contudo, que tantos gerentes de produto fortes se tornam chefes de produto e CEOs bem-sucedidos.

Como desenvolver, então, essas habilidades de liderança? Os pré-requisitos são os itens já abordados. Se você fez sua lição de casa, demonstrou seus conhecimentos e habilidades, e ganhou a confiança e o respeito de sua equipe e dos stakeholders, você está no caminho certo.

Além disso, incentivo todos os gerentes de produto a se tornarem estudantes de liderança por toda a vida. A maioria de nós conhece pessoas que consideramos como péssimos líderes. Por outro lado, alguns têm a sorte de conhecer pessoas que consideram líderes excepcionalmente fortes. Discutir as características definidoras de cada um contribui para excelentes discussões de coaching.

Fazendo o Coaching de Líderes de Tecnologia

Eu absolutamente amo fazer o coaching de líderes de tecnologia. Na maioria das vezes, essas são as pessoas por trás das inovações mais impressionantes do mundo.

Um líder de tecnologia é essencialmente um engenheiro de nível sênior que assumiu a responsabilidade adicional de participar do trabalho de descoberta de produtos em andamento. O líder de tecnologia é o principal parceiro do gerente de produto e do designer de produto.

Eles são solicitados a se preocupar não apenas com a construção e a entrega de produtos confiáveis, mas também com *o que* é construído.

Os líderes de tecnologia trazem um conhecimento profundo das tecnologias capacitadoras e, quando esse conhecimento é combinado com uma compreensão direta da dor e dos problemas do cliente, pode resultar em mágica.

(continua)

(continuação)

Se você já passou algum tempo com engenheiros, sabe que nem todos estão interessados em algo além da codificação. Não tem problema. Não precisamos que todo engenheiro se torne um líder em tecnologia.

Posso dizer que muitas das minhas empresas de produtos preferidas tentam detectar isso quando entrevistam engenheiros — elas querem aqueles que se importam tanto com *o que* constroem quanto com a forma *como* o fazem. Mas mesmo essas empresas abrem exceções. Isso só é um problema se você não tiver pelo menos uma dessas pessoas em uma equipe de produto, especialmente se espera que seja uma equipe de produto empoderada.

Uma porcentagem surpreendente dos líderes de tecnologia que orientei me disseram que, em última análise, gostariam de um dia abrir a própria empresa. Eu encorajo isso enfaticamente, e gosto de apontar para eles os muitos CEOs de sucesso em tecnologia que começaram como engenheiros. Quando esse é o objetivo deles, geralmente incentivo o líder de tecnologia a considerar a função de gerenciamento de produtos por um ou dois anos. Mesmo que eles voltem para a engenharia, essa experiência é inestimável, preparando-os muito melhor para uma função de cofundador de startups.

Não importa quais sejam seus objetivos de carreira, o verdadeiro potencial de um líder de tecnologia vem da combinação de sua compreensão da tecnologia com uma apreciação dos problemas que os clientes enfrentam.

Sempre incentivo os líderes de tecnologia a visitarem o maior número de clientes possível, mas também tento fazer questão — depois de visitar um cliente interessante — de parar e conversar com eles sobre tudo aquilo que vi e aprendi, e o que eles podem absorver disso.

O resultado disso foi descobrir que cada minuto que você investe no coaching de um líder de tecnologia para falar de clientes ou contextos comerciais estará entre os melhores usos possíveis do seu tempo.

Fazendo o Coaching de Designers de Produto

Os designers de produtos têm um trabalho especialmente difícil. Existem muitas habilidades relacionadas ao design e, embora o designer do produto não precise ser um especialista em todas elas, ele precisa ter uma gama consideravelmente ampla de conhecimentos e habilidades:

- Design de serviço.
- Design de interação.
- Design visual.
- Desenho industrial (para dispositivos físicos).
- Prototipagem.
- Pesquisa de usuário.

A maioria dos designers de produto de sucesso é muito forte em prototipagem e design de interação, e eles sabem o suficiente sobre design de serviço, design visual e pesquisa de usuário para alavancar as técnicas e as pessoas relevantes onde for necessário.

Como gerente de design, seus designers de produto geralmente vêm de contextos diferentes e, portanto, muito do seu tempo acaba sendo gasto ajudando-os a resolver lacunas.

A outra responsabilidade importante a se ter em mente para os gerentes de design é que eles são a linha de frente para garantir uma visão holística do design. Isso significa que, embora possa haver muitas equipes de produto — cada uma com um designer de produto habilidoso —, eles precisam garantir que a experiência funcione como um todo entre as equipes.

Os gerentes de design garantem uma visão holística revisando os designs semanalmente e realizando sessões com um grupo mais amplo de designers de produto, em especial para discutir problemas difíceis.

Um desafio ao migrar para equipes de produto empoderadas é que a maioria dos gerentes de produto e engenheiros vindos de equipes de recursos nunca trabalhou com um designer de produto profissional, então eles mal sabem o que está faltando. Como resultado, os líderes de design muitas vezes precisam elevar o nível e educá-los a respeito do que é um design de produto forte e como os designers contribuem para produtos de sucesso.

LOVED

A parceira do SVPG Martina Lauchengco está publicando outro livro da série SVPG, LOVED, discutindo o tópico criticamente importante do marketing de produto. Como muitos sabem, o marketing de produto é adjacente ao gerenciamento de produto, mas o que a maioria não sabe é que o marketing de produto mudou drasticamente e se tornou mais crítico do que nunca. O que se segue é um trecho de seu próximo livro:

Permita-me ser franca.

A maioria dos profissionais de marketing de produto não é excelente no que faz. Eles são bons em muitas coisas, mas nem sempre é claro se aquilo está fazendo a diferença. O talento das pessoas na função também é desigual, contribuindo para sua reputação — algo entre o monótono e o ocasionalmente ótimo.

O marketing de produto não é: gerenciar uma lista de verificação de tudo o que é necessário para ser feito para o lançamento, gerenciar projetos ou apenas ser um facilitador entre o produto e as vendas. O entendimento clássico do marketing de produto é, primeiro, construir um produto e, em seguida, colocá-lo no mercado. O fracasso dessa abordagem é que as empresas apenas explicam o que seu produto faz e por que ele é diferente, presumindo que as pessoas se importam.

Um bom marketing de produto requer entender o mercado primeiro. Ele testa as suposições com base no que o mercado diz, para que você possa se adaptar, posicionar e comercializar com base na realidade dos clientes. Ele deixa claro por que seu produto é importante e deve ser apreciado usando a linguagem, a experiência e as necessidades dos clientes.

Os indicadores reais de um marketing de produto bem-sucedido são a adoção e o momento do mercado, mas a maioria das pessoas não sabe o que procurar ou quando é o momento certo para começar a fazer um marketing de produto.

Como é comum nesses estágios iniciais, um de seus fundadores técnicos era o líder em tudo: vendas, produto, marketing, pessoas. Porém, depois de seis meses de reuniões com dezenas de executivos, eles não tinham compradores. Então, pararam de tentar lançar seu produto em todas as reuniões e, em vez disso, começaram a perguntar a todos os executivos que encontravam quais eram suas prioridades mais urgentes.

Acontece que o problema que sua tecnologia solucionava não estava entre as cinco principais prioridades e, em alguns casos, nem mesmo entre as dez principais. Você pode se perguntar por que a empresa Z não começou a partir daí, mas lembre-se: eles obtiveram alguns dados iniciais que os fizeram pensar que estavam no caminho certo para criar algo de valor.

A equipe percebeu que, com um pouco de reformulação, poderia transformar seu produto em uma solução mais ágil para um problema que estava muito acima na lista de prioridades desses executivos.

Seu novo produto cruzou com uma categoria bem estabelecida, com décadas de existência e com concorrentes muito maduros. Eles criaram uma configuração fácil de usar, que poderia dar respostas às equipes com muito mais rapidez. Armada com essa nova abordagem, a empresa Z criou uma demonstração do que o seu produto poderia fazer, mas isso a fez pular a etapa crucial de descobrir como falar sobre o que fez de forma sucinta, e por que as pessoas deveriam se importar.

Veja a empresa Z, por exemplo. Eles são reais, mas não vou usar nomes, já que você pode pensar em todas as histórias de startups que conhece que são iguais as deles. Eles foram fruto da imaginação de uma equipe de doutores que, coletivamente, somavam décadas de experiência. Depois de serem selecionados como finalistas em uma competição de tecnologia muito respeitada, eles decidiram que era hora de levar sua ideia ao mercado.

A tecnologia deles era impressionante. Um analista proeminente escreveu sobre sua eficácia, observando que nunca tinha visto nada parecido. Eles fizeram uma demonstração para um alto executivo C-suite de uma empresa que está entre as 100 da Fortune, e ele declarou: "Isso é incrível!" Eles conseguiram financiamento de capital de risco com base em tudo isso e partiram para a corrida.

Ou assim pensaram.

(continua)

(continuação)

Sem as âncoras mentais certas, os clientes em potencial ainda lutavam para entender por que deveriam prestar atenção. A empresa Z perguntou: "Devemos falar sobre o ambiente regulatório que torna o que fazemos mais relevante? Podemos apontar o que está quebrado com os softwares mais antigos, mesmo se fizermos apenas uma parte do que eles fazem muito melhor?"

A empresa Z tentou responder a essas perguntas contratando vendedores para comercializar seus produtos. Então, contrataram alguém que poderia "gerar demanda", porque os vendedores precisavam de mais nomes para ligar. Isso foi um erro. Sem mensagens replicáveis, a equipe de vendas não poderia comunicar efetivamente o valor do produto. Ou seja, apesar de uma equipe crescente de entrada no mercado, muito pouco mudou. Pouquíssimos clientes se cadastraram. A essa altura, quase dois anos já haviam se passado.

Entra em cena "Josie", a recém-contratada diretora de marketing de produto. Ela os posicionou na categoria existente, criando um nicho que deixou seu foco claro. Em três meses, eis o que aconteceu:

- Um artigo técnico apontou o que não estava funcionando com a categoria existente e introduziu a necessidade do nicho que eles haviam nomeado. Uma empresa de análise de destaque ficou tão intrigada que todos os analistas da categoria solicitaram um telefonema para saber mais.

- Ela criou todo o material de apoio do produto, trazendo mais coesão entre a apresentação de vendas e o site para que enviassem a mesma mensagem onde quer que os clientes olhassem.

- Ela fez parcerias positivas entre produtos e vendas, trabalhando em conjunto, adaptando materiais com a frequência necessária. Foi imediatamente vista como incrivelmente valiosa por todos na pequena empresa.

- Eles declararam e concordaram com uma estratégia de marketing. Isso significava que, mesmo que não fosse Josie quem estivesse fazendo todo o trabalho, o resto da equipe sabia o "porquê" de tudo o que estavam fazendo no marketing.

A empresa Z finalmente conseguiu alguns grandes clientes e impulso de mercado, mas de forma mais lenta e dolorosa do que o necessário. Se tivesse introduzido o marketing de produto mais cedo, poderia ter descoberto — e resolvido — as lacunas de entrada no mercado mais cedo. Em vez disso, eles gastaram muito tempo, dinheiro e recursos em coisas que não estavam funcionando.

O marketing pode ser muito esotérico para pessoas que passam a vida construindo produtos. O marketing de produto cria os ossos em torno dos quais o corpo de marketing e vendas trabalha. É por isso que, se você for uma empresa de tecnologia que tem apenas uma pessoa fazendo marketing, ela deve ser um profissional de marketing de produto. É assim que você poderá alcançar seus objetivos com mais rapidez. Quem faz o trabalho, e quão bem o faz, é mais importante do que o trabalho em si. Se você estiver investindo na criação de produtos de excelência, é fundamental que também invista em um marketing de produto igualmente excelente.

10

One-on-One

Eu ficaria surpreso se você não tivesse ao menos ouvido falar sobre a técnica de coaching conhecida como "one-on-one" (também chamada "1:1"); é provável que você já tenha experimentado alguma versão dela. Contudo, a julgar por minhas discussões com incontáveis gerentes e líderes de produto, você pode nunca ter experimentado essa técnica de forma bem executada. No entanto, ela é a base do coaching.

Enquanto eu (Marty) escrevia isto, tentava me lembrar onde havia aprendido sobre esse assunto e as pessoas-chave que influenciaram meus pontos de vista. Depois de tantos anos, é difícil dizer, mas isso representa o melhor de mais de uma dúzia de gerentes que me ajudaram durante meu desenvolvimento — seja diretamente, como meu gerente, ou indiretamente, como um colega com quem aprendi. Ben Horowitz é um exemplo, pois me impressionou muito em relação a essa técnica.

Este capítulo foi escrito para o gerente daqueles que contribuem individualmente para as pessoas de produtos. As pessoas responsáveis por contratar e desenvolver gerentes de produto, designers de produto e engenheiros.

Princípios One-on-One Eficazes

O Propósito

O objetivo principal do 1:1 é ajudar o profissional de produto a se desenvolver e melhorar. Sim, você receberá uma atualização. Sim, poderá discutir o trabalho. Porém, antes de mais nada, trata-se de ajudar a pessoa a primeiro alcançar a competência e, depois, seu potencial. Se você perder de vista o propósito, o verdadeiro valor desta sessão será rapidamente perdido.

O Relacionamento

Esse é um relacionamento que depende de confiança. O profissional de produto deve compreender e acreditar que você, como gerente, está genuína e sinceramente comprometido em ajudá-lo a alcançar seu potencial máximo. Esse é o seu trabalho principal como gerente. Se o vendedor do produto for eficaz e for promovido, você fez seu trabalho. Da mesma forma, se o profissional de produto não for capaz de atingir a competência, você falhou. E ele precisa entender que, para que vocês dois tenham sucesso, precisam ser capazes de confiar e depender um do outro e, o mais importante, ser capazes de falar com franqueza e honestidade.

A Integração

Com a maioria dos novos profissionais de produtos, há um período de integração necessário e crítico em que a pessoa adquire as habilidades e os conhecimentos necessários para se atualizar (alcançar a competência).

Cada pessoa é diferente e traz experiências e conhecimentos distintos para o trabalho. No Capítulo 8, *A Avaliação*, discuti uma ferramenta que uso para avaliar rapidamente um novo profissional de produto a fim de determinar em quais áreas focar. Entretanto, até que o responsável pelo produto seja forte o suficiente para ser considerado competente, é sua responsabilidade garantir que a pessoa não esteja prejudicando sua equipe e tomando decisões razoáveis.

Normalmente, esse período de supervisão dura cerca de dois a três meses e é um relacionamento de coaching muito mais intenso do que o coaching contínuo que acontece quando o profissional de produto é considerado capaz.

A Frequência

Esta é uma daquelas áreas em que existe uma gama de opiniões variadas, mas sinto fortemente que o 1:1 não deve ser inferior a 30 minutos, uma vez por semana, e que essa sessão é sagrada e não deve ser outra daquelas reuniões do tipo "tudo bem pular esta semana?". Pode ser necessário reagendar ocasionalmente, mas não cancele. Por favor, considere a mensagem que isso transmite.

Para novos gerentes de produto no período de integração que ainda não são competentes, pode ser de duas a três vezes por semana, ou mesmo diariamente.

Uma vez que a confiança entre o gerente e o funcionário é estabelecida, o coaching 1:1 funciona bem com chamadas de vídeo. A chave é estabelecer um ambiente propício para desenvolver o relacionamento e ter discussões honestas e construtivas.

Contexto Compartilhado

Se você deseja empoderar seu profissional de produto para resolver problemas da melhor maneira que sua equipe considerar adequada, como líder e gerente, você deve fornecer a ele o contexto estratégico.

Isso significa ter certeza de que ele entendeu a missão e os objetivos da empresa para o ano, a visão do produto, a estratégia de produto mais ampla e os objetivos específicos de sua equipe de produto.

A maior parte dessa discussão acontece durante a integração, mas a cada trimestre você precisará discutir os objetivos específicos da equipe do próximo trimestre. Às vezes, essas são discussões bastante complicadas.

Dever de Casa

Simplesmente não há outra opção para o profissional de produto além de fazer seu dever de casa. É a base da competência, além de ser a principal atividade durante o período de integração. Você pode orientá-lo quanto aos recursos certos e ao responder a perguntas sobre o material, mas cabe a ele gastar tempo e esforço para fazer o dever de casa e obter esse conhecimento.

O que realmente significa dever de casa? Para um gerente de produto, significa entender o produto por dentro e por fora, aprender sobre os usuários e clientes, sobre os dados e sobre as capacidades das tecnologias facilitadoras, sobre a indústria e as várias dimensões do negócio, especialmente financeiro, vendas, estratégias de mercado, serviços e jurídico.

Pensar e Agir Como um Profissional de Produto

Além de fazer o dever de casa, o coaching visa principalmente a ajudar o profissional de produto a aprender a pensar e a agir como um profissional *forte*.

O que significa pensar como um profissional de produto? Significa focar o resultado, considerando todos os riscos — valor, usabilidade, aplicabilidade e viabilidade dos negócios. Significa pensar holisticamente sobre todas as dimensões do negócio e do produto, antecipar considerações éticas ou impactos, apresentar resoluções criativas para os problemas, ser persistente diante de obstáculos, aproveitar-se da engenharia e da arte do possível, do design e do poder da experiência do usuário, bem como dos dados para aprender e elaborar um argumento convincente.

O que significa agir como um profissional de produtos? Significa ouvir, colaborar, compartilhar aprendizagem, evangelizar, inspirar, dar crédito e aceitar a culpa, assumir a responsabilidade, saber o que não tem como saber e admitir o que não se sabe, demonstrar humildade, construir relacionamentos em toda a empresa, conhecer os clientes a nível pessoal e liderar.

Visão Holística

Também conhecida como "conectar os pontos". Você não pode esperar que todo profissional de produto seja capaz de ficar por dentro daquilo que todas as outras equipes de produto estão fazendo. Um dos benefícios importantes do 1:1 é que você está ciente de quais atividades e problemas estão ocorrendo nas várias equipes e pode muito provavelmente ser o primeiro a ver um problema se formando ou duplicando. É sua função apontar essas áreas potenciais de conflito ou impacto e encorajar o profissional de produto a colaborar com os colegas relevantes para resolver, e se necessário, para você tomar a decisão de remover o conflito.

Fornecer Feedback

Também conhecido como "amor exigente" ou "franqueza radical", o feedback honesto e construtivo é a principal fonte de valor que você fornece como gerente. Ele deve ser frequente e o mais oportuno possível (na primeira oportunidade para uma discussão em particular). Lembre-se de elogiar publicamente, mas criticar em particular.

Muitos gerentes acreditam erroneamente que o único momento em que devem coletar e fornecer feedback é em uma avaliação de desempenho anual, mas na verdade há oportunidades todos os dias para fazê-lo, tanto direta quanto indiretamente. Em geral, não faltam reuniões com a oportunidade de observar as interações dos profissionais de produto diretamente.

Além disso, como gerente, você deve sempre buscar feedbacks construtivos sobre a pessoa — perguntando aos outros membros da equipe de produto sobre suas interações e perguntando aos executivos seniores, possíveis interessados e proprietários de negócios sobre suas impressões e sugestões.

Depois de um tempo, dar um feedback construtivo deixa de ser estranho e passa a ser uma segunda natureza; até lá, no entanto, obrigue-se a apresentar algum feedback construtivo útil *todas as semanas*.

Melhoria Contínua

Felizmente, está claro para você que os trabalhos com produtos são muito difíceis. É uma jornada, não um destino. Você pode ter 25 anos de experiência prática com produtos e ainda estará aprendendo e se aprimorando. Cada esforço em relação ao produto tem seu perfil de risco. Novas tecnologias capacitadoras surgem constantemente. Os serviços de hoje são as plataformas de amanhã. Os mercados se desenvolvem. Os comportamentos do cliente mudam. As empresas crescem. As expectativas aumentam.

Os melhores líderes de produto medem seu sucesso em relação a quantas pessoas eles ajudaram a ganhar promoções, ou avançaram para servir em produtos cada vez mais impactantes, ou para se tornarem líderes da empresa, ou mesmo para iniciar suas próprias empresas.

Antipadrões

Eu poderia encerrar o capítulo aqui, mas tenho visto muitos gerentes que pensam que compreendem e agem de acordo com tudo isso, mas não conseguem desenvolver seu pessoal. Na minha experiência, aqui estão os motivos mais comuns para isso:

O Gerente Simplesmente Não Se Importa

De longe, o maior motivo pelo qual vejo que as pessoas não se desenvolvem e alcançam competência é porque muitos gerentes não gostam de desenvolver pessoas ou não veem isso como sua responsabilidade principal. Então, isso é colocado de lado como uma tarefa secundária — se tanto —, e a mensagem para o funcionário é clara: você está sozinho.

O Gerente Se Volta para o Microgerenciamento

Na verdade, é mais fácil para você simplesmente emitir instruções específicas e microgerenciar — apenas dar à pessoa uma lista de tarefas a serem realizadas e, se alguma decisão real precisar ser tomada, trazê-la à sua atenção para que você faça o telefonema. Está além do escopo deste capítulo listar todos os motivos pelos quais isso resulta em decepção, mas, em qualquer caso, não desenvolverá as pessoas de que precisamos e não é uma solução escalonável.

O Gerente Perde Tempo Falando e Não Escutando

Embora não haja nada de errado em se preparar para a sessão anotando alguns itens a serem discutidos, é fundamental ter em mente que essa sessão é principalmente para o profissional de produto e não para você. É muito fácil para você falar por 30 minutos direto, e então ficar sem tempo. Além disso, é importante reconhecer que as pessoas aprendem de maneiras diferentes, e você aprenderá escutando, não falando.

O Gerente Não Fornece Feedbacks Difíceis

É verdade que aprender a dar um feedback franco, honesto e construtivo é difícil para muitas pessoas. Porém, se isso não for feito, a pessoa não crescerá e não melhorará no ritmo necessário. Isso geralmente fica muito claro na próxima avaliação de desempenho, na qual o funcionário é surpreendido por feedbacks negativos.

Só para ficar bem claro aqui, na avaliação de desempenho, *nada deveria ser uma surpresa* — tudo já deveria ter sido discutido em profundidade, provavelmente por meses. A avaliação de desempenho será discutida em um próximo capítulo, já que é fonte de muita dor e angústia para todas as partes; por enquanto, o importante a se ter em mente é que ela nunca é a ferramenta-chave para o desenvolvimento de pessoas — já o 1:1 semanal, sim.

O Gerente É Inseguro e/ou Incompetente

Essa técnica se baseia em você, como gerente, ser competente (caso contrário, como seria capaz de treinar outros para a competência?), se sentir seguro o suficiente em suas contribuições e seu valor para ficar feliz em iluminar os outros quando eles vão bem, e não se sentir ameaçado pelo sucesso deles. No entanto, infelizmente, todos nós conhecemos gerentes com os quais, por qualquer motivo, esse não vem a ser o caso. A pessoa responsável por garantir gerentes de pessoas fortes é o chefe de produto em uma empresa maior, e o CEO em uma startup.

Como discutimos anteriormente, se você não tem a experiência necessária para fazer o coaching e desenvolver outras pessoas, será essencial que encontre imediatamente algum coaching de líder de produto para si. Por favor, não assuma essa responsabilidade levianamente.

O Gerente Não Corta Perdas

Hesitei em incluir este, por se tratar de um último recurso para mim. Porém, às vezes há um gerente que tem trabalhado sincera, incansável e habilmente por vários meses a fio para realizar o coaching da pessoa, mas não consegue levar o profissional de produto à competência.

É importante perceber que nem todo mundo nasceu para ser um especialista em produtos. Quando acho que é esse o caso, em geral é porque a pessoa foi simplesmente transferida de uma função diferente na empresa — talvez porque ela costumava ser um cliente e conhecia o produto ou a área, ou conhecia o CEO, ou o que quer que fosse — mas simplesmente não tem a base fundamental para ter sucesso na função.

Além disso, espero que esteja claro que as funções de gerente de produto, designer de produto e líder de tecnologia não são funções "juniores".

Alguém que precisa que lhe digam o que fazer todos os dias não é adequado para a função de profissional de produto. E isso também não é escalonável. Você precisa de pessoas que possam ser desenvolvidas para se tornarem profissionais de produto capazes e competentes — que possam receber um objetivo e, então, encontrar uma maneira de realizá-lo.

Minha opinião, neste caso, é que você é o responsável por levar o novo profissional de produto à competência. Se não conseguir fazer isso em um período de tempo razoável (geralmente de três a seis meses), é preciso assumir a responsabilidade de ajudar essa pessoa a encontrar um emprego mais adequado, no qual ela *possa ser* bem-sucedida.

Em Resumo

Se você é um líder de produto e não tem se concentrado no coaching, espero que perceba que é disso que se trata o seu trabalho, e você fará disso uma abordagem para conferir ao coaching um esforço honesto.

Para líderes de produto, a equipe de produto *é* nosso produto, e é assim que desenvolvemos um produto de excelência.

Se você é um profissional de produtos e não tem recebido esse tipo de coaching contínuo e intenso, espero que traga isso à tona com seu gerente e veja se ele está disposto a investir tempo para ajudá-lo a alcançar seu potencial.

Se você está iniciando uma carreira como profissional de produto e avaliando empresas e cargos, então a coisa mais importante que pode fazer no processo da entrevista (depois de convencer a empresa de que você tem potencial e de que vale a pena o investimento) é tentar determinar se o gerente de contratação está disposto e se é capaz de oferecer esse nível de coaching.

11

A Narrativa Escrita

No capítulo anterior, falei sobre a importância da sessão de coaching 1:1 entre um gerente e seu funcionário. Essa técnica visa a fornecer um mecanismo contínuo para ajudar o profissional de produto a alcançar seu potencial.

Neste capítulo, gostaria de discutir minha ferramenta de coaching favorita para ajudar as pessoas de produto a se tornarem excepcionais: a narrativa escrita. Contudo, primeiro preciso admitir que, de todas as várias técnicas de coaching que eu tenho e que utilizo, essa sofre mais resistência do que qualquer outra. Na verdade, mais de uma vez, tive que basicamente forçar as pessoas a utilizá-la.

Não é que as pessoas duvidem de sua eficácia, é só que muitas vezes pode ser um processo doloroso. E eu descobri que as pessoas que mais precisam dessa técnica são geralmente as que mais resistem a ela.

O profissional de produto, especialmente os gerentes de produto, têm de argumentar o tempo todo. Não tanto para coisas menores, mas, à medida que as coisas se tornam custosas e arriscadas — bons exemplos disso incluem grandes recursos e projetos, e em especial novos esforços significativos —, naturalmente haverá muitas pessoas que questionarão e desafiarão o trabalho. Normalmente, são os executivos de toda a empresa, mas muitas vezes isso começa com o convencimento de sua equipe.

A técnica à qual estou me referindo é a escrita de uma narrativa explicando seu argumento e recomendação.

Para ser claro, não estou falando sobre uma especificação de qualquer tipo. Uma especificação não tem o objetivo de ser uma peça persuasiva — é apenas um documento que descreve os detalhes daquilo que você deseja construir.

Em vez disso, estou falando de um documento de aproximadamente seis páginas que descreva narrativamente o problema que você está tentando resolver, o motivo pelo qual isso será valioso para seus clientes e para sua empresa, e a sua estratégia para resolver o problema. Se essa narrativa for bem-feita, o leitor ficará inspirado e convencido.

Uma empresa que fez dessa narrativa escrita o cerne de como operar e inovar é a Amazon. Eles adotaram essa técnica mais do que qualquer outra companhia que conheço, e não acho que seja uma coincidência que sejam uma das empresas mais inovadoras do mundo.

Esse é o ponto. Não é difícil para você, como profissional de produto, em alguma reunião inicial, mostrar uma apresentação de PowerPoint, acenar, mencionar algumas coletas de dados e parecer entusiasmado e confiante. Observe, então, como a reunião se degenera em um planejamento por comitê ou, o que é tão ruim quanto, todos ficam frustrados e se voltam para a pessoa mais bem paga na sala para obter orientação.

Quando isso acontece, fica claro para mim que o responsável pelo produto não fez o dever de casa necessário. A pessoa realmente não conhece o assunto. O argumento é fraco. Ela não considerou e nem abordou suficientemente as várias perspectivas e limitações em jogo.

A narrativa por escrito evidencia isso.

Todos nós já vimos profissionais de produtos se levantarem, fazerem barulho e fingirem saber do que estão falando. No entanto, com a narrativa escrita, não há como fingir.

Como afirma o ex-engenheiro da Netscape e veterano da Amazon, Brad Porter: "Velocidade e escala são armas, e a Amazon já contou a todos o seu segredo [...] se ao menos eles tivessem a disciplina para implementá-lo."[1]

---

1 Brad Porter em: https://www.linkedin.com/pulse/beauty-amazons-6-pager-brad-porter/ [conteúdo em inglês].

Apesar do histórico da Amazon de 25 anos de inovação baseada em tecnologias consistentes, a maioria dos profissionais de produtos que conheço faria quase qualquer coisa para evitar ter que escrever esse tipo de análise narrativa e recomendação. No entanto, é uma das coisas mais valiosas que podem fazer para crescer mais rápido *e* tomar decisões melhores.

Foi por isso que enfatizei a técnica 1:1 primeiro. Pouquíssimas pessoas que trabalham com produtos têm disciplina para fazer essa narrativa escrita e enfrentar sozinhas as lacunas gritantes em seus argumentos. No entanto, o gerente pode fazer o coaching do profissional de produto ao longo desse processo.

A estrutura envolve escrever a própria narrativa em algumas páginas e depois fazer uma FAQ. A ideia é antecipar as diferentes preocupações e objeções que podem vir dos principais executivos e stakeholders, reservar um tempo para considerar e redigir respostas claras a essas objeções e, em seguida, revisar essas respostas com as pessoas que têm essas preocupações. Quando o executivo ler essa narrativa mais tarde, ele poderá ver que você antecipou os problemas e considerou a resposta, e então saberá que você fez seu dever de casa.

Você pode usar essa narrativa para iniciar reuniões de decisão, tal como a Amazon faz. Ou, mesmo se decidir que deseja fazer aquela apresentação em PowerPoint, eu prometo a você que, se fizer um bom trabalho na narrativa escrita primeiro, sua apresentação será muito fácil de criar e fluirá diretamente da narrativa. A apresentação será muito melhor assim, e sua preparação notável quanto ao material deixará seu público justificadamente impressionado.

Eu mesmo tive que me convencer disso no início da minha carreira, e sou grato por ter um gerente que me empurrou para fora da minha zona de conforto justamente para fazer isso. Desde então, sou um convertido.

Ainda uso essa técnica com frequência. Quando estou trabalhando em uma nova apresentação, forço-me a escrever uma narrativa completa primeiro, repeti-la até que seja lógica e convincente, testá-la com pessoas que respeito e que sei que me dirão a verdade, e só então criar a apresentação real.

Se você nunca experimentou essa técnica antes, espero que o faça em seu próximo esforço significativo. Espere que seja desconfortável. Certifique-se de incorporar as perspectivas dos membros de sua equipe e dos principais stakeholders. Gaste tempo para tornar a narrativa clara, concisa e convincente. Estou confiante de que você se tornará um profissional de produtos muito mais forte.

12

Contexto Estratégico

P ara continuar nossa série sobre coaching, neste capítulo abordo um aspecto diferente: garantir que a equipe de produto tenha a compreensão necessária do contexto mais amplo dos negócios em que está operando.

Refiro-me a essas informações como o *contexto estratégico* e, como você verá, isso inclui vários tópicos primordiais e importantes, que discutirei mais a fundo depois. Juntos, esses tópicos formam o entendimento necessário para que as equipes façam boas escolhas.

A fim de que as equipes de produto sejam empoderadas para tomar decisões, elas precisam ter o contexto necessário para isso. Esse contexto estratégico normalmente vem dos líderes de produto da empresa, mas precisa ser compreendido a fundo pela equipe de produto, em especial pelo gerente de produto.

Normalmente, o contexto estratégico faz parte da integração de qualquer novo profissional de produto que ingressar na organização.

Nota: neste capítulo, utilizo o termo "empresa" para representar uma entidade de negócios maior; todavia, em empresas muito grandes, pode haver várias unidades de negócios ou divisões em que o contexto estratégico possa ser diferente para cada uma. A unidade de negócios do YouTube, do Google, possui um contexto estratégico muito diferente da unidade de negócios do AdWords, por exemplo.

Geralmente, existem seis tipos de contexto estratégico.

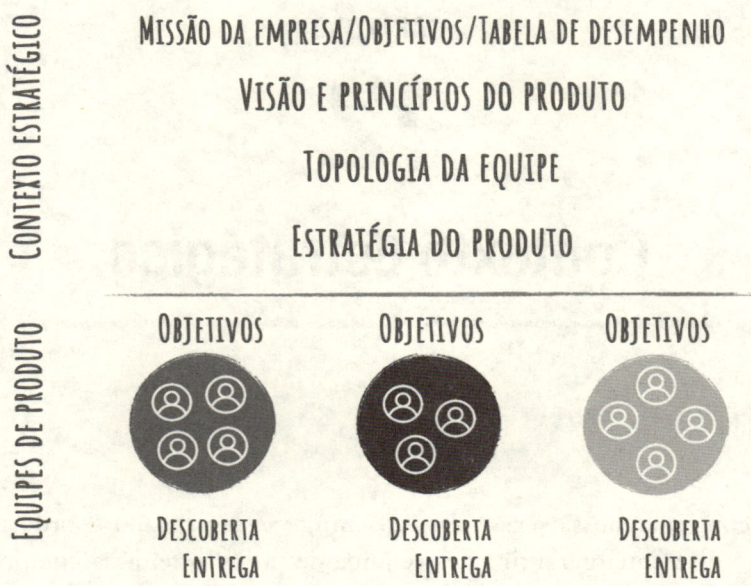

Missão da Empresa

Simplificando, esse é o *propósito* da empresa. O objetivo é comunicar a todos os envolvidos *por que* estamos aqui. É geralmente uma declaração simples com a intenção de ser durável, geralmente por uma década ou mais, quando não durante toda a vida da empresa.

Se algum funcionário não conhece a missão da empresa, isso é um sinal óbvio de que algo está seriamente errado na cultura e/ou nos líderes.

Todavia, embora seja comum que todos saibam o propósito da empresa, muitas pessoas podem não saber como contribuir pessoalmente para essa missão.

Tabela de Desempenho da Empresa

Cada produto e cada empresa possui alguns indicadores-chave de desempenho (KPIs) que ajudam a fornecer uma compreensão do quadro geral e da saúde do negócio, referidos aqui como *tabela de desempenho da empresa*, mas às vezes chamados de *painel da empresa* ou *métricas de saúde*. Em alguns casos, podem ser bastante diretos e, em outros, bastante complexos.

Por exemplo, em um mercado bilateral, geralmente existem alguns KPIs críticos que nos dizem se nosso mercado está saudável, o que significa que ambos os lados recebem valor e o mercado está em equilíbrio.

Como um exemplo óbvio de um mercado insalubre, suponha que você tenha um mercado de empregos, com empregadores publicando vagas e candidatos à procura de emprego. Contudo, imagine se você tivesse milhares de pessoas vindo todos os dias em busca de emprego, mas quase nenhum emprego disponível. Os candidatos ficariam frustrados e provavelmente partiriam para outro lugar.

E, claro, em um mercado de trabalho bilateral, teríamos pelo menos dois funis — um para atrair candidatos e outro para empregadores — e observaríamos de perto as principais métricas de cada funil.

A tabela de desempenho da empresa captura essas dinâmicas dos negócios. Ela não se concentra em todas as métricas, e sim nas mais importantes e informativas. É assim que os líderes da empresa julgam a sua saúde geral e o seu desempenho.

Objetivos da Empresa

Depois de entender a tabela de desempenho da empresa, podemos discutir os objetivos específicos nos quais a empresa está focada este ano.

Esses objetivos são selecionados pela equipe de liderança sênior, geralmente com a participação do conselho, assim como das áreas de enfoque mais importantes. Eles podem estar relacionados ao crescimento, à expansão, à lucratividade ou à satisfação do cliente. E, em geral, para cada uma dessas áreas de melhoria, existem metas de negócios específicas que a empresa espera alcançar (os principais resultados).

Espera-se que todos entendam que os objetivos da empresa devem ser *resultados* (de negócios), e não *produtos* (como a entrega de projetos específicos).

Os principais resultados são quase sempre KPIs que se encontram na tabela de desempenho da empresa. Se eles ainda não estiverem na visão geral, provavelmente serão adicionados.

Desse modo, a empresa pode acompanhar o progresso de seus objetivos e, ao mesmo tempo, garantir que não haja consequências negativas indesejadas para a saúde do negócio.

Visão e Princípios do Produto

Em última análise, a forma como cumprimos a missão de uma empresa é desenvolvendo produtos e serviços para nossos clientes. A visão do produto é a maneira pela qual esperamos fazer isso.

Normalmente, a visão do produto tem entre três e dez anos, e descreve tanto o futuro que estamos tentando criar quanto por que esse futuro irá melhorar a vida de nossos clientes.

A missão pode fornecer o propósito, mas é a visão que começa a torná-lo tangível. É importante notar que a visão do produto também é a nossa melhor ferramenta para recrutar profissionais de produto fortes.

É nisso que essas pessoas trabalharão todos os dias, e por vários anos, então precisa ser algo inspirador. No entanto, também é importante que a visão do produto não seja muito específica, porque sabemos que ainda não podemos conhecer os detalhes. Iremos nos aprofundar na visão do produto na Parte IV, mas é isto que as equipes de produto empoderadas descobrirão: como tornar essa visão uma realidade.

Os princípios do produto complementam a visão dele, declarando os valores e as crenças que se destinam a informar as muitas decisões de produto que precisarão ser tomadas.

Muitas decisões giram em torno de trocas, e os princípios do produto ajudam a iluminar os valores que priorizamos quando fazemos essas trocas.

As equipes de produto precisam entender esses princípios, bem como o raciocínio por trás de cada um.

Topologia da Equipe

A topologia da equipe (abordada na Parte V) descreve o que cada equipe de produto é responsável por fazer. É importante que cada uma das equipes de produto entenda onde ela se encontra no panorama geral e como se relaciona com as outras equipes.

Estratégia do Produto

A estratégia do produto é onde as coisas começam a se tornar mais específicas.

Temos um conjunto de objetivos da empresa que estamos, todos aqui, tentando ajudar a alcançar ainda este ano, temos uma visão de produto que precisamos de vários anos para alcançar e também temos, geralmente, várias equipes de produto — cada uma com diferentes habilidades e áreas de responsabilidade.

A estratégia do produto conecta esses conceitos. É ela que conduzirá os objetivos de cada equipe de produto específica. E como ela faz isso é um tópico importante deste livro (Parte VI).

Uma vez que cada equipe de produto tenha seus objetivos, elas podem começar a trabalhar enfrentando os problemas que precisam resolver.

O contexto estratégico fornecido pela missão da empresa, a tabela de desempenho e os objetivos da empresa, a visão, os princípios e a estratégia do produto devem ser aplicados a *todas* as equipes de produto da empresa.

Cada profissional de produto, e especialmente, cada gerente de produto, precisa entender esse contexto estratégico e demonstrar em suas declarações, ações e decisões como sua equipe está contribuindo para os objetivos comuns.

13

Senso de Propriedade

Os vários capítulos anteriores forneceram um conjunto de ferramentas e técnicas de coaching projetadas para ajudá-lo a levar seus gerentes de produto à competência.

No entanto, neste e nos próximos capítulos, eu gostaria de abordar o comportamento e a mentalidade do coaching.

Um profissional de produtos forte não é competente apenas em termos de conhecimento e habilidades, ele também tem uma mentalidade de produto eficaz e demonstra ter bom senso consistentemente em suas decisões e interações.

Neste capítulo, discuto uma mentalidade importante para um profissional de produto: a diferença entre pensar como um proprietário e pensar como um empregado.

Quero reconhecer de antemão que este capítulo toca em um assunto delicado para muitas pessoas, porque o tópico pode rapidamente se tornar pessoal — em especial para aqueles que cresceram em países com diferentes atitudes em relação ao trabalho e seu papel na vida.

Mas é por isso que preciso lembrar a todos que meu objetivo é compartilhar as práticas e técnicas daquelas que considero ser as melhores equipes de produtos de tecnologia do mundo.

Não estou tentando compartilhar o que a *maioria* das empresas faz (você aprendeu no prefácio o que penso sobre como a maioria das empresas funciona). Estou tentando compartilhar as *melhores* práticas, e também julgar *melhor* a partir de resultados objetivos, ao invés de padrões subjetivos.

Com essas advertências, muitos líderes de produto já ouviram a frase "queremos contratar pessoas que pensam como proprietários, e não como funcionários". Mas o que isso realmente significa? E quão importante isso é de fato?

Na carta original de Jeff Bezos aos acionistas em 1997, ele declarou:

Continuaremos a nos concentrar na contratação e na retenção de funcionários versáteis e talentosos, e continuaremos a pesar sua remuneração em opções de ações, em vez de dinheiro. Sabemos que nosso sucesso será amplamente afetado por nossa capacidade de atrair e reter uma base de funcionários motivada, cada um dos quais deve pensar como — e, portanto, deve realmente ser — um proprietário.[1]

Ele reiterou esse ponto crítico novamente em sua mais recente carta aos acionistas.[2]

Jeff Bezos está tentando nos dizer algo extremamente relevante, e que uma das coisas mais importantes que um bom gerente pode ajudar a desenvolver em seu pessoal de produto é a mentalidade de proprietário.

Então, vamos considerar esse conceito de "pensar como um proprietário".

Isso é semelhante ao conceito de "missionários, não mercenários", mas, na verdade, não é muito difícil ficar animado com algo significativo — como uma visão de produto atraente — e ainda não pensar como um proprietário.

Portanto, embora eu ache que a maioria dos proprietários atua como missionário, nem todos os missionários agem como proprietários.

---

1 http://media.corporate-ir.net/media_files/irol/97/97664/reports/Shareholderletter97.pdf [conteúdo em inglês].

2 https://blog.aboutamazon.com/company-news/2019-letter-to-shareholders [conteúdo em inglês].

Você sabe agora que a criação de equipes de produto empoderadas envolve dar às equipes de produto a *responsabilidade* de um problema a ser resolvido, para que tenham a capacidade de resolvê-lo da melhor maneira que entenderem.

O modelo de equipe de produto empoderada depende do pessoal de produto que pensa como um proprietário, mas isso geralmente não acontece apenas porque o profissional de produto está trabalhando em uma equipe empoderada.

Eu (Marty) ainda me lembro de como esse conceito foi explicado pela primeira vez para mim, quando eu estava pensando em expandir de um líder de tecnologia para assumir as responsabilidades de gerente de produto, junto com as justificativas que recebi para meus "por quês" inevitáveis.

Disseram-me que, como gerente de produto, pensar como um proprietário significava que eu precisava sentir uma verdadeira obrigação e responsabilidade para com meus clientes, minha equipe de produto, meus stakeholders e os investidores da minha empresa.

Por quê? Porque a equipe de produto assume a liderança do gerente de produto, e a equipe e os executivos da empresa vão me julgar por minhas palavras e ações.

Disseram-me que minha equipe de produto estava contando comigo para fornecer a ela o contexto estratégico necessário para que os designers e os engenheiros apresentassem as melhores soluções possíveis.

Por quê? Porque as equipes trabalham muito melhor quando têm o contexto e um problema a ser resolvido, em vez de descrever a elas os chamados requisitos de uma solução.

Disseram-me que, para fazer isso, eu precisaria "fazer meu dever de casa" — clientes, dados, negócios e indústria (uma frase que repeti literalmente milhares de vezes).

Por quê? Porque o designer e os engenheiros precisam de alguém na equipe com esse conhecimento e contexto, e essa seria minha contribuição direta para resolver os problemas que foram designados à equipe.

Disseram-me que eu deveria me comprometer em descobrir uma maneira de superar quaisquer obstáculos que surgissem e esperar que muitos realmente surgissem.

Por quê? Porque os produtos de tecnologia nunca são fáceis. Lembro-me da frase: "Sempre haverá muitos bons motivos para não embarcar, e é sua responsabilidade descobrir uma maneira de contornar ou passar por cada obstáculo."

Disseram-me que meu desempenho seria medido pelos resultados (uma frase que é popular hoje, mas que era literalmente o slogan da HP na década de 1980).

Por quê? Porque precisamos ter cuidado para nunca confundir rendimento com resultado. Nossos clientes se preocupam com os resultados, não com esforço ou atividade.

Disseram-me que ter sucesso significava que eu teria que trabalhar duro para estabelecer e manter relacionamentos com pessoas de toda a empresa, das quais eu dependeria — e que dependeriam de mim.

Por quê? Porque, em uma empresa, especialmente uma empresa grande, existem muitas pessoas lá para garantir que os bens sejam protegidos — a força de vendas, a receita, os clientes, a reputação — e fazer as coisas em uma empresa significa compreender e respeitar essas restrições ao surgir com soluções que funcionem para o negócio.

Disseram-me que os líderes da empresa estariam continuamente me julgando para decidir se achavam que eu tinha feito meu dever de casa, se estava pensando e agindo como um proprietário e se a equipe de produto estava em boas mãos.

Por quê? Porque os executivos de empresas com o modelo de equipe empoderada aprendem que o gerente de produto é o sinal de alerta.

Também me disseram que eu teria que assumir a responsabilidade quando as coisas não corressem bem, mas dar crédito à equipe quando o contrário acontecesse.

Por quê? Porque é isso que bons líderes (e bons proprietários) fazem.

Disseram-me que era minha responsabilidade motivar e evangelizar minha equipe.

Por quê? Porque queremos uma equipe de missionários, não de mercenários.

Finalmente, como a maioria dos profissionais de produtos já ouviu muitas vezes antes, disseram-me que eu teria a responsabilidade de garantir o sucesso, mas não a autoridade para direcionar as pessoas.

Por quê? Porque a inovação depende da verdadeira colaboração com o design e a engenharia, é uma relação entre pares e não de subordinação (há outras razões também, mas isso é para outro capítulo).

Agora, não estou afirmando que isso seja literal, mas acho que é uma lembrança bastante razoável. E, em termos de pensar como um proprietário versus um funcionário, é praticamente a mesma mensagem que tento passar para os profissionais de produto dos quais faço coaching.

Se eu tivesse que sintetizar tudo, diria que pensar como um proprietário versus pensar como um funcionário é, acima de tudo, sobre assumir a responsabilidade pelos resultados, e não apenas pelas atividades.

Curiosamente, sempre tento convencer designers e engenheiros excepcionais a considerar a mudança para o gerenciamento de produtos. E, embora eu tenha tido um bom sucesso com isso, a objeção mais comum que ouço é em assumir a responsabilidade pelos resultados (e a pressão que isso implica).

Eu entendo e respeito suas escolhas sobre isso, mas concordo com Jeff Bezos: essa é uma mentalidade importante, especialmente para gerentes de produto.

O Poder do Patrimônio

Ao discutir o pensamento como um proprietário, é importante reconhecer que toda essa discussão está diretamente relacionada ao tópico de remuneração baseada em ações.

A remuneração baseada em ações é projetada para que você seja *literalmente* um proprietário, e não apenas pense como um.

Acredito que não seja por acaso que as principais empresas de produtos de tecnologia do mundo usem o patrimônio, seja na forma de opções de ações, seja com concessões, para espalhar a propriedade.

Não é nenhum segredo que esse é um grande contribuidor para o motor de inovação que impulsiona o Vale do Silício. Muitas pessoas pensam que o tópico da remuneração baseada em ações seja aplicável apenas a startups, mas ele se aplica a empresas de todos os tamanhos, incluindo algumas das maiores e melhores empresas de produtos, como Amazon, Google, Netflix e Apple.

No entanto, o que é menos conhecido é que, em muitas partes do mundo, as leis tributárias locais dificultam a concessão de ações. Não posso deixar de notar que ouço muito mais aquele temido refrão — "esse não é o meu trabalho" — nessas empresas.

Há outras maneiras, além da concessão de ações, de fazer com que seus funcionários-chave compartilhem as recompensas reais do sucesso do produto. A mais óbvia é fazer um plano de participação nos lucros da empresa.

Porém, se os CEOs querem que seu pessoal-chave pense e se comporte como proprietários, eles deveriam recompensá-los como proprietários. Ninguém espera que um engenheiro colaborador obtenha o mesmo nível de patrimônio que um vice-presidente sênior, mas não é preciso muito para ser significativo se a empresa de fato estiver indo bem.

Da mesma forma, é importante perenizar o patrimônio: já que você não quer que as pessoas saiam depois de terem investido totalmente, você continua a conceder ações adicionais anuais aos seus melhores profissionais.

Uma estratégia perene com o patrimônio significa que seus melhores funcionários sempre sentirão que estariam deixando para trás uma compensação substancial se saíssem antes de adquirirem seus direitos.

Para mim, esse é um exemplo claro de ganha-ganha. É muito bom para o funcionário e é muito bom para a empresa (e, portanto, para os stakeholders da empresa).

Independentemente de como você o realiza, como gerente, sempre achei muito significativo poder apontar que o funcionário é coproprietário da empresa, assim como eu. Precisamos pensar em criar valor para a empresa a longo prazo, e não apenas nos concentrar em nossas questões diárias específicas.

CAPÍTULO

14

Administração do Tempo

Há muito tempo eu digo que, para realizar o trabalho extremamente importante de um gerente de produto, você precisa de cerca de quatro horas inteiras por dia.

Se a pessoa for um designer de produto ou líder de tecnologia e não conseguir passar a maior parte do dia fazendo um trabalho realmente criativo, então você tem um problema maior. Assim, esse é um problema principalmente com gerentes de produto.

Para ser claro, não estou falando sobre e-mail, Slack ou reuniões. Falo de tempo de qualidade trabalhando a fim de encontrar soluções para os problemas difíceis que estamos tentando resolver, algo que também é conhecido como *descoberta de produto*.

Ainda assim, isso não parece tão ruim, até que você olha para sua agenda e percebe que sua única chance nessas 4 horas é das 18h00 até as 22h00 (é, portanto, a infame semana de 60 horas de trabalho de tantos gerentes de produto).

Todos vocês já viram o gerente de produto frenético que passa seu tempo correndo de reunião em reunião, constantemente reclamando por não ter tempo para fazer um "trabalho de produto real".

Portanto, não é surpresa que um dos tópicos de coaching mais comuns e mais importantes seja ajudar um novo gerente de produto a aprender a gerenciar seu tempo.

Quando faço o coaching em relação a esse problema, começo observando como o gerente de produto está gastando seu tempo e, na grande maioria dos casos, acho que ele passa a maior parte do dia fazendo trabalho de gerenciamento de *projeto*, em vez de trabalho de gerenciamento de *produto*.

Agora, eles não necessariamente entendem dessa forma, mas eu tento mostrar-lhes que é isso que está acontecendo de fato.

Por que, então, isso ocorre?

Em parte, porque o trabalho *precisa* ser feito — especialmente quando é urgente —, e o gerente de produto pode acreditar que não há mais alguém disponível ou capaz de fazê-lo.

Em parte, porque muitos gerentes de produto nunca foram treinados ou tiveram o coaching sobre o que de fato vem a ser o gerenciamento de produto, e acham que o trabalho é assim.

E, em parte, porque considero que muitas pessoas ficam realmente mais confortáveis com as tarefas de gerenciamento de projetos, já que estas são tangíveis e muito mais diretas, e pode parecer produtivo riscar muitas coisas da lista todos os dias.

É importante reconhecer que sempre há alguma quantidade de gerenciamento de projeto em cada função de liderança — gerentes de engenharia, gerentes de marketing, CEOs —, já que todos eles precisam "pastorear as ovelhas" às vezes; mas não é isso que define esses trabalhos, e tampouco o trabalho do gerente de produto.

Sua principal contribuição e responsabilidade como gerente de produto é garantir que valerá a pena construir o que os engenheiros são solicitados a construir e que entregará os resultados necessários.

Isso significa trabalhar com designers e engenheiros para encontrar soluções que sejam valiosas, utilizáveis, aplicáveis e viáveis. Essa é a descoberta de um produto, e isso leva cerca de quatro horas inteiras por dia.

Eu incentivo os gerentes de produto a reservarem esse tempo da semana e protegê-lo, e ainda assim terão metade do dia para outras coisas.

Claro, o trabalho de gerenciamento de projeto não acaba. É por isso que minha resposta favorita para esse problema é que o gerente de produto se junte a um gerente de entrega que possa assumir o gerenciamento do projeto, para que o gerente de produto possa realmente se concentrar em seu trabalho.

Mas também sei que diversos gerentes de produto, mesmo os que são muito bons, não se sentem confortáveis em abrir mão dessa responsabilidade.

De uma forma ou de outra, se você não consegue separar quatro horas por dia durante sua jornada de trabalho, então só conheço duas possibilidades: ou você estende sua jornada de trabalho ou deixa de entregar resultados, e, assim, falhará em seu trabalho.

Alguns argumentam que se trata de trabalhar de forma mais inteligente, e não mais difícil. Eu concordaria absolutamente com isso. Na verdade, se você leu meu livro *INSPIRADO*, sabe que se trata de técnicas de compartilhamento que nos permitem trabalhar de maneira mais inteligente e rápida, em vez de aumentar a dificuldade. Acho que já publiquei mais do que qualquer pessoa a respeito de como os gerentes de produto podem trabalhar de maneira mais inteligente e não mais difícil. Dito isso, mesmo com um gerente de produto habilidoso e utilizando as técnicas mais recentes, essas quatro horas ainda serão necessárias.

Outros argumentarão que o trabalho sempre se expandirá para preencher o tempo disponível e, embora isso seja verdade em geral e certamente se aplique à função de gerenciamento de produto, essa não é a questão-chave aqui. Se o gerente de produto pensa como um proprietário e não como um funcionário, e caso ele se comprometa com um resultado, em vez de uma lista de atividades, então, na verdade, trata-se de entregar resultados.

Observe que estou falando apenas sobre gerentes de produto de equipes de produto empoderadas. Existem várias situações muito comuns em que "gerenciamento de produto" é uma tarefa muito diferente:

- Se você é o *product owner* de uma equipe de entrega, não estou me referindo a você.
- Se você é o gerente de produto de uma equipe de *recursos*, então seu trabalho seria mais precisamente caracterizado como um gerente de projeto/entrega, e também não estou me referindo a você.

- Em uma startup verdadeira, na qual o número de pessoas na empresa é pequeno, normalmente a carga de gerenciamento de projetos também é pequena, e não é um problema a ser coberto pelo gerente de produto.

Assumir o controle do seu tempo pode ser mais difícil do que nunca, mas também é mais importante do que nunca. Se o seu trabalho é gerenciar ou fazer o coaching de gerentes de produtos, então muito provavelmente este será um de seus tópicos de coaching mais importantes.

15

Capacidade de Pensar

té agora, nesta série de capítulos sobre coaching, descrevi uma ferramenta para avaliar um profissional de produto atual ou potencial e, em seguida, forneci exemplos detalhados de como elaborar um plano de coaching para ajudá-lo a primeiro alcançar a competência e, em seguida, todo o seu potencial.

Discutimos a importância do 1:1, bem como a técnica da narrativa escrita. Examinamos o treinamento não apenas de suas habilidades e técnicas, mas também de sua mentalidade, incluindo pensar como um proprietário, e não como um funcionário.

Neste capítulo, gostaria de abordar outro aspecto da mentalidade, que reconhecidamente pode ser um pouco estranho de discutir, mas talvez seja o comportamento mais importante de um profissional de produto capaz — a capacidade de *pensar*.

Frequentemente, as pessoas se referem a isso pela simplificação de procurar por pessoas que sejam "espertas". Eu também sou culpado nesse quesito. No entanto, o termo "esperto" é ambíguo e pode obscurecer o verdadeiro problema.

Quando as pessoas dizem "esperto", elas se referem principalmente à inteligência.

Primeiro, precisamos reconhecer que inteligência e pensamento não são, de forma alguma, a mesma coisa.

Acredito que, para pensar com eficácia (e de modo mais geral, para ter sucesso em uma carreira em produtos), você precisa ter um certo nível de inteligência.

No entanto, encontro inúmeras pessoas que são claramente inteligentes, mas perdem a cabeça porque não sabem (ou não querem) de fato resolver problemas difíceis por meio do pensamento.

Em segundo lugar, também precisamos reconhecer que *adquirir* conhecimento e *aplicá-lo* são duas coisas diferentes.

O Google, junto à riqueza de recursos aos quais fornece fácil acesso, tornou o conhecimento mais fácil de adquirir do que nunca, mas fez pouco para ajudar as pessoas a realmente aprender a pensar e aplicar esse conhecimento.

Por que pensar é tão importante? Porque, em sua essência, as equipes de produto se concentram na solução de problemas.

Um dos motivos pelos quais adoro trabalhar com designers e engenheiros (e também por que adoro recrutar designers e engenheiros para o gerenciamento de produtos) é que o pensamento está no cerne do que eles fazem.

Sim, eles são criadores; todavia, para projetar uma experiência ou criar uma implementação, devem essencialmente ser solucionadores de problemas. Projetistas e engenheiros são qualificados para resolver problemas com muitas restrições. É literalmente o que eles fazem todos os dias.

Da mesma forma, os gerentes de produto também devem ser solucionadores de problemas. Eles não estão tentando projetar a experiência do usuário ou arquitetar uma solução escalonável e tolerante a falhas. Em vez disso, resolvem as restrições alinhadas em torno dos negócios de seus clientes, seu setor e, especialmente, os próprios negócios. É algo de que os clientes precisam? É substancialmente melhor do que as alternativas? É algo que a empresa pode comercializar e vender com eficácia, que pode construir, prestar serviços e suporte e que está em conformidade com as restrições legais e regulamentares?

Além disso, um dos desafios especiais com produtos e serviços movidos por tecnologia é que devemos resolver simultaneamente todos os três tipos de restrições — produto, design e engenharia. Daí a necessidade de uma verdadeira colaboração (assunto do próximo capítulo).

Obviamente, algum grau de raciocínio e resolução de problemas é necessário para qualquer trabalho. Entretanto, para gerentes de produto, designers e engenheiros, é fundamental.

Não é difícil identificar quando um especialista em produtos é fraco no que diz respeito a pensar. Embora eu acredite muito em perguntas encorajadoras, isso presume que a pessoa fez sua lição de casa e se esforçou intelectualmente para de fato considerar a questão primeiro. Com frequência, é óbvio que isso não aconteceu.

Boas empresas de produtos tentam determinar quão bem o candidato pode pensar e resolver problemas durante o processo de entrevista. A questão não é se o candidato realmente sabe a resposta a uma pergunta, mas o que ele faz quando não sabe a resposta.

É por isso que o pensamento crítico e as habilidades de resolução de problemas são tão importantes.

Minha técnica favorita para desenvolver boas habilidades de pensamento é a narrativa escrita que descrevi anteriormente. Naquele capítulo, eu avisei que, para alguém que não está acostumado a pensar em problemas difíceis, essa técnica pode ser verdadeiramente dolorosa. Essas são as pessoas, no entanto, que mais necessitam dessa técnica; e, em alguns casos, é aqui que você perceberá que elas não foram feitas para ser um profissional de produtos.

Todavia, desde que a pessoa tenha a inteligência necessária e esteja disposta a dedicar um esforço intelectual, acredito que a capacidade de aprender a pensar e resolver problemas difíceis é definitivamente algo que pode ser desenvolvido. No entanto, isso exigirá treinamento ativo e esforço sincero por parte do gerente e do profissional de produto.

CAPÍTULO

16

Colaboração em Equipe

Neste capítulo, continuo a série sobre coaching de profissionais de produtos falando sobre outra habilidade extremamente importante que é, com frequência, mal compreendida ou subestimada: a colaboração em equipe.

Colaboração é uma daquelas palavras usadas com tanta frequência e de tantas maneiras diferentes que perdeu o significado para muitas pessoas. Claro, todos acham que são colaborativos; poucas pessoas se consideram não colaborativas.

Contudo, no contexto de uma equipe de produto multifuncional empoderada, ser colaborativo tem um significado muito específico e, definitivamente, não é como as pessoas, em especial os gerentes de produto, estão dispostas a trabalhar. Portanto, essa é em geral uma área criticamente importante para o gerente se concentrar durante o coaching.

Também vale a pena ressaltar que, quando sua equipe de produto tem funcionários remotos, essa colaboração costuma ser prejudicada. Desse modo, seu coaching de colaboração precisa ser reforçado para seus funcionários remotos.

Em *INSPIRADO*, falo sobre as três características críticas de equipes de produto fortes, não importa quais processos usem: a primeira é enfrentar os riscos precocemente; a segunda é resolver problemas de forma colaborativa; e a terceira é ser responsável pelos resultados.

Com relação à segunda característica crítica — resolver problemas de forma colaborativa —, não se trata mais do antigo modelo em cascata no qual um gerente de produto definia requisitos e os entregava a um designer para que este elaborasse um design que atendesse a esses requisitos e, em seguida, os repassasse para os engenheiros implementarem o projeto.

Então, o que realmente queremos dizer com colaboração?

Vamos começar falando sobre o que a colaboração não é.

Primeiro, a colaboração não é uma questão de *consenso*. Embora gostemos quando a equipe de produto concorda com o melhor curso de ação, não esperamos e nem insistimos nisso. Na verdade, dependemos da experiência de cada membro da equipe. De modo geral, se o líder de tecnologia sentir que uma arquitetura específica é necessária, nós passamos para o líder de tecnologia. Se o designer sentir que uma experiência de usuário específica é necessária, passamos para o designer. Vez ou outra, haverá conflitos e julgamentos, e normalmente faremos um teste para resolvê-los.

Em segundo lugar, a colaboração não é sobre *artefatos*. Muitos gerentes de produto acham que seu trabalho é produzir alguma forma de documento que capture "requisitos" ou, pelo menos, que eles estão lá para escrever histórias de usuários. É verdade que às vezes precisamos criar artefatos (especialmente quando os membros da equipe são remotos), mas certamente *não* é assim que colaboramos. Na verdade, esses artefatos frequentemente atrapalham a colaboração real.

Por que isso acontece? Porque, uma vez que o gerente de produto declara que algo é um "requisito", isso basicamente encerra a conversa e leva a discussão para a implementação. Nesse ponto, o designer sente que está lá para garantir que o design esteja em conformidade com o guia de estilo da empresa, os engenheiros sentem que estão lá apenas para codificar, e nós estamos de volta ao modelo em cascata.

Terceiro, a colaboração também não é uma questão de *compromisso*. Se você obtiver como resultado uma experiência de usuário medíocre, um desempenho lento, uma escalabilidade limitada e um valor duvidoso para os clientes, você perde como equipe.

Precisamos encontrar uma solução que *funcione*. Com isso, queremos dizer que precisa ser algo *valioso* (o suficiente para que os clientes-alvo realmente comprem ou escolham usá-lo), *utilizável* (para que os usuários possam de fato experimentar esse valor), *aplicável* (para que possamos realmente entregar esse valor) e *viável* para o nosso negócio (para que o restante de nossa empresa possa comercializar, vender e oferecer suporte eficaz à solução).

Para fazer isso, precisamos saber o que não podemos saber, admitir o que não sabemos e nos concentrar em descobrir uma solução que funcione.

E isso requer uma verdadeira colaboração.

Lembre-se de que nosso trabalho no produto é resolver os problemas que somos solicitados a resolver, de uma forma que nossos clientes adorem, mas que funcione para nossos negócios. Esse é o nosso trabalho como uma equipe de produto multifuncional e empoderada, e cada membro da equipe está lá porque carrega as habilidades necessárias.

Tudo isso começa com uma colaboração verdadeira e intensa entre o gerenciamento de produto, o projeto de produto e a engenharia.

Minha maneira favorita de fazer isso é sentar em torno de um protótipo (em geral criado pelo designer) para que, como equipe, possamos considerar e discutir a solução proposta na mesa. O designer pode considerar diferentes abordagens para a experiência, os engenheiros podem considerar as implicações de diferentes abordagens e o potencial de diferentes tecnologias habilitadoras, e o gerente de produto pode considerar os impactos e as consequências de cada direção potencial (por exemplo, haveria violações de privacidade ou isso seria algo que funcionaria com nosso canal de vendas?).

Observe que, ao fazer a descoberta do produto, certas ferramentas e técnicas servem tanto para facilitar a colaboração quanto para fornecer um artefato como um produto dessa colaboração. Dois exemplos muito populares disso são protótipos e story maps.

O próprio ato de criar e discutir protótipos e story maps facilita a verdadeira colaboração. E, se você for diligente em manter seu protótipo ou story map atualizado, eles também podem servir como um artefato — capturando o aprendizado e as decisões do trabalho de descoberta.

O verdadeiro benefício e propósito das ferramentas, neste caso, é fomentar a colaboração. No entanto, é um bom efeito colateral ter um artefato no final.

Não é o protótipo que realmente importa aqui, e sim a natureza colaborativa que ele facilita.

Observe que o gerente de produto e os engenheiros não estão tentando dizer ao designer como fazer seu trabalho. E o gerente de produto e os designers não estão lá para dizer aos engenheiros como fazer seu trabalho. E os designers e os engenheiros não estão lá para dizer ao gerente de produto como fazer seu trabalho.

Em vez disso, em uma equipe saudável e competente, cada membro da equipe conta com os outros para fazer seu dever de casa e trazer as habilidades necessárias para a mesa.

Por favor, não entenda isso como os designers sendo responsáveis apenas pela usabilidade e os engenheiros pela viabilidade, porque isso perderia o verdadeiro sentido da colaboração.

Os designers costumam ter insights com base no profundo entendimento de nossos usuários e seus comportamentos, o que nos leva a uma direção diferente em termos do problema que estamos resolvendo ou de nossa abordagem do problema. Esses insights geralmente têm um grande impacto no valor e impactos indiretos em questões como o desempenho.

Da mesma forma, engenheiros fortes têm insights profundos sobre a tecnologia capacitadora, que muitas vezes nos leva a soluções totalmente diferentes para os problemas que nos foram atribuídos — diversas vezes muito melhores do que qualquer coisa que o gerente de produto, o designer, ou especialmente o cliente, poderia ter imaginado.

Se eu tivesse que escolher o que mais amo sobre o sentimento de verdadeira colaboração em uma equipe de produto empoderada, seria o tipo de mágica que acontece quando você tem pessoas que são (a) motivadas e (b) habilidosas em suas respectivas disciplinas — gerenciamento de produto, design de produto e engenharia —, e elas se sentam em torno de um protótipo ou observam um usuário interagir com um protótipo. O engenheiro aponta novas possibilidades, o designer aponta diferentes experiências potenciais, e o gerente de produto pondera as implicações de vendas, ou questões financeiras ou de privacidade e, depois de explorar uma série de abordagens, eles encontram uma que realmente funciona. É valiosa, utilizável, aplicável e viável.

Em minha experiência, existem duas situações em que isso geralmente dá errado.

A primeira é quando o gerente de produto não fez seu dever de casa e não conhece os vários aspectos e restrições do negócio — vendas, marketing, finanças, jurídico, privacidade e assim por diante —; então, a equipe de produto realmente não tem as informações de que precisa para resolver os problemas que lhe foram atribuídos (o que em geral significa que ela voltou a implementar recursos em um roadmap).

Foi por isso que discutimos no início desta parte sobre coaching que, como gerente, sua primeira prioridade é avaliar o gerente de produto e criar um plano para levá-lo à competência.

A segunda situação é a arrogância. Se o gerente de produto acredita que a solução que já tem em mente é claramente a melhor, mesmo se estiver certo, a colaboração será sufocada e ele agora tem, provavelmente, uma equipe de mercenários, ao invés de missionários.

Outra forma importante de colaboração, especialmente em empresas com força de vendas direta, é envolver-se com clientes em potencial para determinar se seu produto pode atender às necessidades deles.

É natural para o cliente em potencial tentar ditar os requisitos para os recursos, mas sua tarefa é trabalhar a fim de entender seus problemas e restrições subjacentes e, em seguida, trabalhar em colaboração com seus clientes em potencial para determinar se há uma solução geral que atenda às necessidades deles. Essa forma de colaboração está no cerne da técnica do programa de descoberta do cliente.[1]

Colaboração significa gerentes de produto, designers de produto e engenheiros trabalhando em conjunto com os clientes, os stakeholders e os executivos para chegar a uma solução que resolva todas as restrições e os riscos. Isso é o que queremos dizer com soluções que nossos clientes amam, e que ao mesmo tempo funcionam para o nosso negócio.

Aprimorar uma colaboração verdadeira está no cerne de como as equipes de produto fortes trabalham. É uma combinação de habilidades e mentalidade, e muitas vezes requer o coaching ativo do gerente para ajudar os novos profissionais de produto a desenvolver essa capacidade.

---

1 Essa técnica é descrita em detalhes em *INSPIRADO* e é uma das técnicas de descoberta mais poderosas e eficazes.

17

Colaboração com Stakeholders

As pessoas nas equipes de recursos temem o tópico dos stakeholders, especialmente gerentes e designers de produto. Elas veem essas pessoas como, na pior das hipóteses, ditatoriais ou, na melhor das hipóteses, obstáculos a serem enfrentados.

Esse é mais um exemplo muito claro da diferença entre equipes de recursos e equipes de produto empoderadas.

Em empresas com o modelo de equipe de recursos, esses recursos geralmente vêm dos stakeholders, portanto, estes se veem como "o cliente" e veem as equipes de produto como "o recurso de TI contratado". É outra maneira de dizer que o objetivo de uma equipe de recursos é "servir ao negócio".

Ainda assim, em uma equipe de produto empoderada, seu objetivo é "servir aos clientes da maneira que eles amam, mas que ao mesmo tempo sirva para o negócio".

Portanto, em uma equipe de produto empoderada, embora ainda não possamos ignorar o negócio, é um relacionamento muito diferente. Nosso trabalho é encontrar uma solução que funcione para os clientes *e* para as várias partes do negócio.

Embora seja verdade que a maior parte da colaboração real para uma equipe de produto está acontecendo entre o gerente de produto, designers e engenheiros, um relacionamento saudável com os stakeholders também se baseia na verdadeira colaboração.

O gerente de produto não está lá para "coletar requisitos" dos stakeholders, mas também não está lá para ditar soluções a eles. Em vez disso, o gerente de produto forte entende que cada stakeholder é responsável por algum aspecto-chave do negócio e é um parceiro-chave para ajudar a encontrar uma solução que funcione.

Um exemplo comum e claro disso é que muitas vezes o que estamos tentando fazer tem implicações legais, talvez em torno da privacidade ou da conformidade regulamentar. O stakeholder jurídico é seu parceiro para entender essas restrições e ajudar a avaliar a adequação de várias abordagens.

Novamente, um relacionamento construtivo e colaborativo com os stakeholders baseia-se no fato de o gerente de produto ter feito seu dever de casa para que ele possa ser um parceiro eficaz, e não apenas alguma forma de facilitador ou gerente de projeto.

Tudo o que eu disse antes é duplamente importante quando falamos sobre colaboração com executivos da empresa. Em geral, quanto mais seniores na organização, mais os executivos se preocupam com tudo — clientes, marca, receita, conformidade — e mais importante é para o gerente de produto ter feito o dever de casa.

Colaborar com os stakeholders e os executivos envolve ouvir atentamente para tentar entender as restrições e pensar com seriedade sobre as soluções que funcionariam para nossos clientes e negócios.

Um bom trabalho com produtos nunca é fácil, mas é muito mais agradável quando você tem um relacionamento forte e colaborativo com seus principais stakeholders.

Isso começa com o gerente fazendo o coaching de seus profissionais de produto a respeito do papel de cada stakeholder e explicando por que eles estão lá, o que os preocupa e por quais motivos, e o que precisam para ter sucesso em seus trabalhos.

Construindo os Alicerces para a Confiança

O trabalho com produtos modernos envolve relacionamentos. Isso é particularmente verdadeiro para os gerentes de produto.

Mesmo deixando de fora terceiros — como fornecedores, analistas, imprensa e clientes —, a lista de pessoas internas com as quais um gerente de produto deve trabalhar ainda é muito grande. Ela abrange desde colaboradores da equipe de produtos (engenheiros, designers, analistas de dados, pesquisadores de usuários, outros gerentes de produtos etc.) a todos os tipos de executivos e stakeholders (vendas, marketing, jurídico, risco, fundadores, líderes de negócios etc.).

Em organizações de produtos modernas, a eficácia de um gerente de produto depende de sua capacidade para navegar com eficácia por uma gama de personalidades. Ele precisa entender os múltiplos objetivos dos outros e, ao mesmo tempo, promover os seus.

Os gerentes de produto às vezes precisam de coaching para perceber que a confiança é mais facilmente construída se fizerem isso *antes de precisar*. Isso requer um esforço deliberado.

Experimente este exercício: peça ao gerente de produto que escreva a lista de pessoas com quem colabora regularmente. Adicione à lista todos os stakeholders de cuja contribuição ele precisa com regularidade. Em seguida, circule os três a cinco nomes mais importantes para que ele tenha um resultado bem-sucedido em seu trabalho. Por fim, circule os nomes de uma ou duas pessoas com quem mais teme precisar lidar. Parabéns! Você identificou a lista dos relacionamentos nos quais esse gerente de produto precisa investir.

E como ele faz isso?

Faça com que ele comece apenas conhecendo essas pessoas individualmente. Se puderem se encontrar cara a cara para um café ou almoço, que o façam. Se não, agende uma videochamada.

Incentive-o a conhecer os interesses delas fora do trabalho e, se for confortável, compartilhar os próprios interesses. Esse é um momento para ser genuíno. Trata-se de criar uma base de confiança.

Nem todos ficarão confortáveis com isso, então não force muito. Mas lembre-os de que colocar um pouco de esforço pode ajudar muito a estabelecer confiança.

Para aquelas pessoas que são particularmente importantes para seu trabalho, podemos considerar um bate-papo regular, talvez a cada uma ou duas semanas.

Isso não deve incluir uma agenda de trabalho. Em vez disso, ele deve usar o tempo para construir harmonia e confiança.

Claro, isso é muito mais difícil quando as pessoas com quem se trabalha estão em cidades ou países diferentes. Nesses casos, é possível investir em confiança tendo tempo extra para ligações dedicadas a tópicos não relacionados ao trabalho.

Com confiança mútua, as interações ocorrem de maneira mais tranquila. É mais fácil discordar profissionalmente sem que nenhuma das partes leve para o lado pessoal. O trabalho de todos se torna mais agradável quando estão trabalhando com pessoas de quem gostam.

CAPÍTULO

18

Síndrome do Impostor

Tenho uma opinião um pouco contrária sobre a síndrome do impostor.

Em primeiro lugar, quero deixar claro que não estou falando aqui sobre pessoas que têm uma doença mental debilitante. Conheço pessoas nessa situação, e nenhuma usaria o termo leve "síndrome do impostor" para descrever o nível severo de ansiedade com que lidam.

Dito isso, quero deixar claro que acredito que a síndrome do impostor, como a maioria das pessoas usa esse termo, é uma coisa muito real. Na verdade, acho que a maioria das pessoas com saúde mental (pelo menos aquelas que não são egomaníacas) duvidam de si mesmas e podem se sentir inseguras em afirmar suas opiniões sobre os outros. Eu (Marty) gosto de enfatizar, para as pessoas que oriento, que esse é um medo normal e saudável, e procuro compartilhar que ainda me sinto dessa mesma maneira.

Em segundo lugar, acho importante reconhecer que os impostores também são reais. Acho muito frustrante, principalmente nos espaços de produto e design, quantas pessoas nas redes sociais, autores de artigos e livros, assim como conferencistas, estão, pelo menos na minha opinião, defendendo o absurdo.

Acho que a síndrome do impostor é uma emoção muito saudável e necessária, e um sinal importante de nossas mentes. Contudo, a maioria das pessoas não entende esse sinal. Elas pensam que é apenas medo natural e inseguranças, todos os têm, e precisam simplesmente superar suas preocupações e deixá-las para trás.

Porém, eu interpreto esse sinal de maneira muito diferente. É minha mente me avisando das consequências se eu não fizer meu dever de casa e realmente me preparar. O medo de parecer sem noção é o que me mantém acordado até tarde preparando, estudando, pensando, escrevendo, ensaiando e repetindo.

Mais importante, o medo de parecer sem noção também é o que me leva a testar meu artigo/palestra/apresentação de antemão com algumas pessoas que respeito muito e sei que me dirão honestamente se eu não for sólido em meu pensamento ou em minhas declarações.

O motivo pelo qual sei que minhas preocupações não são infundadas é porque, mais do que algumas poucas vezes, essas pessoas realmente me salvaram de mim mesmo.

Quando vou a conferências, muitas vezes ouço oradores que, se tiverem a síndrome do impostor, claramente não levaram o aviso a sério. Eles deveriam ser elogiados por superar seus medos do palco e ficar na frente de um grupo? Para mim, é como dar um troféu a uma criança apenas por aparecer no jogo.

De maneira mais geral, vejo isso como mais um exemplo de onde precisamos de gerentes e líderes que se importem o suficiente com seu pessoal a ponto de estarem dispostos a dedicar tempo e energia para fazer o coaching deles.

Sempre que vejo algum profissional de produto fazer uma apresentação nem um pouco impressionante para uma equipe executiva ou uma conferência, minha frustração está centrada não no profissional de produto, mas sim no gerente dessa pessoa.

Por que ele não garantiu que o representante do produto estivesse preparado? Ele forneceu comentários relevantes, acionáveis e honestos? Insistiu em revisar um rascunho ou um ensaio? Se o tópico não estava em sua área de especialização, ele garantiu que o profissional de produto tivesse acesso a algumas pessoas com quem poderia contar para fornecer feedbacks úteis e honestos? Se o profissional de produto fica especialmente nervoso ao falar na frente de um grupo (e muitos ficam), será que o gerente ofereceu a ele várias oportunidades progressivas para se acostumar a falar em público? Ou inscrever o profissional em algum treinamento específico para apresentações?

Equipes de produto empoderadas se baseiam na confiança — especial-mente naquela que o gerente de produto conquista dos executivos. Quando um gerente de produto parece despreparado ou ingênuo na frente dos execu-tivos, essa confiança diminui, e levará muito tempo para recuperá-la.

Além disso, é por esse motivo que digo aos gerentes e aos líderes de pro-duto que eles são tão fortes quanto o funcionário mais fraco.

Quer você seja um especialista ou um líder em produtos, não há razão para ser um impostor. Ouça sua mente alertando-o sobre as consequências de não se preparar, procure pessoas em quem você confia para lhe dar um feedback honesto e especializado, e repita até que elas estejam seguras de que você está realmente agregando valor.

19

Foco no Cliente

Neste capítulo, discutiremos como ajudar a desenvolver o traço crítico do foco no cliente.

Se você perguntar a um CEO ou a um profissional de produto se eles se preocupam com seus clientes, geralmente receberá como resposta algo semelhante a "claro que sim!", às vezes seguida por uma abordagem defensiva — "você está sugerindo que não?".

Quase todo mundo fala sobre o quanto se preocupa com seus clientes. Contudo, quando você entra na empresa e vê como eles lidam com uma situação como uma interrupção, ou quando uma mudança de produto causa confusão ou frustração no cliente, ou a raridade com que conversam com usuários e clientes reais, é fácil ver a diferença entre aqueles que afirmam se preocupar com seus clientes e aqueles que demonstram cuidado todos os dias.

Esse traço está muito relacionado à cultura da empresa e, é claro, é fortemente influenciado pelas palavras e ações de seus líderes.

Direi desde o início que, se seus líderes não demonstrarem esse cuidado sincero por seus clientes, será muito difícil desenvolvê-lo em seu pessoal de produto ou em qualquer outra pessoa. Em todos os casos que conheço de empresas que realmente se preocupam com seus clientes, isso vem de cima.

Porém, presumindo que isso seja algo fundamental para os valores centrais da sua empresa e não apenas da boca para fora, precisamos conversar sobre como desenvolvemos esse traço no seu pessoal de produto.

É fato que algumas pessoas são mais naturalmente empáticas do que outras, mas, na minha experiência, as pessoas costumam presumir o pior sobre aquelas que não conhecem. A manifestação mais comum disso é a horda de profissionais de produtos que tendem a pensar que seus clientes não são muito brilhantes.

A primeira coisa que gosto de enfatizar é ser muito específico e protetor em relação ao termo "cliente".

É um problema muito comum quando um profissional de produto pensa que tem muitos "clientes" diferentes. Além dos clientes pagantes reais, ele também vê cada stakeholder, a equipe de atendimento ao cliente e o CEO como seus clientes.

Vejo isso como apenas um resquício do antigo papel da tecnologia de "servir ao negócio", mas, o mais importante — e pessoalmente, sinto isso de modo muito forte —, além de confundir o relacionamento com os stakeholders, isso dilui seriamente o papel do *verdadeiro* cliente.

Então, converso com o profissional sobre os vários elementos envolvidos com seu produto. Além dos usuários de nossos produtos serem nossos verdadeiros clientes, pode haver usuários internos que tornam os produtos mais fáceis para o cliente, bem como desenvolvedores que usam serviços de plataforma. Tudo isso pode ser necessário para agregar valor e, consequentemente, é importante, mas nenhum tem o peso ou a relevância dos verdadeiros clientes.

Vejo o mesmo problema em empresas de internet voltadas para o consumidor, nas quais se percebe uma tendência de ver os parceiros de publicidade como clientes, mas, novamente, eles *não* são o cliente, e é importante perceber isso. Trabalhamos com nossos parceiros de publicidade a fim de desenvolver produtos para nossos verdadeiros clientes. Se o verdadeiro cliente não gostar do produto, ele não se envolverá e, assim, nós falhamos, bem como nossos parceiros de publicidade.

Prefiro manter o termo "cliente" como algo quase sagrado e acredito que isso ajude o profissional de produto a entender o papel que o cliente desempenha, necessariamente, em nossas ações e decisões.

Sou um grande fã de contar histórias para mostrar o que realmente significa cuidar dos clientes na prática. Algumas das minhas favoritas são a história inicial do vestido de noiva FedEx,[1] a história da substituição da bota de caminhada REI (descrita no filme *Livre*)[2] e muitas histórias excelentes dos primeiros Zappos, que você pode ler no livro *Satisfação Garantida*.[3]

Recomendo um mínimo de três interações de uma hora por semana com o cliente, *continuamente*; durante o 1:1 semanal, adoro perguntar sobre essas interações e ver o que o vendedor aprendeu. Também incentivo o profissional de produto a compartilhar comigo histórias do que ele vivenciou durante essas visitas e, em seguida, a compartilhá-las amplamente por toda a empresa. Explico que meu objetivo é estabelecer a reputação desse profissional de produto como alguém que tem um conhecimento profundo e pessoal dos usuários e clientes da empresa. O verdadeiro teste da centralização no cliente diz respeito a como o profissional de produto lida com decisões difíceis ou especialmente estressantes. Quando um cliente está paralisado (em geral chamado de "obstáculo") devido a algum problema com nosso produto, como o responsável pelo produto reage? São os negócios de sempre? Ou o responsável pelo produto está garantindo um senso de urgência (sem pânico) e liderando por meio do exemplo para chegar a uma solução eficaz?

Um dos comportamentos que adoro em empresas que são verdadeiramente centradas no cliente é que os líderes com frequência procuram proativamente a equipe de produto e se oferecem para ajudar de todas as maneiras possíveis. Isso envia uma mensagem muito clara para a equipe quanto à sua importância, sem recorrer ao microgerenciamento.

Esteja ciente, no entanto, de que, em empresas verdadeiramente centradas no cliente, se a equipe de produto não priorizar a solução do problema do cliente tanto quanto os executivos, os executivos podem perder a confiança na equipe de produto e, muitas vezes, intervirão. Eles podem apoiar o conceito de equipes empoderadas, mas, se você os fizer escolher entre equipes empoderadas e cuidar dos clientes, provavelmente não gostará da decisão deles.

Por fim, embora eu precise ter certeza de que o profissional de produto realmente respeita e gosta de seus clientes, não quero que ele pense que seu

---

1 https://www.informit.com/articles/article.aspx?p=28294&seqNum=4 [conteúdo em inglês].
2 https://time.com/3620359/the-true-story-behind-wild/ [conteúdo em inglês].
3 Tony Hsieh, *Delivering Happiness*: A Path to Profits, Passion and Purpose. Nova York: Hachette Book Group, 2013 [conteúdo em inglês].

trabalho é perguntar a seus clientes o que construir. Sempre tenho o cuidado de enfatizar que o trabalho é inovar *em nome de* nossos clientes e explico a diferença entre como funciona um gerente de produto forte e como, por exemplo, grupos de foco funcionam.

Em minha experiência, a centralização no cliente de maneira sincera e consistente demora um pouco para ser desenvolvida em um novo profissional de produtos — cerca de um ano ou mais. Haverá erros de julgamento ao longo do caminho, mas, com um coaching ativo e construtivo, você pode ajudá-lo a aprender como incorporar essa característica e comunicar sua importância para o resto da equipe de produto e além.

20

Integridade

Este capítulo e o próximo abordam dois dos aspectos mais difíceis, e todavia mais cruciais, das equipes de produto de sucesso.

Neste capítulo, abordo a integridade e, no próximo, a tomada de decisões. Esses dois tópicos são distintos, mas inter-relacionados. Abordo a integridade primeiro porque ela é a base para uma boa tomada de decisões em uma equipe de produto empoderada.

Especialmente para os gerentes de produto de equipes empoderadas, integridade não é algum tipo de meta elevada e ambiciosa. Como expliquei antes, as equipes de produto empoderadas baseiam-se na *confiança* — com executivos, stakeholders, clientes e a própria equipe. Também expliquei como essa confiança se baseia na competência e no caráter. E a integridade está no cerne do caráter.

A primeira coisa que quero reconhecer é que desenvolver, demonstrar e preservar sua integridade não é nada fácil.

As forças conspiram constantemente para desafiar sua integridade.

Imagine que você acabou de sair de uma reunião com a CEO na qual ela deixou claro para você como é extremamente importante ser capaz de entregar algo com urgência, e sua equipe havia explicado como precisaria de mais tempo.

Imagine, ainda, que você está sentado com um cliente que está frustrado e zangado porque o produto que sua equipe forneceu não é o que ele foi levado a acreditar que receberia. Ou um de seus stakeholders confidencia a você que ele está pensando em deixar a empresa porque se sente incapaz de fazer seu trabalho com o nível de suporte que recebe da organização de produto e tecnologia. Ou um de seus parceiros de desenvolvimento de negócios está investindo pesadamente no relacionamento com vocês e você sabe que o produto provavelmente não fornecerá o valor do qual ele depende.

Eu poderia continuar, mas imagino que você já tenha conseguido se identificar. A maioria dos profissionais de produtos já passou por essas situações e tem se esforçado para determinar um curso de ação que trate do problema imediato, mas que não atrapalhe seus esforços a longo prazo e também consiga manter sua integridade intacta.

Um gerente experiente pode fazer o coaching de um profissional de produto nesses tipos variados de situações e fazer toda a diferença na carreira dele: identificando e evitando as minas terrestres, entendendo as prioridades e o contexto mais amplo e navegando pelas personalidades.

Tal como acontece com tantos tópicos, enfrentar esses desafios varia ao fazer o coaching de um gerente de produto para o de uma equipe de produto empoderada ou para uma equipe de recursos, o que, como já discuti antes, é muito mais uma função de gerente de *projeto*.

A função de gerente de projeto/produto da equipe de recursos ainda é difícil e a integridade ainda é importante, mas, nesse caso, o gerente de produto é fundamentalmente um mensageiro. Ele repassa requisitos, restrições e datas para a equipe de produto, e repassa preocupações, status ou más notícias para a gerência.

No entanto, se você está fazendo o coaching de um gerente de produto de uma equipe de produto empoderada, as expectativas são muito maiores: espera-se que ele tente e descubra uma solução que funcione para o cliente e para o negócio. Embora nem sempre seja possível, espera-se que ele tenha o conhecimento e a compreensão necessários do negócio, bem como a capacidade de apresentar soluções criativas para problemas difíceis.

Quero enfatizar que o que estou prestes a compartilhar é o que descobri que funcionou para mim e para muitas pessoas que orientei. Não estou argumentando que este seja o único caminho para a integridade. Na verdade, suspeito que existem diferenças com base nos valores da cultura de sua empresa e de seu país. Contudo, se minha lista o levar a considerar seriamente o que é importante para demonstrar integridade contínua em sua empresa, eu já consideraria um resultado útil.

Quando faço o coaching de profissionais de produtos sobre integridade, concentro-me em três comportamentos essenciais: confiabilidade, os melhores interesses da empresa e responsabilidade.

Confiabilidade

A integridade começa com a impressão do vendedor de como sua palavra e seus compromissos precisam ser levados muito a sério. Você precisa explicar que, se ela enganar os executivos, clientes ou stakeholders — mesmo com a melhor das intenções —, pode prejudicar permanentemente sua reputação na empresa e impedir o estabelecimento da confiança que é tão essencial para equipes de produto eficazes.

No cerne da demonstração e da preservação da integridade está o conceito de um *compromisso de alta integridade* (discutido em detalhes na Parte VII). Primeiro, se você dá sua palavra sobre algo — para um cliente, stakeholder, executivo, parceiro ou sua própria equipe —, é preciso primeiro ter certeza de que está baseando seu compromisso em um julgamento informado. E, segundo, precisa fazer absolutamente todo o possível para cumprir o que você ou a sua equipe prometeram.

Isso significa não assumir um compromisso, a menos e até que sua equipe de produto tenha a oportunidade de fazer uma descoberta de produto suficiente para considerar razoavelmente os riscos de valor, usabilidade e viabilidade. E, apenas para ser explícito, isso significa contar com a expertise e a experiência do designer e dos engenheiros.

Além disso, com uma equipe de produto empoderada não é suficiente apenas enviar algo quando prometido. O que você envia deve realmente funcionar — deve resolver o problema para o cliente e/ou para a empresa —, o que é muito mais difícil.

Ser bom no gerenciamento desses compromissos de alta integridade é a chave para construir uma reputação confiável para sua equipe.

Os Melhores Interesses da Empresa

O gerente de produto precisa ser percebido como alguém que sempre age para o melhor interesse da empresa — não apenas protegendo os interesses de sua equipe.

Em empresas maiores, em especial aquelas consideradas altamente políticas, as pessoas costumam ser suspeitas de terem agendas pessoais ou "feudos". Entretanto, para que uma equipe de produto seja confiável e empoderada, é essencial que ela, e especialmente o gerente de produto, seja vista não apenas pela compreensão do objetivo geral da empresa, mas pelo compromisso sincero em fazer tudo ao seu alcance para ajudar a empresa a ter sucesso.

(Como uma observação importante, esse é um dos principais motivos pelos quais os planos de incentivos e de remuneração baseados em ações são tão eficazes — *nenhum* de nós ganha a menos que a *empresa* ganhe.)

Não é incomum para um novo gerente de produto se perguntar como ele pode demonstrar essa compreensão dos melhores interesses da empresa quando é o gerente de produto de apenas uma equipe. Porém, há muitas oportunidades: ajudar outra equipe de produto em um de seus objetivos críticos, ir além por um cliente ou stakeholder, ou dar crédito publicamente a outros. E a mais comum de todas: tomar ou apoiar uma decisão que não é necessariamente ideal para sua equipe de produto, mas é claramente melhor para o cliente ou para a empresa.

Outra diferença entre uma equipe de recursos e uma equipe de produto empoderada é o quão engajada e comprometida ela está. Não é difícil para a liderança saber se uma equipe está engajada e apaixonada pela missão da empresa, bem como em fazer sua parte para que isso aconteça. Embora os gerentes de *projeto* muitas vezes recorram à imposição de prazos, se o que se espera é ter uma equipe de missionários empoderados, o gerente de *produto* precisa, em vez disso, compartilhar o propósito geral do trabalho.

Prestação de Contas

Uma equipe de produto empoderada se une para alcançar resultados, mas com esse empoderamento vem necessariamente a responsabilidade de prestar contas por esses resultados.

No entanto, o que essa responsabilidade realmente significa na prática? Felizmente, não significa que as pessoas serão demitidas quando os resultados não se materializarem.

A responsabilidade de um gerente de produto de uma equipe empoderada significa a disposição de assumir a responsabilidade pelos erros. Mesmo quando a culpa possa estar nos outros, ele sempre se pergunta o que poderia ter feito para administrar melhor o risco ou alcançar um resultado mais satisfatório.

Você pode ter ouvido o velho ditado: "Se uma equipe de produto for bem-sucedida, é porque todos fizeram o que precisavam fazer; se falhar, por outro lado, a culpa é do gerente de produto."

Algumas pessoas acham esse ditado engraçado, mas não é bem assim.

Considere o caso em que os engenheiros demoram muito mais para entregar algo do que o esperado. Bem, o gerente de produto avaliou totalmente o risco de viabilidade? Ele suscitou e ouviu as preocupações dos engenheiros? Um protótipo de aplicabilidade rápido muito provavelmente teria revelado o custo real durante a descoberta do produto.

Ou suponha que haja sérios obstáculos legais colocando o produto em risco. Considerações legais são um componente central da viabilidade do negócio e normalmente é algo que o gerente de produto teria explorado e tratado durante a descoberta.

No entanto, também é importante explicar que integridade não significa perfeição. Erros sempre acontecerão. Porém, a carreira do gerente de produto sobreviverá a esses erros se, de maneira geral, ele for confiável em seus compromissos, sempre trabalhar em prol dos melhores interesses da empresa e assumir a responsabilidade por seus erros.

21

Decisões

No capítulo anterior, discuti a importância da integridade e como ela é a base para a tomada de decisões em uma equipe de produto empoderada. Neste capítulo, gostaria de me concentrar em como faço o coaching das equipes em relação à boa tomada de decisões.

Lembre-se de que, nas equipes de recursos, a maioria das decisões significativas foram tomadas pelos executivos e stakeholders. Em contraste, uma equipe de produto empoderada trata de puxar as decisões para o seu nível.

Quando digo "boas decisões", não estou me referindo aqui apenas a decisões de negócios baseadas em dados e lógicas. Refiro-me a decisões que o resto da equipe de produto, seus executivos, stakeholders e clientes podem apoiar e compreender, mesmo que discordem.

Você pode se perguntar por que precisamos nos preocupar com todos esses elementos. Você pode pensar que, se for a coisa certa para o produto e para o cliente, então tudo dará certo no final. Contudo, isso ignora as realidades e a complexidade das pessoas e das empresas, especialmente se você estiver lutando por uma equipe de *missionários* empoderados, em vez de *mercenários*.

Embora a tomada de decisões seja algo que as equipes de produto capacitadas têm de realizar literalmente todos os dias, a *forma* como elas tomam essas decisões costuma ser o que separa as melhores das demais.

Primeiro, precisamos ter em mente que boas decisões se baseiam na integridade — você é visto como confiável em seus compromissos e acredita-se que está agindo dentro do melhor interesse da empresa, além de estar disposto a ser responsável pelos resultados.

Em segundo lugar, precisamos ter sempre em mente o resultado que buscamos quando tomamos uma decisão. Certamente, queremos que essa seja uma decisão bem-sucedida — ou seja, uma decisão oportuna e que contribua para um bom resultado —, mas, além disso, queremos que os líderes e os stakeholders entendam e respeitem nosso raciocínio, mesmo que tenham decidido fazer o contrário, e queremos que as partes se sintam genuinamente ouvidas e respeitadas, mesmo que a decisão acabe não dando certo.

Com esses dois pontos em mente, aqui estão os cinco principais comportamentos sobre os quais eu oriento as equipes de produto quando se trata de tomada de decisão.

Análise de Decisão do Tamanho Certo

É fundamental reconhecer que nem todas as decisões são igualmente importantes ou consequentes. Tomamos decisões todos os dias — desde selecionar quais bugs corrigir até escolher a melhor abordagem para resolver um problema difícil.

Eu incentivo a equipe do produto a considerar os níveis de risco e de consequência associados.

Consequência significa: se você cometer um erro, qual será a importância dele? Em muitos casos, podemos nos recuperar de um erro literalmente em poucas horas. Em outros, a consequência pode muito bem colocar em risco o produto ou mesmo o futuro da empresa.

Dependendo dos níveis de risco e de consequência, você pode sentir que há informações críticas que precisa coletar antes de tomar uma decisão e, em outros casos, pode se sentir confortável para tomar a decisão com base nas informações imperfeitas que possui hoje.

Considere também as pessoas que serão impactadas por essa decisão. Talvez haja implicações de receita, vendas ou jurídicas. Se você precisa do apoio de outras pessoas-chave — executivos, stakeholders ou clientes —, então precisará compreender as preocupações ou as restrições deles e considerá-las na decisão.

Boas decisões, especialmente em situações importantes e de risco, começam com a criação de um plano de ataque. É aqui também que passo boa parte do meu tempo de coaching, porque minha experiência como gerente e coach pode ajudar a equipe de produto a começar na direção certa.

Por exemplo, é normal para um gerente de produto novato subestimar ou superestimar seriamente os riscos. Ele acaba gastando muito tempo na descoberta de itens que realmente não importam, e então não tem tempo para os riscos que importam.

Tomada de Decisão Baseada em Colaboração

Quase todo profissional de produto cujo coaching foi realizado por mim, lutou com a questão sobre quais decisões pertencem a "ele" e quais pertencem aos "outros". E tenho que trabalhar muito para tentar mudar essa mentalidade.

Escrevi anteriormente sobre como é importante fazer o coaching das equipes de produto a respeito do que realmente queremos dizer com colaboração.

Em termos de decisões específicas, quero que o gerente de produto dependa da expertise e da experiência de sua equipe e geralmente acate a opinião dela — especialmente em relação a design/aplicabilidade e tecnologia/viabilidade. Uma boa tomada de decisão não significa fazer com que todos concordem (o modelo de consenso), não se trata de agradar a maioria das pessoas (o modelo de votação), e tampouco de ter uma pessoa de quem se espera que tome todas as decisões (o modelo de ditador benevolente).

Se a decisão for principalmente sobre a tecnologia capacitadora, iremos submetê-la, se possível, ao nosso líder de tecnologia. Se a decisão for principalmente sobre a experiência do usuário ou do cliente, submeteremos ela ao nosso designer de produto, se possível. E, se for principalmente sobre a viabilidade do negócio, dependeremos da colaboração do gerente de produto com os stakeholders relevantes.

As decisões mais difíceis geralmente giram em torno do valor, já que este é uma função do todo.

Resolvendo Desentendimentos

Embora as decisões baseadas em colaboração cubram a maioria dos casos, ainda enfrentaremos situações em que haverá desentendimento.

Por exemplo, suponha que seu líder de tecnologia e seu designer de produto discordem a respeito da melhor abordagem para resolver um problema. Ou talvez o seu CEO ou outro executivo discorde de sua equipe.

É importante perceber que, em boas organizações, dotadas de equipes de produto fortes e empoderadas que genuinamente se preocupam com seu trabalho e com seus clientes, desentendimentos como esses são normais e saudáveis. Além disso, e especialmente porque muitas vezes temos informações imperfeitas para tomar decisões, opiniões e julgamentos desempenham um papel necessário.

Suponha, por exemplo, que o líder de tecnologia e o designer discordem de uma abordagem porque o líder de tecnologia considera o design desnecessariamente difícil de implementar, embora o designer o considere necessário para a experiência.

É aqui que se revela extremamente importante para a equipe de produto saber quando e como executar um teste.

Essa é outra área em que um gerente experiente pode fazer o coaching da equipe de produto sobre a técnica de descoberta mais barata e mais apropriada para executar esse teste específico e coletar os dados necessários.

Geralmente, isso envolve a criação de um tipo específico de protótipo e, em seguida, o uso desse protótipo para coletar evidências ou, se justificável, resultados ou provas estatisticamente significativos.

Observe que, se você tomar decisões baseadas em colaboração e executar testes para casos com desacordos, haverá pouquíssimas situações em que precisará substituir sua equipe ou escalar uma decisão para a gerência sênior.

Transparência

Tendo em mente o objetivo de trazer nossa equipe e nossos líderes conosco para entender a razão de nossas decisões, é importante que sejamos transparentes ao tomá-las. Não queremos que ninguém pense que estamos tomando decisões desinformadas, ignorando preocupações importantes ou perseguindo nossos planos.

Para decisões menores, muitas vezes é suficiente apenas explicar clara e simplesmente, em uma nota, o porquê de uma determinada decisão ter sido tomada. Para decisões importantes, por outro lado, sou um grande fã de aplicar a narrativa escrita que discutimos anteriormente, em especial a seção de perguntas frequentes, na qual cada objeção ou preocupação antecipada é explicada e tratada.

Essa é outra oportunidade de coaching muito boa, e tento alertar os gerentes de que muitos profissionais de produto inicialmente resistem aos rigores de uma narrativa escrita, mas que precisamente isso é necessário para as decisões subsequentes.

Discordar e Se Comprometer

Como eu disse antes, é importante reconhecer que, em boas organizações, com equipes empoderadas, muitas vezes discordaremos, às vezes até apaixonadamente, mesmo depois de executar um teste e coletar evidências. Lembre-se de que isso não é ruim — é um sinal claro dos missionários. No entanto, também é importante enfatizar para a equipe que, embora a discordância e o debate sejam bons e necessários, no fim podemos precisar concordar em discordar. A maioria das pessoas entende isso e, desde que sintam genuinamente que foram ouvidas e que seus pontos de vista foram levados em consideração, concorda com isso. Mas não é o suficiente.

Precisamos que a equipe — especialmente o gerente de produto — dê um passo adiante e concorde em se comprometer com a decisão que foi tomada, mesmo que discorde dela.

Isso pode ser difícil para um novo gerente de produto aprender, em especial porque ele está preocupado com sua integridade.

Contudo, imagine como seria tóxico para a equipe se o gerente de produto dissesse à liderança, por exemplo, que cedeu ao seu líder de tecnologia, a despeito de não concordar com a decisão. Ou suponha que a liderança tome uma decisão significativa com a qual o gerente de produto não concorde, e então ele reclame dessa decisão para a sua equipe.

Compare isso com a situação na qual o gerente de produto compartilha as várias visões e opiniões que foram consideradas e, em seguida, explica o motivo da decisão e detalha como pretende torná-la bem-sucedida.

Não há necessidade de esconder qual era sua opinião, mas ele deve demonstrar que entende as várias opções e o motivo da eventual decisão, e que pode — e fará tudo o que puder para — torná-la bem-sucedida.

A tomada de decisão é uma habilidade que continuará a se desenvolver ao longo da carreira, especialmente à medida que o gerente de produto progride e se torna responsável por decisões e julgamentos cada vez mais difíceis, importantes e consequentes. Esse tópico por si só geralmente pode preencher o 1:1 semanal com discussões e coaching bons e construtivos.

Uma nota final sobre a tomada de decisões: Jim Barksdale, ex-CEO da Netscape Communications — e uma grande influência para mim (Marty) e muitos outros que trabalharam para ele —, era famoso por expressar suas três regras de decisão:

1. Se você vir uma cobra, mate-a.[1]
2. Não brinque com cobras mortas.
3. Todas as oportunidades começam parecendo cobras.

---

1 Para quem não está familiarizado com os coloquialismos sulistas (estadunidenses), uma "cobra" se refere a uma decisão importante que deve ser tomada. Portanto, a primeira regra é identificar o problema e tomar a decisão. A segunda regra se refere a não voltar continuamente e revisar as decisões anteriores (as cobras ainda podem lhe picar, mesmo se não estiverem mais vivas). Finalmente, lembre-se de que as oportunidades muitas vezes podem começar parecendo problemas ou decisões difíceis.

CAPÍTULO

22

Encontros Efetivos

Preciso confessar de imediato que nunca fui muito fã de reuniões. Sei que minhas experiências sentado em incontáveis perdas de tempo mal preparadas, executadas de forma inepta e de movimento lento, e que me impediram de fazer algo que considerava infinitamente mais importante, me enviesaram de forma permanente.

Dito isso, também participei de algumas reuniões muito diferentes, nas quais o organizador estava preparado e as informações eram claras e lógicas; nestas, uma decisão sólida era tomada, e todos na sala pelo menos a entendiam — mesmo que não concordassem pessoalmente (a importância de *discordar e, todavia, se comprometer*).

O resultado é que, quando faço o coaching de pessoas, sou muito específico em relação a como elas conduzem reuniões, ou até mesmo se realmente precisam de uma reunião. As reuniões são uma maneira muito fácil de outros executivos formarem julgamentos sobre as pessoas da equipe de produto, especialmente o gerente de produto.

Uma advertência importante antes de entrarmos nisso.

Não estou falando aqui de reuniões entre membros da equipe de produto, como reuniões breves, em pé (standup), ou retrospectivas, ou qualquer número de interações diárias. Se o gerente de produto e o designer de produto se sentam em uma videochamada, ou lado a lado, para olhar um protótipo, ainda que estejam literalmente se reunindo, isso caracteriza apenas o trabalho cotidiano, e não o assunto deste capítulo. Estamos falando aqui de encontros que vão além da equipe de produto, que podem incluir os stakeholders e os executivos, assim como parceiros ou membros de outras equipes.

A primeira coisa a entender é que o maior incômodo das reuniões é o fato de elas serem *sincrônicas*. Isso significa que cada participante precisa parar o que quer que esteja fazendo, onde quer que esteja, e se encontrar — pessoalmente, por videoconferência ou por telefone. Isso dificilmente é fácil, ou mesmo bem-vindo, e o organizador da reunião precisa ter isso em mente o tempo todo.

Se houver uma maneira de servir ao propósito de forma *assíncrona*, esse costuma ser o melhor caminho. Uma atualização de status ou comunicação de informações sobre um novo lançamento são ótimos exemplos disso.

Embora haja, é claro, um número infinito de motivos possíveis para uma reunião, na prática, em organizações de produto, geralmente há três tipos: comunicação, decisões e solução de problemas.

Comunicação

Nesse caso, temos algumas informações não triviais que o organizador acredita serem muito importantes ou muito complexas para serem enviadas por meio assíncrono, como um e-mail. Um exemplo é um all-hands ou uma sessão em que os líderes explicam a estratégia do produto.

Decisões

O segundo tipo de reunião requer uma decisão, normalmente por estar além do que a equipe de produto pode decidir por conta própria. Isso normalmente ocorre porque o impacto atinge outras partes da empresa, ou porque existe algum risco substancial.

Nesse caso, sou um grande defensor da narrativa escrita. Começamos a reunião com cada membro lendo a narrativa, e então discutimos e tomamos uma decisão bem informada.

Solução de Problemas

O terceiro tipo de reunião é fundamentalmente direcionado à resolução de problemas. Não sabemos qual é o melhor curso de ação (caso contrário, provavelmente teríamos escrito isso em uma narrativa e apresentado para uma decisão), mas acreditamos que, se conseguirmos colocar as mentes certas na sala, poderemos resolver um problema especialmente difícil juntos.

Um exemplo pode ser um postmortem após uma queda, em que consideramos o que poderíamos fazer de forma diferente no futuro para evitar esse tipo de problema.

Como Organizar Reuniões Eficazes

É assim que eu faço o coaching de equipes de produto em reuniões.

Objetivo: em primeiro lugar, ser muito claro com o objetivo da reunião é um começo importante para o organizador.

Participantes: em seguida, é importante decidir sobre os participantes. Encorajo o organizador a fazer duas listas — uma com aquelas pessoas que são absolutamente essenciais (se elas tiverem um conflito de última hora, você precisaria adiar?) e outra com aquelas que são opcionais.

Preparação: em todos os três tipos de reuniões, a preparação é essencial. Se for uma sessão de *comunicação*, você tem clareza em relação ao conteúdo?

Você tem o meio certo para comunicar esse conteúdo? Imagens ou outros elementos visuais necessários?

Se for uma reunião de *decisão*, você tem a narrativa escrita e ela foi revisada por alguém que entende da área?

Se for uma sessão de *resolução de problemas*, como você explicará a situação ou o contexto aos participantes? Você já reuniu os dados relevantes? Está preparado para responder às várias perguntas que surgirão?

Facilitação: supondo que você esteja preparado, seu trabalho como organizador é facilitar uma reunião eficaz. A natureza da facilitação será diferente dependendo do tipo de reunião. Você não está lá para policiar a reunião — está lá para garantir que se chegue à decisão ou à solução necessária.

Acompanhamento: depois que a reunião chega ao fim, geralmente há algum acompanhamento que precisa ser feito. Isso pode envolver notificar as partes interessadas a respeito da decisão ou das próximas etapas, mas é importante fechar o ciclo.

Portanto, o ponto principal das reuniões é: (a) certificar-se de que, se você for convocar uma reunião, seja algo realmente necessário e garanta o tempo de todos os participantes; e (b) preparar-se para a reunião a fim de garantir que esta seja eficiente, eficaz e cumpra seu propósito.

CAPÍTULO

23

Ética

Neste capítulo, gostaria de discutir um dos tópicos mais sensíveis, e possivelmente um dos mais importantes: o tema da ética.

Como já discutimos, os quatro grandes riscos que toda equipe de produto deve considerar são:

1. O cliente vai comprar o produto ou optar por usá-lo? (*Risco de valor*).
2. O usuário consegue descobrir como usá-lo? (*Risco de usabilidade*).
3. Podemos construí-lo? (*Risco de aplicabilidade*).
4. Os stakeholders apoiarão essa solução? (*Risco de viabilidade dos negócios*).

Normalmente, consideraríamos as questões éticas como parte da viabilidade dos negócios. Se uma solução não for ética, ela pode, de fato, deixar a empresa em maus lençóis.

Na prática, entretanto, existem dois problemas com isso. Em primeiro lugar, já existem tantos aspectos diferentes para a viabilidade dos negócios — vendas, marketing, finanças, jurídico, conformidade, privacidade e muito mais — que é fácil perder a ética de vista.

Em segundo lugar, ao contrário de outras áreas de viabilidade de negócios, é raro que haja um stakeholder explicitamente responsável pela ética.

O resultado é que muitas vezes a ética não recebe a atenção que merece, e todos nós vimos os danos à empresa, ao meio ambiente, aos nossos clientes e à sociedade que podem resultar de lapsos éticos.

Portanto, tenho defendido a consideração explícita das implicações éticas ao adicionar um quinto risco:

5. Devemos construí-lo? (*Risco ético*).

Uma empresa progressista de produtos de tecnologia que *tem* um stakeholder especificamente responsável pela ética é a Airbnb, na qual meu amigo de longa data Rob Chesnut serviu até recentemente como diretor de ética (hoje em dia, ele é um consultor da empresa).

Rob formou-se em Direito e começou sua carreira como promotor federal. Em seguida, ingressou no então recente eBay como advogado, que foi onde eu (Marty) o conheci. Ele teve uma carreira incrível trabalhando e aconselhando uma série de empresas líderes de tecnologia, mais recentemente na Airbnb.

Rob trabalhou no coração do Vale do Silício por décadas e viu o que acontece quando as empresas não prestam atenção suficiente à ética. Ele argumenta: "Os líderes precisam reconhecer que há uma mudança radical no mundo, em que as empresas e seus líderes serão cada vez mais responsabilizados pelas falhas éticas."

Não há dúvida de que a tecnologia é um grande negócio nos dias atuais, e está sujeita a várias das mesmas pressões que há muito tempo desafiam as grandes empresas públicas. Rob explica:

No passado, as empresas tinham apenas um stakeholder — o acionista. Faça o que é bom para os resultados financeiros. Essa é uma abordagem que levou muitas empresas a pensar em tudo no curto prazo, alcançando o número trimestral. E também incentiva muitos comportamentos que estão cada vez mais sendo reconhecidos como antiéticos e fazendo com que mais e mais pessoas percam a fé nelas. Acerte o número e não se preocupe se o que você está construindo é realmente bom para seus clientes, ou para o meio ambiente, ou para seus parceiros, ou para o mundo em geral.

É importante que as empresas reconheçam outros stakeholders e entendam as implicações que cada solução de produto terá sobre eles. Na Airbnb, por exemplo, não consideramos apenas os interesses de nossos investidores, mas também os de outros stakeholders importantes — nossos funcionários, hóspedes, anfitriões e as comunidades onde fazemos negócios. Se tomarmos, consistentemente, decisões que afetam de modo negativo um ou mais desses stakeholders, sabemos que estamos falhando em nossa missão e, a longo prazo, prejudicando nossos negócios.

Como a ética se aplica ao meu trabalho?

A ética se aplica a todos os membros da empresa, mas também é verdade que as equipes de produto estão na vanguarda em que novos produtos e serviços são concebidos, desenvolvidos e implantados. Portanto, temos uma responsabilidade especial de considerar as implicações de nosso trabalho.

Como Rob explica:

Boas equipes de produto precisam entender as implicações das soluções que estão projetando — não apenas nas receitas, mas na comunidade mais ampla de stakeholders. São sinais a serem observados: a solução do produto será boa para o cliente final? Ela tem um impacto negativo no meio ambiente de alguma forma, ou em terceiros na comunidade? É algo que, se todos os e-mails, documentos e discussões sobre o produto fossem publicados online, você ficaria envergonhado? Como os reguladores do governo reagiriam se soubessem de tudo? O produto será algo do qual você se orgulhará como parte de sua marca pessoal?

Conforme os líderes fazem o coaching de suas equipes de produto, esses são os tipos de perguntas que precisam discutir. De forma mais geral, é importante colocar esse tópico em discussão. "Você quer uma empresa na qual todos se sintam à vontade para fazer perguntas incômodas — isso ajuda a proteger sua empresa contra falhas éticas desastrosas."

Então, o que você faz ao identificar uma questão ética?

Uma das situações mais difíceis para um especialista em produtos é quando ele identifica o surgimento de um problema ético, mas não tem certeza de como deve lidar com a situação. Claramente, isso caracteriza algo sensível, e que pode mexer com as emoções. Nossa melhor resposta é descobrir uma solução que não tenha essas preocupações éticas; em alguns casos, todavia, você não conseguirá isso, ou não terá tempo.

O conselho de Rob:

Fale com consideração, levante suas preocupações, mas não de maneira arrogante ou acusatória. Tente explicar de uma forma que deixe claro que você se preocupa em proteger os melhores interesses da empresa.

Descobri que é essencial ter um entendimento profundo de como o seu negócio funciona para que você não seja visto como ingênuo ou ignorante a respeito de economia. Essa também é uma situação na qual você pode precisar da ajuda de seu gerente.

Então, o que você deve fazer se estiver trabalhando em uma empresa que acredita, fundamentalmente, não se interessar pela ética?

Raramente encorajo as pessoas a deixarem suas empresas. Contudo, quando se trata de empresas que claramente ignoram as implicações éticas de seu trabalho, tenho encorajado, e continuarei a encorajar, que as pessoas as deixem.

Segue a resposta de Rob:

Se você não tem orgulho de onde trabalha, não tem orgulho de como sua empresa está impactando o mundo ou acredita que a liderança realmente não se preocupa com a integridade, provavelmente é hora de começar a procurar outro emprego.

Felizmente, na minha experiência, a grande maioria das empresas de tecnologia se preocupa com a ética e está genuinamente tentando ajudar a melhorar o mundo de alguma forma significativa. Contudo, mesmo as boas intenções podem ter consequências indesejadas.

Como líder de produto, é cada vez mais importante realizar o coaching de seu pessoal acerca do tópico da ética, começando por fazer com que considerem explicitamente a questão de saber se *devemos* construir algo.[1]

---

1 Recomendo fortemente a leitura do excelente livro de Rob Chesnut, *Integridade Intencional: Como Empresas Inteligentes Podem Liderar uma Revolução Ética*. Rio de Janeiro: Alta Books, 2021.

CAPÍTULO

24

Felicidade

Este capítulo pode parecer um tópico estranho. Você pode estar pensando que não é função do gerente ser responsável pela felicidade de sua equipe.

No entanto, praticamente qualquer pessoa que já trabalhou com tecnologia, em qualquer intervalo de tempo, sabe que um gerente pode facilmente ser responsável por um profissional de produto infeliz. Esse velho ditado sobre as pessoas que entram em uma empresa, mas deixam um gerente, infelizmente é demonstrado todos os dias.

É verdade que geralmente não me refiro a este tópico como "coaching de felicidade". No entanto, enfatizo o quão importante é para o gerente focar pelo menos uma vez por semana a seguinte questão: seu pessoal de produto sente que está fazendo um trabalho significativo, progredindo em sua carreira e construindo os relacionamentos necessários com sua equipe e com os executivos a fim de liderar de forma eficaz e bem-sucedida uma equipe de produto empoderada?

Com a grande ressalva de que todos são diferentes e o mais importante é que você, como gerente, conheça seu pessoal bem o suficiente para entender o que é significativo para eles e o que os alegra, descobri que existem algumas verdades quase universais para fazer o coaching da felicidade.

Trabalho Significativo

A maioria das pessoas no mundo dos produtos deseja que seu trabalho seja significativo.

Na verdade, a menos que o gerente seja ruim — e nesse caso, isso prevalece —, na minha experiência, esse geralmente é o maior fator para a felicidade, ainda mais do que a remuneração.

No entanto, nem sempre fica claro para o profissional de produto como ou por que seu trabalho é significativo, ou como sua pequena equipe contribui de maneira significativa. Portanto, é importante que isso seja discutido de forma muito clara e explícita e reforçado com frequência, tanto pública quanto privadamente.

Relacionamento Pessoal

Eu (Marty) admito que sempre desejei que as pessoas que trabalham para mim gostassem de mim, mas quero que gostem de mim por motivos muito específicos. Quero que acreditem que estou comprometido em ajudá-las a obter sucesso profissional e pessoal. Quero que confiem em mim para que eu possa ser honesto com elas e dar-lhes o feedback que é tão essencial para o seu crescimento. Quero que possam olhar para trás em seu tempo de trabalho comigo e considerá-lo um dos pontos altos de suas carreiras.

Essas relações profissionais são construídas a partir de relações *pessoais*. Falo sobre minha família, amigos e interesses fora do trabalho e convido-os a fazer a mesma coisa. Sempre fiz questão de conhecê-los como *pessoas*.

Sempre acreditei que poderia ser um gerente e um coach muito melhor se soubesse quais eram suas aspirações e suas motivações.

Reconhecimento Pessoal

Muitas pessoas me dizem que não precisam de reconhecimento, mas raramente acredito nelas. O que acredito que estejam querendo me dizer é que podem não se sentir confortáveis com certas formas de reconhecimento *público*. Entretanto, pela minha experiência, quase todo mundo quer se sentir valorizado, principalmente pelas pessoas que respeitamos.

Promoções, remuneração e equidade são maneiras óbvias de reconhecimento, mas, para além disso, sou um grande fã de formas de reconhecimento mais frequentes e pessoais, especialmente depois que conheço os interesses dessa pessoa:

- Uma boa garrafa de vinho.
- Um livro que acho que ela gostaria.
- Um ingresso para uma conferência ou evento do setor.
- Um vale-presente para um bom restaurante local.
- Uma escapada de fim de semana para dois.

Na maioria das vezes, tive orçamento suficiente para cobrir esses presentes, mas houve algumas empresas em que já trabalhei nas quais tive que pagar por eles sozinho. Qualquer bom gerente, no entanto, sabe que é tão bom quanto seu pessoal; assim, ajudar meu pessoal a se sentir valorizado acaba me ajudando.

Hábitos de Trabalho

Não é nenhum segredo no mundo dos produtos que as pessoas às vezes trabalham loucamente, mas é fundamental salientar que, quando trabalham muitas horas, há dois motivos fundamentais e muito diferentes: elas trabalham muitas horas porque *querem* versus porque *precisam*. São situações muito diferentes quando se trata de coaching.

Em muitas empresas, as pessoas se sentem pressionadas a trabalhar loucamente ou, às vezes, são literalmente forçadas a isso. Se essa é a situação em sua empresa, então é muito provável que você tenha equipes de mercenários e não de missionários, e todo esse tópico de se preocupar com a felicidade de seu pessoal provavelmente não é algo com que você se importe muito.

Estou falando sobre a outra situação, na qual você realmente empoderou as equipes de produto e elas acreditam que estão fazendo um trabalho especialmente significativo e importante. Às vezes, elas ficam tão envolvidas com esse trabalho que, no momento em que erguem os olhos de seus computadores, já é tarde da noite; ou um ano passa e seu pessoal literalmente não tirou férias (o que não costuma acontecer em grande parte do mundo, mas é um problema real, especialmente nos Estados Unidos e na China).

Um bom gerente notará isso e discutirá no 1:1. Ele explicará como é fácil se esgotar, como é importante pensar a longo prazo e como o trabalho é essencialmente uma solução criativa de problemas, que requer tempo para se recarregar. Se esse for um problema contínuo, muito provavelmente também é algo que precisa de um coaching sério e ativo.

Também é verdade que, ocasionalmente, algo de fato grande e importante aparecerá e a equipe terá um grande empurrão. Contanto que a motivação para isso venha de dentro da equipe, essas situações podem se transformar nas realizações de maior orgulho das pessoas envolvidas. Ou seja, nem sempre é uma coisa ruim.

Contudo, novamente, o gerente pode ajudar garantindo que isso não seja a norma.

Modelagem de Bons Comportamentos

Existem muitos gerentes por aí que trabalham loucamente, mas tentam dizer ao seu pessoal que não precisam fazer o mesmo. É a abordagem de gerenciamento do tipo "faça o que eu digo, não o que eu faço".

Entretanto, muitas pessoas se sentem pressionadas a trabalhar pelo menos tão arduamente quanto seu gerente, o que, é claro, pode levar a essa espiral boba de chegar cedo, sair tarde e responder e-mails a qualquer hora.

De novo, se você realmente se preocupa com a felicidade de seu pessoal, sabe que suas ações falam mais alto do que suas palavras.

O gerente precisa ser sensível a isso e, de fato, compartilhar como e quando ele está recarregando seu lado pessoal, tendo consciência de quando está enviando e-mails e de como está administrando seu tempo.

Planejamento de Carreira

Também é importante ressaltar que, às vezes, para que o profissional de produto seja realmente feliz em sua vida, isso pode significar ajudá-lo em um trabalho ou mesmo em uma carreira diferente. Se o responsável pelo produto não for capaz de fazer o trabalho, isso pode ser desconfortável, mas é bastante simples. Contudo, às vezes esse não é o problema.

Uma das situações mais difíceis para mim foi quando eu (Marty) tive uma gerente de produto excepcionalmente forte, que era um exemplo próximo do tipo ideal de pessoa que me esforço para recrutar e fazer o coaching. Ela era tão inteligente e experiente com as pessoas, e aprendeu tão rapidamente, que eu não tinha dúvidas de que teria uma carreira incrível pela frente.

Porém, eventualmente, ela passou a confiar em mim o suficiente para admitir, em um de nossos encontros 1:1, que, embora soubesse que era boa no trabalho e sentisse que estava causando um impacto real, percebeu que isso não era o que queria da vida. Foi difícil para mim, pois eu detestei a ideia de perder aquele talento; não obstante, incentivei-a a perseguir sua paixão (escrever ficções). Ela o fez, e foi capaz de vencer as adversidades e fazer disso sua carreira. De maneira mais geral, tento incentivar os gerentes a reconhecer e aceitar a importância do papel que desempenham na vida de seus funcionários. Eles têm o poder de tornar a vida de um funcionário terrível, ou de ajudá-lo a alcançar seus objetivos profissionais e pessoais.

O Melhor dos Coachs

Você pode ter se surpreendido, na introdução deste livro, ao saber que, durante os primeiros anos de formação de suas respectivas empresas, Steve Jobs, da Apple, Larry e Sergey, do Google, e Jeff Bezos, da Amazon, foram todos orientados pela mesma pessoa: Bill Campbell, conhecido como "O Coach do Vale do Silício".

A maioria das pessoas fora do Vale do Silício não está ciente disso, porque Bill fez tudo o que pôde para evitar estar no centro das atenções. Ele queria que a atenção estivesse nas pessoas para quem ele fazia o coaching.

Na verdade, tentei escrever sobre ele em 2007, mas ele mesmo me pediu para não publicar porque não queria aquela atenção para si. E eu não fui o único que ele recusou.

Para ser claro, nunca tive a sorte de ser uma das pessoas das quais ele fez o coaching. Eu realmente gostaria de ter sido. Contudo, eu o encontrei várias vezes porque tive a sorte de trabalhar para pessoas orientadas por ele.

Bill faleceu há alguns anos, e ainda continuo aprendendo a partir daqueles que ele orientou. Recentemente, duas das pessoas das quais ele fez o coaching — Eric Schmidt, o ex-CEO do Google, e Jonathan Rosenberg, o ex-vice-presidente sênior de produto do Google — entrevistaram muitas outras pessoas que Bill orientou e elaboraram um livro com seus princípios de liderança e de coaching chamado *Trillion Dollar Coach*.[1]

É sempre difícil para mim descrever Bill porque sua personalidade era uma grande parte do impacto que ele causava, mas acho que este livro faz um bom trabalho. Compartilhei algumas de suas citações aqui, neste livro.

Eu diria que, embora a Apple, a Amazon e o Google tenham culturas muito diferentes, as três entendem o papel essencial do produto; entendem também que empoderar as equipes de produto para fazer um ótimo trabalho é o ponto principal.

Embora eu tenha adorado ler o livro sobre Bill Campbell, também foi humilhante para mim. Tenho feito produtos por tanto tempo que é difícil lembrar o que aprendi com os outros e o que descobri sozinho. Contudo, ver tantos dos pontos que mais valorizo enfatizados neste livro me fez perceber que devo muito mais a Bill Campbell do que eu imaginava. Está claro, agora, que esses pontos foram perfurados em mim por aqueles que ele orientou, e que então passaram a me orientar, mas acho que esse fato deixaria O Coach especialmente feliz.

Um último ponto do *Trillion Dollar Coach* que realmente ressoou em mim:

> *Bill diria que ele tinha uma maneira diferente de medir seu impacto, o próprio tipo de parâmetro. "Olho para todas as pessoas que trabalharam para mim ou que eu ajudei de alguma forma", ele diria, "e conto quantas são grandes líderes agora. É assim que avalio o sucesso".*

Muitas vezes me perguntam por que ainda estou fazendo o coaching de profissionais de produtos depois de tantos anos (e não se engane, não me considero na mesma categoria que Bill Campbell), mas sinto um orgulho semelhante quando as pessoas com as quais passei muito tempo ensinando ou fazendo o coaching passam a criar ótimas equipes e ótimos produtos.

---

1 SCHMIDT, Eric; ROSENBERG, Jonathan; EAGLE, Alan. *Trillion Dollar Coach*: The Leadership Playbook of Silicon Valley's Legendary Bill Campbell. Nova York: HarperCollins, 2019.

CAPÍTULO

25

Perfil de Liderança:
Lisa Kavanaugh

O Caminho para a Liderança

Conheci Lisa em 2010, quando ela era vice--presidente de engenharia do Ask.com.

Lisa estudou Ciência da Computação na Universidade da Califórnia em Santa Bárbara e começou uma longa carreira em tecnologia, inicialmente como engenheira na HP, mas logo se juntou a um então recente Ask.com (você se lembra do "Ask Jeeves"?).

Nos 12 anos seguintes, conquistou sua carreira na engenharia até se tornar a CTO daquela que, na época, era uma organização de engenharia global muito grande.

O que sempre definiu Lisa, no entanto, foi sua paixão pelo coaching, por se aprimorar continuamente, bem como aprimorar aqueles que trabalharam para ela.

Nos últimos anos, ela dedicou sua carreira a fazer o coaching de outras pessoas, ajudando líderes de tecnologia a se tornarem o que suas empresas precisam que sejam.

Liderança em Ação

Perguntei a Lisa como ela geralmente ajuda os líderes de tecnologia a se tornarem líderes qualificados de equipes e de organizações empoderadas.

Aqui estão as palavras dela:

Líderes diferentes têm motivações diferentes para buscar o coaching. Alguns desejam uma promoção importante, alguns enfrentam um obstáculo que impede seus objetivos e outros desejam estabelecer uma relação de trabalho melhor com sua equipe ou colegas. Todos desejam um resultado que parece fora de alcance.

Seja qual for o caso, a transformação em um líder forte, confiante e inspirador pode exigir esforço e coragem.

Essas são as quatro habilidades principais que cada líder precisa para concluir essa transformação.

Autoconsciência

Tudo começa com ser honesto consigo mesmo e entender quais comportamentos ou características podem estar atrapalhando seu caminho ou o de sua equipe. Pergunte a si mesmo: quais são os comportamentos que podem ter lhe servido bem no início de sua carreira, mas agora não são mais vantajosos?

Aqui está um exemplo notavelmente comum disso. Costumo encontrar executivos de tecnologia que construíram uma reputação de execução absolutamente confiável. Eles têm se esforçado consistentemente e cumprido o que prometeram. Em muitos casos, tiveram que mover montanhas para isso, mas o fizeram. Eles são conhecidos por sua execução confiável, e isso constitui grande parte de sua identidade.

Porém, agora a líder foi promovida a um nível no qual seu esforço pessoal não pode escalar, e suas equipes sentem que estão sendo microgerenciadas. A autoconsciência necessária aqui é perceber que as habilidades que a levaram a esse nível não irão levá-la ao próximo.

Coragem

Quando você constrói uma carreira e uma identidade a partir de um conjunto de comportamentos e percebe que precisa mudar, especialmente de maneiras que agora dependem de outras pessoas, isso pode exigir muita coragem.

É preciso coragem a fim de abrir espaço para que as equipes aprendam e cometam erros. É preciso coragem para dar um feedback significativo e honesto. É preciso coragem para acreditar que confiar em sua equipe terá melhores resultados do que apenas confiar em si mesmo. É preciso coragem para deixar suas habilidades táticas para trás e entrar no mundo da estratégia. É preciso coragem para ser vulnerável.

Por exemplo, eu tinha uma executiva de tecnologia que estava lutando para realmente fazer parceria com um colega em particular, porque um projeto anterior em que eles haviam trabalhado não tinha dado certo. Ela estava convencida de que esse colega pensava mal a seu respeito, e sua resposta imediata foi evitá-lo. Contudo, ela sabia que precisava desse relacionamento, e reuniu coragem para estender a mão e ter uma conversa verdadeiramente difícil. Ela confessou que o estava evitando, a razão para tal e o que desejava para que sua parceria pudesse continuar. Foi preciso bravura e vulnerabilidade para se expor assim, e isso provou ser o ponto de virada no relacionamento deles.

Uma liderança corajosa significa avançar apesar do desconforto.

Regras de Compromisso

Para muitos líderes, aprender a confiar em suas equipes pode exigir um grande salto de fé, especialmente porque sabem que ainda são responsáveis por resultados bem-sucedidos.

As regras de compromisso são simplesmente um acordo com as equipes sobre o tipo de visibilidade de que o líder necessita para dar às equipes o espaço que elas precisam para trabalhar. De quais informações o líder precisa para poder confiar? Que contexto a equipe precisa entender para ter sucesso? O que a equipe precisa para se sentir segura ao descobrir riscos e problemas precocemente, ou pedir ajuda?

É importante enfatizar que essas regras de compromisso normalmente evoluem conforme a confiança e o aprendizado são construídos, mas estabelecer algum acordo em torno de quais informações comunicar e quando, pode ajudar tanto o líder quanto as equipes a encontrar maneiras eficazes para que cada parte tenha suas necessidades atendidas.

Desestruturando a Si Mesmo

Mesmo que o líder seja autoconsciente, tenha a coragem pessoal para fazer as mudanças necessárias e tenha concordado com as regras de compromisso, não é segredo que antigos hábitos podem ser muito difíceis de quebrar. Especialmente hábitos e comportamentos que vão até o âmago da identidade e dos sentimentos de autoestima de alguém.

Efetivamente, estamos pedindo ao líder para que se desestruture. Estamos pedindo para que se comprometa com a mudança. Reconhecemos que haverá erros e regressões, mas, cada vez que isso acontecer, vamos identificar os gatilhos e procurar por maneiras melhores de responder. Reconhecemos que os primeiros dias e semanas serão os mais difíceis, mas, a cada dia que passa, o líder vai conseguir acessar os novos comportamentos com mais facilidade.

A jornada de cada líder é diferente, mas ao longo dos anos consegui descobrir que, se um líder realmente deseja melhorar e tem a coragem de dar o salto de fé necessário para aprender a confiar nos outros, ele pode, de fato, desestruturar-se, tornando-se o líder que sua empresa precisa e que seus funcionários merecem.

Alocação de Pessoal

Na próxima série de capítulos, focarei as responsabilidades de alocação de pessoal do gerente.

Fiz questão de ressaltar, nos capítulos até agora, o quão importante é fazer o coaching e desenvolver seu pessoal, mas ainda não falei sobre como *encontrar* essas pessoas.

Obviamente, muito já foi escrito sobre alocação de pessoal e contratação.[1]

O que irei pôr em foco nestes capítulos é o que se difere quanto à alocação de pessoal quando se trata de equipes de produto empoderadas — especialmente gerentes de produto, designers de produto e engenheiros seniores/líderes de tecnologia.

Vou começar com o recrutamento e, em seguida, abordar entrevistas, contratações, integração, análises anuais de desempenho, rescisões e promoções.

Este pode não parecer um tópico tão importante ou interessante para você — sei que no início da minha carreira de liderança de produto não era

---

1 Meu livro favorito é *Um Novo Jeito de Trabalhar: Ideias do Google Que Vão Transformar Sua Maneira de Viver e Liderar*, de Laszlo Bock (Editora Sextante, 2019).

—, mas espero poder mudar sua opinião sobre isso, pois é uma das diferenças claras e essenciais entre empresas de produto fortes e o resto.

Existem três problemas de ordem superior que vejo nas empresas quando se trata de alocação de pessoal.

O primeiro é que muitas vezes existe uma confusão fundamental sobre o que procurar ao contratar profissionais de produto fortes. Muitas vezes a empresa pensa que, se deseja competir com empresas como Google e Amazon, precisa contratar pessoas excepcionais. Esse é um equívoco perigoso.

Permita-me ser claro: as melhores empresas de produto contratam pessoas competentes e de caráter, e então as orientam e as desenvolvem para se tornarem membros de equipes extraordinárias.

É por isso que a alocação de pessoal e o coaching andam de mãos dadas.

O segundo problema é que, em muitas empresas, os líderes equiparam a alocação de pessoal à contratação. Contudo, é um problema muito maior do que apenas contratar e, na verdade, se você se concentrar apenas na contratação, reduzirá drasticamente as chances de construir a organização de que precisa.

O terceiro ponto de ordem superior é perceber que alocação de pessoal *é responsabilidade do gerente de contratação.*

Com muita frequência, descubro que o gerente de contratação acredita que isso é responsabilidade do departamento de Recursos Humanos (RH) e que, embora possa revisar alguns currículos e participar da equipe de entrevistas, ele se considera apenas um passageiro nessa jornada, e não o condutor.

Embora o RH possa ajudar com algumas das tarefas administrativas e de apoio (como postar descrições de cargos, repassar currículos e preparar cartas de oferta), uma equipe eficaz começa com a percepção de que um resultado bem-sucedido exige que o gerente de contratação avance e assuma responsabilidade por isso.

No mínimo, espero que esta série de capítulos deixe claro por que isso acontece.

De maneira mais geral, porém, a alocação de pessoal é outra das áreas em que empresas de produto fortes são dramaticamente melhores do que a maioria das empresas.

A decisão mais importante na Amazon foi, e continua sendo, contratar os talentos certos.

— *Jeff Bezos*

E isso é, em grande parte, um resultado direto da forte confiança da empresa no modelo de equipe empoderada, e ocorre porque esse modelo efetivamente prioriza as pessoas. Você está contratando pessoas capazes e dando-lhes espaço para realizar coisas notáveis.

Para empresas ainda no modelo de equipe de recursos, as pessoas são mercenárias. Essas empresas acreditam que sempre podem contratar outras pessoas, ou podem até contratar uma agência e terceirizar o trabalho.

Contudo, para aquelas empresas comprometidas com o modelo de equipes empoderadas, tudo depende da contratação de pessoas competentes que compartilhem seus valores e sejam apaixonadas pela busca de sua visão de produto. E isso significa que a equipe deve passar de uma tarefa necessária para uma habilidade estratégica.

A maioria das pessoas que vêm de uma empresa com o modelo de equipe de recursos fica surpresa ao ver as diferenças em termos de recrutamento, a seriedade do processo de entrevista, quanto tempo é dedicado à integração de novos funcionários e, o mais importante, o esforço contínuo no coaching e no desenvolvimento de seu pessoal para que alcancem seu verdadeiro potencial.

Não estou sugerindo que haja apenas uma boa maneira de lidar com a equipe, mas sim que essas atividades merecem muito mais atenção do que a maioria das empresas e gerentes de contratação dão a elas.

Vou mais longe ainda, e sugiro que a habilidade na contratação de pessoal é um dos indicadores mais importantes e reveladores para o sucesso de uma empresa.

26

Competência e Caráter

Quando converso com executivos e gerentes que não confiam nas pessoas de suas equipes de produto, descubro que muitas vezes eles têm visões muito antiquadas e, acredito eu, prejudiciais sobre que tipo de pessoas recrutar e contratar.

Portanto, peço a esses líderes que considerem uma abordagem muito diferente para a alocação de pessoal.

Em primeiro lugar, quando digo que equipes de produto fortes são compostas de "pessoas comuns", não estou sugerindo que você possa contratar alguém na rua e transformá-lo em um membro de equipe extraordinário. É preciso ter as habilidades necessárias para o sucesso.

No entanto, estou sugerindo que, em vez de ficar obcecado com a universidade que a pessoa frequentou, com o conceito ambíguo de "adequação cultural", se a pessoa é um funcionário x10, ou pensando que você precisa contratar pessoas com um conhecimento profundo em seu domínio, concentre-se no que estou prestes a descrever.

Para ser claro, definitivamente existe algo como um funcionário x10. Essas são as pessoas que demonstraram sua capacidade de contribuir na ordem de 10 vezes mais do que seus colegas.

No entanto, também não é segredo que ter um funcionário x10 não significa necessariamente ter resultados x10. Isso porque os resultados nas empresas de produtos vêm das equipes de produtos e, na verdade, se esse funcionário x10 traz consigo comportamentos tóxicos, ele provavelmente causará muito mais danos do que benefícios à sua organização.

Vamos discutir as características que você deve considerar ao recrutar e montar equipes de produto fortes, multifuncionais e empoderadas.

Competência

Stephen Covey explica que:

> *A confiança ocorre em função de duas coisas: competência e caráter. Competência inclui suas capacidades, suas habilidades e seu histórico. Caráter inclui sua integridade, seu motivo e sua intenção com as pessoas. Ambos são vitais.*

Discutiremos o caráter a seguir, mas o que está em jogo para qualquer uma de suas contratações para uma equipe de produto empoderada é a *competência*. A pessoa deve ter as habilidades necessárias — como engenheiro, designer de produto ou gerente de produto.

Muitas vezes, é aqui que tantas organizações plantam as sementes de suas lutas futuras.

Você provavelmente já ouviu o velho ditado que diz que "A contrata A, mas B contrata C". Um gerente que não é um gerente de produto, designer ou engenheiro competente está mal equipado para avaliar um candidato, e é fácil ver como a empresa pode acabar contratando alguém que não é competente para o trabalho. Além disso, sem a experiência necessária, o gerente de contratação não é capaz de orientar e desenvolver essa pessoa para a competência.[1]

Normalmente, contratamos pela competência; contudo, não há nada de errado em contratar com base no *potencial* — mas se, e somente se, o gerente de contratação estiver disposto e for capaz de fazer ativamente o coaching dessa pessoa em direção à competência. E, se falhar nisso, terá que encontrar

---

1 Novamente, se essa for a sua situação, é fundamental que você encontre alguém experiente para lhe fornecer o coaching de liderança de produto de que precisa.

um trabalho diferente para essa pessoa. É um grande comprometimento de tempo e esforço por parte do gerente de contratação.

A alocação de pessoal é uma das três principais responsabilidades da gestão, mas, para ser claro, é absolutamente crítico garantir a competência. Sem competência, a pessoa e a equipe não podem esperar ganhar a confiança da gerência ou da liderança. Portanto, não há empoderamento duradouro sem competência.

Caráter

Assim que entende que o candidato tem o nível de competência exigido, a maioria das empresas concentra-se no que costuma ser chamado de "adequação cultural".

Esse é provavelmente um dos conceitos mais prejudiciais para seus esforços em construir uma grande organização.

Do vasto grupo de pessoas no mundo, as empresas filtram quase todas, exceto aquelas que são percebidas como uma adequação cultural, o que, obviamente, é um conceito muito mal definido.

Para muitas organizações, adequação cultural é o termo politicamente correto para o que se traduz essencialmente em: "Contrate pessoas que se pareçam e que pensem como nós."

Em nosso setor, isso geralmente significa contratar homens com formação técnica em universidades de primeira linha. Na minha experiência, isso geralmente não é consciente ou intencional, mas os resultados são visíveis.

Eu gostaria de tentar convencê-lo de que o ajuste cultural, aqui, é o objetivo errado.

A maioria das pessoas não sabe que a franquia de esportes de maior sucesso da história não é o New York Yankees, o Chicago Bulls ou o Manchester United. É a seleção nacional de rúgbi All Blacks, da Nova Zelândia. Ela tem um histórico incomparável de domínio contínuo (mais de cem anos).

Os All Blacks aprenderam há muito tempo que o caráter é importante. Portanto, eles têm uma política muito clara e inequívoca em vigor ao avaliar jogadores e treinadores para sua equipe: a regra do "Proibido Babacas".[2]

Eles entendem que não importa o quão excepcionalmente habilidoso um jogador ou treinador possa ser, se ele for um babaca, então será tóxico para a equipe em geral.

Desse modo, em vez de restringir um grupo muito grande de pessoas a um pequeno subconjunto que é percebido como um ajuste cultural, eu defendo manter o grupo muito grande e apenas filtrar os relativamente poucos babacas.

A ironia é que sabemos que competência e caráter são muito importantes para estabelecer a confiança necessária, mas muitas empresas e gerentes contratam pessoas que são culturalmente adequadas, mas não competentes, ou justificam a contratação de um babaca porque acreditam que essa pessoa é excepcionalmente habilidosa.

Uma das consequências mais indesejadas e prejudiciais de se contratar pessoas como nós é que, muitas vezes, elas pensam exatamente como nós.

Não é que a forma como pensamos seja ruim, é que o que realmente precisamos é de pessoas que pensam *diferente* de nós. Esse é um dos benefícios mais tangíveis e imediatos de agregar diversidade à sua equipe. As chances de resolver problemas difíceis aumentam substancialmente se você puder abordá-los a partir de várias perspectivas.

Portanto, em vez de procurar pessoas como você, procure explicitamente por pessoas que claramente *não* são como você. Pessoas que vêm de ambientes diferentes, que foram educadas de forma diferente, com diferentes tipos de experiência profissional e diferentes experiências de vida.

Então, acho que, quando vistos através dessa lente, há muitos candidatos excelentes a serem encontrados em todo o mundo. Frequentemente, eles estão escondidos à vista de todos na própria empresa. Apenas certifique-se de que são competentes e que não são babacas.

---

2 Os fãs dos All Blacks devem saber que, na verdade, eles usam um termo mais forte do que "babaca", mas, como esse termo é ofensivo para alguns, tomei a liberdade de substituí-lo pelo, ainda forte, "babaca", que peguei emprestado do excelente livro do professor de Stanford Bob Sutton: *Chega de Babaquice: Como Transformar um Inferno em um Ambiente de Trabalho Sensacional!* (Elsevier, 2007).

Recrutamento

A maioria das pessoas pensa que a alocação de pessoal começa com o *sourcing*, mas, como você verá, em empresas de produto fortes, a alocação de pessoal começa com o *recrutamento* ativo.

Em uma abordagem de contratação pautada no RH, um gerente de contratação pode fornecer uma descrição do cargo, mas as coisas não seguem em frente até que o RH comece a fornecer currículos (o que é conhecido como *sourcing*). Na verdade, um dos sintomas óbvios desse problema é quando o gerente de contratação reclama que não está recebendo suficientes currículos de alta qualidade.

No entanto, no caso de gerentes fortes, é o oposto. O gerente de contratação identifica o que deseja e, em seguida, vai lá e *recruta*.

É análogo a uma faculdade ou equipe esportiva profissional. Embora um coach possa receber uma "indicação" ocasional (o equivalente aproximado de alguém enviando seu currículo), ele trabalha ativamente para *recrutar* o talento necessário: visitando clientes em potencial, conhecendo-os pessoalmente e trabalhando para persuadir o desejado talento a se juntar a sua equipe.

Vale ressaltar que *recrutar*, em vez de *terceirizar*, é a maneira mais rápida que eu conheço de melhorar a diversidade, principalmente quando o gerente de contratação entende que a inovação prospera em uma equipe em que cada pessoa pensa de maneira *diferente*. Geralmente, não queremos ou precisamos de mais do mesmo. Precisamos de pessoas com diferentes níveis de educação, diferentes abordagens para a resolução de problemas, diferentes experiências de vida e diferentes qualidades.

Um gerente verdadeiramente forte sabe que, por meio do recrutamento, está formando equipes de produtos, e não apenas um grupo de pessoas.

Onde, então, você encontra essas pessoas?

Construir sua rede de pessoas em potencial para recrutar é uma atividade contínua — e não algo que você começa a fazer depois de ter uma vaga. Você conhece pessoas em conferências do setor e em encontros profissionais, em concorrentes, durante visitas a parceiros e clientes, por meio de apresentações de referências e até mesmo socialmente.

Agende ligações ou tome café com as pessoas quando quiser desenvolver ainda mais o relacionamento. Você tem a oportunidade de iniciar um relacionamento de orientação que pode se desenvolver para um relacionamento de coaching quando chegar a hora certa.

Também sou fã de apresentar palestras em seus escritórios com palestrantes selecionados do setor, os quais podem atrair candidatos e também ajudar a construir a reputação da sua organização.

Outra ótima técnica é criar um blog da empresa para demonstrar sua dedicação à confecção de um ótimo produto.[1]

Se você trabalha em uma empresa grande, geralmente o talento certo pode ser encontrado dentro dela. Costumo encontrar pessoas em funções aleatórias que são reconhecidas como excepcionalmente inteligentes e que sempre encontrão uma maneira de fazer as coisas, mas que nunca se consideraram profissionais de produto.

Sempre incentivo os gerentes de contratação a apostarem em uma ampla rede ao procurar talentos excepcionais para produtos. Eu os encontrei em engenharia, finanças, marketing, vendas, jurídico, e também em um proprietário de empresa ou stakeholder.

---

1 Confira o maravilhoso blog Code as Craft (www.codeascraft.com) [conteúdo em inglês] para ver um exemplo muito eficaz disso.

Você precisa ter sensibilidade em relação ao resto da organização, já que não está tentando roubar pessoas, e, sim, tentando garantir que todos estejam na melhor posição para utilizar seus talentos.

Você também precisa de paciência ao desenvolver essa rede de recrutas em potencial. Eu literalmente trabalhei no recrutamento de pessoas por vários anos — conhecendo-as, sabendo mais sobre seus objetivos de carreira e plantando sementes, enviando-lhes artigos sobre a função do produto, compartilhando livros e, em geral, conversando com elas sobre seus objetivos de carreira e quais eram as etapas necessárias para alcançá-los.

Por exemplo, ao recrutar gerentes de produto, procuro pessoas empreendedoras. Muitos do tipo que procuro desejam começar suas próprias empresas um dia. Então, explico a eles que o gerenciamento de produto é considerado o campo de testes para um fundador ou CEO de uma startup, e explico por que esse vem a ser o caso.

Agora, é certo que, se você estabelecer uma reputação como um gerente forte, que faz um esforço sincero e contínuo para desenvolver seu pessoal, haverá mais pessoas que o abordarão para um trabalho, o que é ótimo. Contudo, isso não substitui a garantia de que você está recrutando as pessoas e a equipe de que *precisa*. Em qualquer caso, pode levar anos para conseguir construir essa marca pessoal.

É essencial que o recrutamento seja uma atividade proativa e consistente para cada gerente. Perceba também que, se você realmente se preocupa com o desenvolvimento do seu pessoal, ficará surpreso com quantas referências isso pode gerar.

Observe também que, para esse profissional de talento, a visão do produto pode e deve ser uma de suas ferramentas de recrutamento mais eficazes. E, claro, os produtos que você cria, se forem bem-sucedidos, ajudarão as pessoas a levar isso em conta.

Se você fizer do recrutamento uma atividade contínua e de alta prioridade, em breve terá uma rede saudável e um funil de candidatos fortes. Conforme você abre novos cargos e as pessoas alcançam bons pontos de transição em suas carreiras, você estará bem preparado para atraí-las.

Fazendo do Recrutamento Uma Prioridade

Eu (Chris) experimentei o poder do verdadeiro coaching em meu primeiro trabalho como gerente de produto em uma startup. Meu trabalho era predominantemente como um contribuidor individual, com a expectativa de que acabaria formando a equipe de gerenciamento de produto. A empresa estava crescendo rapidamente, e meu produto estava ganhando, além de um impulso, novos clientes. Eu estava absurdamente ocupado e, por fim, consegui a aprovação para contratar outro gerente de produto para me ajudar.

As demandas sobre mim como um contribuidor individual não mudaram, então eu confiei muito em nossa pequena equipe de RH para conduzir o processo. Eu conversava com eles uma ou duas vezes por semana, revisava currículos e conduzia entrevistas por telefone, mas, fora isso, era bastante passivo. Eu tinha tantos outros trabalhos e, além do mais, era para isso que o departamento de RH estava lá, certo?

Durante esse tempo, eu tive 1:1 regulares com o meu gerente. Ele me perguntou como estava indo o recrutamento, e eu contei sobre os currículos promissores e as entrevistas por telefone. Eu discutiria o produto e o negócio rapidamente, sem ironia, e diria o quão completamente submerso eu estava.

Depois de duas semanas, eu ainda não tinha encontrado nenhum candidato digno de trazer para uma entrevista, e, em nosso 1:1, meu gerente se recusou a me deixar mudar para um novo tópico. Ele me disse, sem nenhuma dúvida, que contratar um novo gerente de produto era minha tarefa mais importante no momento. Esse era o meu trabalho diurno, não todas as outras coisas que consumiam meu tempo. Para enfatizar a importância, ele disse que, até que essa função fosse preenchida, eu deveria esperar gastar no mínimo 50% do meu tempo nessa tarefa. Todo o resto era secundário.

Isso foi um choque para mim. Eu não conseguia realizar minhas tarefas no momento, então como poderia liberar tanto tempo? Passamos por tudo em que eu estava trabalhando e discutimos juntos o que poderia ser temporariamente preterido, o que poderia ser transferido para outras pessoas na empresa e o que poderia ser transferido diretamente para ele.

(continua)

(continuação)

Depois de criarmos o espaço para o trabalho de contratação, fui atingido por minha próxima constatação: não tinha ideia de como gastar tanto tempo contratando. Meu gerente, então, me conduziu por um processo em que fizemos um brainstorm de estratégias para que eu pudesse explorar e desenvolver minha rede pessoal, procurar ativamente recursos em busca de candidatos, reformular a descrição do trabalho e, no geral, desempenhar um papel muito mais ativo na condução do recrutamento em vez de encaixá-lo em um processo de *sourcing* de RH.

Esse 1:1 foi um dos mais memoráveis da minha carreira.

Isso expandiu profundamente minha visão quanto ao meu trabalho, construiu um novo nível de confiança com meu gerente, iluminou onde eu precisava crescer e me deu um vislumbre de como era a verdadeira liderança. Eu havia sido inspirado, e mergulhei na tarefa de contratação.

O que aconteceu foi uma mudança de estrutura mental. Além de aprender novas ferramentas ou habilidades, vislumbrei a mentalidade do meu gerente enquanto ele me orientava e percebi que precisaria adotá-la ao assumir uma posição de gerente pela primeira vez.

Terceirização

Sério? Certamente espero que quem leu até aqui já saiba o que estou prestes a dizer sobre a perspectiva da terceirização.

Mas, primeiro, apresento algumas advertências. Estou falando aqui sobre terceirização no que se refere às funções centrais em uma organização de produtos de tecnologia: gerentes de produto, designers de produto, engenheiros, analistas e cientistas de dados, pesquisadores de usuários e os gerentes dessas pessoas.

Seus produtos são a força vital da sua empresa, e essas habilidades devem ser as competências essenciais.

Seus clientes dependem desses produtos e serviços.

Terceirizar essas coisas quase certamente matará qualquer chance que você tenha de criar equipes de missionários. Muito pelo contrário, você literalmente criará equipes de mercenários.

Você pode dizer que não tem pessoas na equipe com as habilidades necessárias. Assim, contrate essas pessoas ou invista em sua equipe existente para aprender e desenvolver essas habilidades — principalmente por meio de coaching e treinamento.

Você também pode dizer que acha que economizará dinheiro contratando alguma empresa offshore de baixo custo. Prometo que você vai acabar gastando muito mais e ganhando muito menos com isso. A quantidade de sobrecarga em termos de tempo e comunicação — e mais ainda, o custo de oportunidade de perder sua capacidade de inovar — torna esse investimento muito ruim.

Ocasionalmente, temos uma grande explosão de trabalho, como uma automação de teste ou uma grande migração; neste caso, usar uma empresa de terceirização não será um problema.

Lembre-se de que um grupo menor de missionários sempre superará o desempenho de um grupo maior de mercenários, especialmente se você considerar a necessidade de descoberta *e* entrega.

CAPÍTULO

28

Entrevistas

Para continuar com a nossa série sobre alocação de pessoal, neste capítulo discuto o processo de entrevista.

Assim como acontece com o recrutamento, o gerente de contratação precisa assumir a responsabilidade pela *eficácia da equipe de entrevista* e pela *experiência de entrevista do candidato*.

O gerente de contratação pode ter alguma ajuda administrativa e/ou de RH, mas ele precisa ser o responsável e gerenciar ativamente esse processo.

Seu objetivo geral é garantir que você contrate pessoas competentes e de caráter, e que cada contratação — pelo menos para gerentes de produto, designers de produto e líderes de tecnologia — deve aumentar a média.

Observe que, como temos mais de um engenheiro em uma equipe de produto, não é um problema ter uma variedade de níveis de experiência e de capacidade entre nossos engenheiros. No entanto, para gerentes de produto, designers de produto e líderes de tecnologia — uma vez que há apenas um por equipe — é fundamental garantir um alto padrão de competência. Esses não são papéis "juniores".

O problema mais comum que vejo é determinar a equipe de entrevista. Frequentemente, a principal preocupação é ser inclusivo e garantir que a opinião de todos seja considerada. Porém, essa abordagem raramente eleva o nível e, muitas vezes, leva a um declínio consistente e gradual no nível médio de efetividade.

Portanto, em vez disso, o gerente de contratação deve fazer a curadoria e selecionar com muito cuidado a equipe de entrevista. Cada pessoa deve ser selecionada tanto por sua competência quanto por seu caráter. Devem ser pessoas com quem um candidato forte teria orgulho de trabalhar, mas com quem também gostaria de tomar uma cerveja.

Certifique-se de que cada membro da equipe entenda especificamente para o que será a entrevista — as habilidades e a experiência dependerão da função específica para a qual você está contratando — e de que esteja preparado.

A maioria das grandes empresas tem diretrizes para entrevistas que abordam questões apropriadas e inadequadas, mas raramente fornecem qualquer orientação significativa sobre o conteúdo da entrevista em si.

Seu objetivo durante a série de entrevistas é garantir que todas as questões em aberto sejam resolvidas até o fim do dia de entrevista. Isso normalmente é feito por cada entrevistador comunicando ao próximo quaisquer perguntas em aberto para que ele possa investigar. E o gerente de contratação, ou quem quer que seja o último entrevistador, deve estender o tempo necessário para resolver as dúvidas em aberto.

Da mesma forma, se o gerente de contratação receber, durante o dia, um feedback dos entrevistadores indicando que esse candidato claramente não se enquadra, então não há problema em encerrar o dia mais cedo.

Três pontos merecem menção especial.

Primeiro, há uma diferença entre contratar pela competência e contratar pelo potencial. Normalmente procuramos pessoas que demonstraram competência para desempenhar as funções necessárias.[1]

No entanto, em alguns casos, vamos contratar com base no potencial — alguém que ainda não mostrou que pode ter sucesso no trabalho, mas estamos dispostos a apostar nele. A contratação de um universitário seria um exemplo comum. No caso de contratação com base no potencial, é essencial que o gerente de contratação comunique isso claramente à equipe de entrevista, e

---

1 Um excelente livro para ajudá-lo a aprender como identificar competência durante as entrevistas é *Who: The A Method for Hiring*, de Geoff Smart e Randy Street (Nova York: Ballantine Books, 2008).

também que se comprometa pessoalmente em investir o tempo e a energia necessários para fazer o coaching dessa pessoa em direção à competência.

Isso normalmente envolve não apenas o 1:1 semanal regular, mas também o coaching diário — em geral por um período de meses. E, além disso, se a pessoa não for capaz de atingir a competência em um período de tempo razoável, o gerente de contratação precisa assumir a responsabilidade de corrigir esse erro de contratação.

Em segundo lugar, sempre lembre à equipe de entrevista que *não* estamos procurando por mais do mesmo. A inovação prospera com pessoas que pensam de forma *diferente*. Portanto, candidatos com formação, experiências de vida, culturas ou abordagens diferentes para a resolução de problemas são altamente desejados.

Terceiro, muitos gerentes de contratação cometem o erro de contratar principalmente a partir do conhecimento na área, mas, para a maioria dos cargos — se você estiver contratando a pessoa certa com as habilidades certas —, ela será capaz de aprender sobre a área muito mais rápido do que alguém com domínio nela conseguirá aprender as habilidades de produto necessárias. Na verdade, em muitos casos, conhecimento demais na área é uma desvantagem (pois esse tipo de candidato comete o erro de pensar que é o cliente).

Minhas Perguntas de Entrevista Favoritas

A pergunta acontece mais adiante na entrevista. O contexto é o seguinte:

> *Agora que o conheço um pouco, gostaria de lhe dar uma lista de quatro atributos amplos de trabalho. Você é um especialista em produtos, então já espero que seja forte em cada um deles, mas duvido muito que se considere igualmente competente em todos. Portanto, vou pedir a você para classificá-los em ordem, do mais forte para o mais fraco.*

Esse contexto deve desarmá-lo. O candidato deve entender que não há uma resposta correta para a pergunta, então se espera que, assim, se estabeleça uma conversa honesta.

Agora, quanto aos quatro atributos, eu (Chris) normalmente os descrevo desta forma, sem nenhuma ordem em particular:

1. Execução: quão bem você faz as coisas, age da maneira certa sem ser solicitado e rastreia muitos alvos simultâneos?

2. Criatividade: Com que frequência você é a pessoa na sala com mais ou melhores ideias?

3. Estratégia: Quão bem você coloca em perspectiva o que está fazendo em relação a um mercado mais amplo ou contexto de visão e, em seguida, torna isso claro para os outros?

4. Crescimento: Você é bom em descobrir maneiras de multiplicar os esforços por meio do uso inteligente de processos, gerenciamento de equipe e assim por diante?

O valor superficial dessa pergunta revela como um candidato se envolve em uma conversa que é, em última análise, sobre a autoavaliação de suas fraquezas.

Eu dou muita importância ao nível de autoconsciência de um profissional de produto e sua capacidade de identificar e admitir áreas de crescimento. (Você pode pensar sobre essa questão como uma versão menos planejada e mais eficaz do antigo "fale-me sobre seus pontos fracos.")

Sou cético em relação a um candidato que não deseja ou é incapaz de se aventurar nesta conversa, ou quando sua autoavaliação parece totalmente em desacordo com o que eu já observei em outras partes da entrevista.

Se você é o gerente de contratação, essa pergunta tem outro propósito: verifica os seus preconceitos e ajuda a garantir que você não acabe contratando um monte de clones (geralmente de si próprio).

CAPÍTULO

29

Contratação

Após a entrevista, espero que você tenha encontrado um candidato que possa ser um forte acréscimo à organização. Você precisa preparar uma oferta e fechar com o candidato.

Grande parte do processo de contratação será ditada pela conformidade e pela remuneração do RH, mas existem alguns pontos essenciais para o gerente de contratação.

Primeiro, se você encontrou um candidato realmente forte, é fundamental agir rapidamente. Esforce-se para gerar uma oferta em 24-48 horas. Se demorar mais do que isso, você pode acabar perdendo um bom candidato. E, mesmo que não o perca, isso diz a ele que a empresa tem dificuldades em tomar decisões, o que nunca é uma boa aparência.

Em segundo lugar, leve as verificações de referência a sério e faça-as pessoalmente — *não delegue isso a ninguém*. Certifique-se de perguntar se a pessoa contrataria o candidato novamente.

Um dos objetivos mais importantes de uma verificação de referência é tentar identificar candidatos que se revelarão tóxicos devido à sua personalidade. A maioria dessas pessoas pode esconder as partes problemáticas de sua personalidade durante uma entrevista, mas seus empregadores anteriores as conhecem.

158

Durante uma verificação de referência, as pessoas geralmente ficam reticentes em compartilhar informações negativas, portanto, certifique-se de dar a elas todas as oportunidades de compartilhar o que estão dispostas. Observe que uma verificação de referência via e-mail raramente é útil por esse motivo. É muito mais provável que uma ligação ou um encontro para um café produza um feedback útil.

Mas vá além de uma verificação de referência. Uma das maneiras mais seguras hoje de identificar personalidades tóxicas é explorar o comportamento do candidato nas redes sociais. Encontre seus perfis e veja como ele interage com outras pessoas. Ele tem interações atenciosas e respeitosas ou presume o pior e responde antes de pensar?

Se o candidato for consistentemente rude em público nas redes sociais, é muito provável que acabe agindo da mesma forma no trabalho.

A oferta oficial pode vir do RH ou do gerente de contratação, mas, em ambos os casos, o mais importante é que o gerente de contratação ligue para o candidato e diga explicitamente que, se ele se juntar e se comprometer a fazer o esforço, então *você promete investir pessoalmente em coaching e desenvolvimento para que ele alcance seu potencial.*

Se o candidato for especialmente bom, é muito possível que ele receba várias ofertas, e é aí que eu normalmente solicitaria para que o CEO ou outro líder importante se aproximasse e se oferecesse para falar. Isso envia uma mensagem muito valiosa ao candidato, e também pode ajudar a iniciar o relacionamento da melhor maneira possível.

Perceba que, embora uma oferta de emprego seja feita em nome da empresa, a contratação de talentos é pessoal — um compromisso pessoal de um gerente com o crescimento pessoal e profissional de um indivíduo e o compromisso pessoal do novo contratado em contribuir para a visão e o sucesso da empresa.

Para a maioria dos candidatos, ter alguém comprometido em estar ao seu lado e em trabalhar ativamente em prol de ajudá-lo a crescer profissionalmente é mais importante do que qualquer outro fator. E, claro, o gerente de contratação precisará cumprir essa promessa.

Amplitude de Controle

A amplitude de controle se refere a quantos subordinados diretos um gerente tem.

Muitas empresas têm valores-padrão, mas, se uma empresa pretende fazer um investimento sério em coaching e estratégia de produto, isso afetará o número de pessoas pelas quais um determinado gerente é responsável.

A primeira responsabilidade de cada gerente de pessoal é fazer o coaching e o desenvolvimento de seu pessoal; entretanto, dependendo do tipo de pessoa que está sendo gerenciada, a quantidade de tempo necessária para esse coaching pode variar substancialmente.

Aqui estão os principais fatores a serem considerados.

Nível de Responsabilidade Operacional

Se a sua função carrega responsabilidades operacionais significativas, como estratégia de produto, de design e de dívida de arquitetura/tecnologia, isso consumirá tempo real.

Nível de Experiência dos Funcionários

Muitas empresas têm pouca escolha a não ser contratar pessoas inexperientes em suas novas funções e orientá-las em direção ao sucesso. Frequentemente, há uma competição tão feroz por talentos que as empresas precisam pagar salários extraordinários ou contratar mais a partir do potencial do que do desempenho comprovado.

Isso pode funcionar muito bem, mas com duas advertências muito importantes. Primeiro, o gerente de contratação deve ser hábil em coaching, além de estar disposto e ser capaz de fornecer o tempo e o esforço necessários. Em segundo lugar, requer uma amplitude de controle menor — por exemplo, o gerente pode ter de quatro a cinco subordinados diretos, em vez de seis a oito.

Nível de Experiência do Gerente

Da mesma forma, a experiência do gerente desempenha um papel significativo na amplitude de controle apropriada. Assim como com qualquer habilidade, as habilidades de coaching podem ser desenvolvidas, e um gerente experiente que se orgulha de seu coaching torna-se substancialmente mais eficiente e eficaz no desenvolvimento de sua equipe.

Complexidade Organizacional

Finalmente — e isso costuma ser contraintuitivo —, em organizações maiores a quantidade de "apenas conectar os pontos" e "gerenciar a organização de cima a baixo" aumenta consideravelmente.

Parte disso é simplesmente em função do número de dependências, interações e comunicações resultante, mas parte é em função da dinâmica interpessoal (também conhecida como política) das grandes organizações.

Proporção

Então, quantas pessoas devem se reportar a você como gerente?

A menor amplitude de controle (dentro da organização mais ampla de produtos de tecnologia) é normalmente um gerente de produto de grupo, que é uma função de treinador-jogador em que o gerente é responsável por no máximo duas ou três outras pessoas.

A maior amplitude de controle ocorre normalmente com um gerente de engenharia, para o qual não é incomum ter de 10 a 15 engenheiros contribuintes de níveis variados.

A maioria fica no meio disso, algo em torno de cinco a sete subordinados diretos.

Algumas empresas se orgulham de ter estruturas organizacionais muito planas, com uma amplitude de controle grande, mas, na minha experiência, elas estão pagando um prêmio substancial por talentos experientes — mesmo no nível do contribuidor individual. Isso, ou elas não se importam nem um pouco com o coaching e com o desenvolvimento do seu pessoal.

CAPÍTULO

30

Funcionários Remotos

Normalmente, a questão que foco no meu trabalho e na minha escrita é: "Como podemos alavancar as melhores práticas das melhores empresas para nos dar as melhores chances de uma inovação contínua?"

Embora existam muitas práticas que são importantes e que contribuem para isso, há muito tempo sou um defensor do poder da equipe de produtos colocalizada.

Esta citação de Jeff Bezos resume muito bem as minhas experiências:

Na Amazon, uma equipe de produto tem uma missão clara, objetivos específicos e precisa ser multifuncional, dedicada e localizada. Por quê? A criatividade vem das interações das pessoas; a inspiração vem da concentração intensiva. Assim como uma startup, a equipe se amontoa em uma garagem, experimentando, iterando, discutindo, debatendo, tentando e tentando novamente, de novo e de novo.

Não acho que seja por acaso que a Amazon é a empresa mais inovadora em nosso setor.

Dito isso, para muitas empresas, hoje, a questão mudou.

Agora me perguntam: "Como podemos alavancar as melhores práticas para nos dar as melhores chances de inovação, em um cenário no qual a equipe de produto está distribuída e parte dela, ou todo mundo nela, está trabalhando remotamente?"

Abordar essa questão importante é o assunto deste capítulo. Não há necessidade de discutir as ferramentas e os métodos bem conhecidos que as equipes distribuídas adotaram para se comunicar e gerenciar seu trabalho. Presumo que você já esteja familiarizado com a variedade de ferramentas de colaboração baseadas em nuvem e serviços de comunicação baseados em vídeo.

Em vez disso, vamos mergulhar mais fundo na natureza das equipes de produtos multifuncionais e discutir onde você deve concentrar sua atenção para continuar a progredir como uma equipe.

Primeiro, existem dois principais tipos de atividades em cada equipe de produto empoderada: a descoberta e a entrega.

Quando as pessoas falam sobre a magia da colocalização, elas estão falando principalmente sobre descoberta, tal como na citação de Bezos.

Na entrega, o que ocorre é mais como uma troca. A comunicação, obviamente, é mais fácil quando estamos sentados juntos, assim como as interrupções indesejadas. No geral, acho que as equipes com funcionários remotos se saem muito bem na entrega, às vezes até melhor do que quando a equipe está localizada no mesmo espaço.

O verdadeiro desafio dos funcionários remotos é quando consideramos o trabalho de descoberta.

Os métodos e os mecanismos gerais não são realmente muito diferentes quando se trabalha tanto remotamente quanto colocalizado em relação à descoberta.

Ainda temos muitas ideias de produtos e ainda as testamos com rapidez — em geral criando um protótipo e testando em usuários reais, qualitativa ou quantitativamente.

Obviamente, é provável que nosso teste qualitativo não seja literalmente face a face, mas podemos compensar isso com mais testes baseados em vídeo.

As diferenças importantes afetam a dinâmica de como o gerente de produto, o designer de produto e o líder de tecnologia colaboram para descobrir uma solução que valha a pena construir.

Existem três problemas sérios que eu percebo consistentemente, e qualquer um deles pode prejudicar de maneira significativa a sua capacidade de inovar.

Artefatos

Assim que você separa o gerente de produto do designer e do líder de tecnologia, surge um antipadrão muito comum.

Em vez de os três se sentarem juntos para discutir a questão de "Como resolvemos este problema?", há uma atração quase semelhante à da gravidade para que comecem a produzir artefatos um para o outro.

O designer de produto pede ao gerente de produto para escrever algum tipo de "briefing", requisito ou restrição.

O líder de tecnologia pergunta ao projetista quando pode fornecer alguns wireframes para que os engenheiros possam começar o planejamento.

O gerente de produto solicita estimativas aos engenheiros.

Muito em breve, o novo processo de trabalho remoto foi revertido para a transmissão de artefatos em cascata. E não apenas a inovação será prejudicada, como toda a discussão se voltará rapidamente para a *produção*, e não para o *resultado*.

Essa é uma tendência contra a qual você deve lutar continuamente. Pode parecer menos eficiente discutir esses tópicos em uma videochamada entre vocês três, mas é essencial que você retome o tópico "Como resolvemos este problema?" na discussão.

Durante a descoberta, os principais artefatos devem ser protótipos.

É verdade que, uma vez que você decida construir algo para entrega, os engenheiros que agora estão remotos provavelmente não estarão tão atualizados sobre o protótipo mais recente. Portanto, você precisará passar algum tempo descrevendo com detalhes suficientes o que os engenheiros precisam para construir e testar o controle de qualidade, mas isso só depois de você acreditar que tem uma solução valiosa, utilizável, aplicável e viável.

Confiança

A descoberta em geral, e a inovação em particular, dependem do conceito de *segurança psicológica*.[1] Basicamente, isso significa que os membros de sua equipe de produto se sentem respeitados e suas contribuições são bem-vindas e valorizadas.

Eu escrevi anteriormente sobre como até mesmo um único babaca na equipe de produto pode destruir essa dinâmica. Felizmente, a maioria das pessoas não são babacas — pelo menos não pessoalmente. Infelizmente, não é segredo que, quando as pessoas estão separadas umas das outras e você não está falando diretamente, face a face, com alguém, os filtros e as sensibilidades normais podem desaparecer.

Um número considerável de pessoas compartilharam comigo que estão vendo um lado diferente de seus colegas, e nem sempre é um lado bom.

É aqui que o coaching é tão essencial. Na minha experiência, a maioria das pessoas não pretende ser cruel ou insensível, elas simplesmente não têm tantas pistas sociais para perceber isso. Um bom gerente pode orientar o funcionário em suas interações online com o restante da equipe e ajudá-lo a perceber onde pode melhorar.

Além disso, pode parecer mais eficiente enviar um e-mail ou mensagem do Slack, mas, se uma mensagem mal formulada quebra a confiança e requer horas de controle de danos, talvez não seja tão eficiente, afinal.

Ao trabalhar remotamente, é sempre melhor lidar via vídeo com qualquer coisa que possa ser interpretada como sensível. Não é tão bom quanto pessoalmente, mas ainda é muito melhor para incluir as expressões faciais, o tom de voz e a linguagem corporal que são partes integrantes da comunicação e são importantes para desenvolver e manter a confiança.

Tempo

Algumas pessoas têm um ambiente de trabalho em casa que é amplamente isolado de interrupções e se sentem mais produtivas do que nunca, em especial quando se trata de tempo de qualidade para pensar em problemas difíceis.

---

1 https://rework.withgoogle.com/blog/five-keys-to-a-successful-google-team/ [conteúdo em inglês].

No entanto, muitas outras — especialmente aquelas com obrigações familiares que podem incluir cuidar dos filhos — anseiam pela facilidade de ir para o escritório, onde podem escapar dos fardos da vida doméstica e se dedicar ao trabalho novamente.

A realidade é que provavelmente nem todos os membros de sua equipe de produto terão o mesmo tempo de qualidade contínuo para contribuir de forma significativa. Conseguir até mesmo uma hora ininterrupta por dia, em que se esteja totalmente disponível, pode ser muito difícil.

Minha principal sugestão aqui é tentar ser flexível. Suponhamos que seu designer de produto tenha filhos pequenos e só consiga administrar ininterruptamente por uma hora, bem cedo ou bem tarde. Se o gerente de produto e o líder de tecnologia encontrarem uma maneira de acomodar isso, vale a pena fazê-lo.

Entendo que nenhum desses três itens — artefatos, confiança ou tempo — constituem desafios fáceis de lidar. Não são mesmo, mas, se você descobrir que sua equipe distribuída não está entregando os resultados aos quais está acostumado, é aqui que você deverá concentrar seu coaching.

Com os membros da equipe de produto cientes do potencial para esses problemas e com os gerentes fornecendo coaching sobre como evitar ou lidar com eles, você pode conseguir fazer um bom trabalho de descoberta de produtos em um contexto de funcionários remotos.

CAPÍTULO

31

Integração

Parabéns, agora você conseguiu uma pessoa competente e com caráter, e que está pronta para começar a contribuir como membro de uma de suas equipes de produto.

Infelizmente, para você, seu trabalho como gerente de contratação está apenas começando.

Os primeiros três meses para um novo membro da equipe são absolutamente críticos e muito provavelmente definirão o tom para a permanência do novo funcionário em sua empresa.

Alguns pontos de verificação úteis ao longo do caminho:

- *No fim do primeiro dia*. Ele fez pelo menos um futuro amigo na equipe? Ele sabe o que é esperado dele?
- *No fim da primeira semana*. Como foi sua primeira semana? Ele teve a chance de conhecer pessoalmente cada membro de sua equipe de produto?
- *Depois que receber seu primeiro pagamento*. É normal que o novo funcionário faça uma avaliação subconsciente da escolha que fez ao ingressar na sua empresa.

- *Depois do primeiro mês.* Nesse ponto, o novo funcionário tem uma ideia bastante boa da empresa e do seu potencial dentro dela.
- *Depois de seus primeiros 60 dias.* Ele obteve uma "vitória" pública que o ajudou a estabelecer seu valor para a empresa?

Perceba que muitas primeiras impressões serão formuladas — especialmente por líderes seniores de toda a empresa — e, para muitos executivos, pode haver poucas oportunidades de corrigir essas primeiras impressões se elas não forem positivas.

Por mais competente que seja o novo funcionário, sempre haverá um ramp-up. Aprender sobre os clientes, as pessoas e o funcionamento da empresa, a cultura, a tecnologia e o setor é essencial para se atualizar.

Uma das primeiras coisas que você vai querer estabelecer como gerente de contratação é o quão aberto o novo contratado está para ser orientado. A maioria das pessoas é realmente grata por ter um gerente comprometido em ajudá-las a ser bem-sucedidas, mas há algumas que podem se sentir ameaçadas ou confusas com isso.

Algumas pessoas têm na cabeça que, se precisam de coaching, deve haver algo de errado com elas e talvez já estejam em risco em seu novo emprego. Não sou psicólogo, mas não é difícil reconhecer quando o novo funcionário está se comportando de forma defensiva ou mostrando sinais de insegurança, e é bom lidar com isso logo de cara. Eu mesmo faço isso compartilhando sobre a minha jornada e como as pessoas me ajudaram ao longo do caminho.

De uma forma ou de outra, você precisa estabelecer um relacionamento baseado na confiança. Você está confiando que o novo contratado se esforçará ao máximo, e ele confia que você fará tudo o que puder para ajudá-lo a ser bem-sucedido.

Como gerente de contratação, aprendi desde o início que, ao investir na integração de minhas novas contratações, isso me economizou inúmeras horas de sofrimento e controle de danos. Na verdade, um dos meus maiores arrependimentos como gerente são os momentos em que não dediquei o tempo e o esforço necessários.

Primeiramente, avalie o novo funcionário e use essa avaliação para criar um plano de coaching. Certifique-se de fornecer tempo e oportunidades para ele desenvolver o conhecimento e as habilidades necessárias e, em seguida, certifique-se de que ele é competente.

Além de estabelecer a competência, seu foco durante essa integração deve ser o estabelecimento de relacionamentos sólidos. Primeiramente com você e com a sua equipe de produto e, muito em breve, com os executivos e os stakeholders da empresa. Para gerentes de produto, trata-se principalmente de obter um conhecimento profundo dos clientes e de seu negócio. Tudo é construído com base nisso.

Para gerentes de produto, isso normalmente inclui uma série de visitas ao cliente e, depois, um extenso relatório sobre o que foi aprendido. Esse relatório cobre não apenas os clientes, mas os mecanismos de entrada no mercado — especialmente vendas e marketing — e como o atendimento ao cliente é tratado. A integração também inclui tempo com a organização de finanças, para que o novo contratado aprenda os KPIs críticos — o que eles significam para o negócio, e como são calculados.

Qualquer que seja a integração que você decidir fazer, eu o encorajo fortemente a fazer uma exposição profunda dos verdadeiros usuários e clientes logo no início. Isso se aplica a todos os membros da equipe de produto — incluindo seus engenheiros. Depois de acreditar que o novo funcionário aprendeu o que é necessário, apresente-o pessoalmente aos principais líderes e stakeholders — um de cada vez. Certifique-se de destacar a preparação que a nova pessoa fez e o seu desejo de servir como um verdadeiro parceiro de colaboração.

Pelo menos nos próximos meses, certifique-se de verificar com esses líderes e stakeholders como estão suas experiências com o novo funcionário e que áreas eles gostariam de ver mais desenvolvidas.

Lembre-se de que, como líder, você é tão bom quanto seu funcionário mais fraco. Essas pessoas *são* o seu produto.

Programas APM

Acho que a maioria das empresas fortes de produtos de tecnologia estão sempre trabalhando para encontrar gerentes de produto mais fortes.

Já escrevi muitas vezes, e de várias maneiras, sobre como é importante colocar pessoas muito fortes nessas funções, e encontro executivos todas as semanas que me dizem que precisam de mais.

Uma empresa que percebeu isso há muito tempo foi o Google. Sua primeira gerente de produto, Marissa Mayer, estabeleceu um padrão muito alto, e eles trabalharam muito ao longo dos anos para recrutar e desenvolver uma competência bem forte de gerentes de produto. A maioria das pessoas sabe que o Google tem muitos engenheiros excepcionalmente fortes, mas um fato menos conhecido é o quão duro eles trabalharam para desenvolver um conjunto de gerentes de produto e designers que fossem dignos desses engenheiros.

Eles perceberam muito cedo que havia falta de gerentes de produto fortes, e uma coisa que fizeram em resposta foi estabelecer o programa APM (associate product manager, ou gerente de produto associado, em tradução livre).

Às vezes, esse nome causa confusão porque, em muitas empresas fora do Vale do Silício — especialmente naquelas que usam equipes de recursos —, o termo "gerente de produto associado" não se refere a esse programa, mas, sim, a um gerente de produto *júnior*. Como você verá, esse programa é quase o oposto disso, então não deixe que o nome o confunda.

O Google trabalhou muito para encontrar os melhores e mais brilhantes profissionais, tanto de dentro quanto de fora da empresa. A entrada no programa APM dá ao sortudo aspirante a gerente de produto um programa de coaching de dois anos para aprender como se tornar um gerente de produto excepcional e um eventual líder de produto.

O objetivo do programa é pegar indivíduos de alto desempenho e/ou alto potencial com um histórico comprovado ou crescente em outras áreas (sejam elas negócios, educação etc.) e orientá-los para que se tornem gerentes de produto muito fortes.

Marissa recebe a maior parte do crédito por esse programa, e dedicou inúmeras horas ao coaching de líderes de produto promissores. O programa de fato produziu alguns talentos excepcionais. Muitas dessas pessoas estão por trás dos melhores produtos e serviços do Google, e muitas outras seguiram adiante para liderar as próprias empresas.

No mesmo espírito, tenho muito orgulho dos profissionais de produto que recrutei e orientei ao longo dos anos, e adoro o fato de que agora eles estejam em todo o nosso setor e liderando muitas das melhores organizações de produtos do mundo.

Aprendi que, como gerentes e líderes de pessoal, nosso trabalho mais importante é desenvolvê-los.

Portanto, no caso das empresas de médio e de grande portes, eu geralmente as incentivo a criar um programa APM para seus gerentes de produto de alto potencial.

Hoje, muitas das principais empresas de tecnologia têm programas APM, já que o conceito se espalhou do Google para o Facebook, Twitter, LinkedIn, Uber, Salesforce.com, Atlassian e muitas outras. Algumas iniciam o programa a cada ano com um novo grupo de APMs. Outras estruturam o programa em torno de uma rotação, para que o APM possa ser exposto a vários tipos de produtos. Não existe uma maneira única e certa de configurar esses programas, mas existem alguns princípios que eu gostaria de compartilhar aqui:

Primeiro, você só pode fazer esse programa se tiver líderes de produto comprovadamente fortes, que estejam dispostos e sejam capazes de passar por um período intenso de coaching. Mesmo que os líderes estejam no nível de vice-presidente e normalmente administrem outros gerentes, se eles forem excepcionais e acreditarem no desenvolvimento de talentos, convide-os para participar diretamente do coaching.

Se você não tem esses líderes, ou eles simplesmente não têm a largura de banda necessária para fornecer a intensidade exigida pelo coaching, então você pode considerar se envolver com um líder de produto externo reconhecido e que esteja disposto a fornecer esse coaching para você. Dê à pessoa pelo menos um ano para demonstrar os resultados.

(continua)

(continuação)

Em segundo lugar, estabeleça um padrão muito alto para a aceitação nesse programa. Aceite apenas quem for reconhecido como uma das suas melhores mentes com grande potencial. Alguém que valorize cada conversa, e que tenha como objetivo fazer as coisas acontecerem e obter resultados.

Terceiro, para todos nesse programa, faça uma avaliação completa a fim de identificar as áreas necessárias de desenvolvimento de habilidades. Atualize essa avaliação ao longo do ano.

Quarto, coloque em prática um plano de coaching individualizado de um a dois anos para ajudar essas pessoas a atingir seu potencial. Elas devem se reunir 1:1 com um líder comprovado pelo menos uma vez por semana.

Obviamente, a principal maneira pela qual aprendemos a criar produtos de excelência é mergulhando, descobrindo e entregando esses produtos; portanto, certifique-se de colocar essas pessoas bem no meio de uma equipe de produtos-chave. Mas, novamente, você só deseja fazer isso se estiver fornecendo um coaching intenso e contínuo a essa pessoa.

Existem dimensões nesse programa que você deseja estabelecer de uma forma que seja consistente com a cultura da sua empresa, como a visibilidade e a divulgação ampla do programa e as expectativas que você estabeleceu com os membros. Geralmente, prefiro manter as coisas em segredo. Deixe as pessoas ganharem o respeito de seus parceiros. Considere que isso se refere ao mérito.

Acho que vale a pena mencionar que descobri que esse programa é uma forma muito eficaz de melhorar a diversidade na organização do produto. Isso ocorre porque, ao contrário da maioria das contratações, você não está selecionando pessoas para esse programa com base em sua experiência. Você as está selecionando com base em seu *potencial*.

A chave é perceber que toda empresa de produto de tecnologia precisa de gerentes de produto fortes, e os líderes da empresa devem procurá-los constantemente, além de trabalhar duro para desenvolver seu pessoal mais promissor em direção ao seu potencial máximo.

CAPÍTULO

32

Bootcamp do Novo Funcionário

O parceiro do SVPG, Christian Idiodi, construiu uma reputação poderosa ao longo dos anos por desenvolver equipes de produto muito fortes. Em suas empresas anteriores, ele criou o próprio bootcamp para novos funcionários, um excelente exemplo de coaching para pessoas comuns se tornarem equipes extraordinárias. Pedi a Christian para que descrevesse seu programa aqui.

Contratar profissionais produto é difícil — especialmente gerentes de produto, designers de produto e líderes de tecnologia.

Os melhores profissionais de produto do mundo estão trabalhando para empresas que desejam mantê-los. Eles estão trabalhando em problemas significativos e criando soluções inovadoras.

Em geral, as empresas preferem contratar pessoas que tiveram sucesso em empresas de produto anteriores. O pensamento por trás disso é algo como: "Bem, se eles se deram bem naquela empresa, se sairão muito bem aqui. Eles lançaram este ótimo produto na (preencha o espaço em branco com qualquer empresa grande e respeitável), então com certeza nos darão os mesmos resultados."

O problema é o seguinte: os profissionais de produto não começam em uma nova empresa com tudo o que precisam para ter sucesso, não importa o quanto tenham sido bem-sucedidos no passado.

As orientações para novas contratações, embora sejam ótimas para ajudar um novo funcionário a se sentir bem-vindo e integrado na organização, são insuficientes para prepará-lo em alguns dos aspectos mais importantes de sua função, coisas como tomar decisões difíceis e ganhar um alto nível de confiança entre os colegas.

Por exemplo, os gerentes de produto precisam ser capazes de contribuir com um conhecimento profundo do cliente, do negócio, da indústria e de seu produto. O primeiro dia de trabalho, ou mesmo o primeiro mês, não lhe dará esse tipo de conhecimento, a menos que ele tenha sido trazido de forma muito intencional para a organização.

A integração de um profissional de produto definirá, portanto, os parâmetros para seu nível de contribuição e sucesso em sua função.

Criei um Bootcamp do Novo Funcionário para preencher essa lacuna e preparar os profissionais de produto para o sucesso.

Comecei o programa há dez anos, quando era chefe de produto e responsável por contratar e equipar as contratações de produtos-chave. Eu tinha visto uma série de profissionais de produto fracassados dentro da organização e percebi que essas contratações eram totalmente capacitadas para o trabalho, mas faltava algo entre a sua capacidade e o seu sucesso na organização.

Levando em conta essa questão, considerei os maiores problemas que os profissionais de produto estavam enfrentando, junto com aquilo que precisavam para obter sucesso:

- Como as decisões são tomadas? Como foram tomadas no passado?
- O que é importante para a empresa agora? Para que estamos trabalhando?
- Como posso fazer com que as pessoas confiem em mim?
- Qual é a coisa mais importante a se fazer agora?

Com essas perguntas em mente, criei um programa de bootcamp intensivo de cinco dias para que o profissional de produto pudesse participar durante a primeira semana de trabalho.

Cada dia começa com um componente de crescimento pessoal, em que o profissional de produto olha para dentro e se prepara para o trabalho que está por vir.

Eles participam de exercícios de comunicação, testes de personalidade, habilidades pessoais e constroem um plano de crescimento profissional para si próprios. Este foco no próprio crescimento pessoal mostra a esses novos funcionários que nós — a empresa — nos preocupamos com quem eles são e com seu crescimento. Também segue o princípio de "colocar a própria máscara de oxigênio antes de ajudar outros passageiros". Se treinarmos nossos líderes para serem saudáveis, as pessoas que se reportam a eles também terão uma chance melhor.

Após o crescimento pessoal, cada dia cobre um tópico diferente de treinamento. Chamamos isso de *Contexto Estratégico*.

Esses são alguns dos tópicos mais importantes que o profissional de produto precisa entender dentro da empresa.

No primeiro dia, falamos sobre como entender o cliente e, enquanto a maioria dos profissionais de produto sabem como "entender o cliente", nós fazemos isso por meio da história da própria empresa e contextualizamos tudo.

Compartilhamos nossa visão e nossos modelos financeiros, e conversamos sobre a descoberta de nossos clientes e quem nossos clientes foram no passado — e quem queremos que eles sejam no futuro. No resto da semana, conversamos sobre validação, construção, priorização, aprendizado, medição e lançamento no mercado.

Todos esses tópicos são específicos para os objetivos da organização e para como ela "faz as coisas", com o contexto que dá ao profissional de produto a base para realmente entender onde ele está entrando na história. Esses tópicos podem mudar com base no que é importante para sua empresa e os valores que ela possui, mas o processo de dividi-los — e dar ao profissional o espaço para explorá-lo — é importante e pode mudar a trajetória do seu sucesso.

Logo após o Contexto Estratégico, trazemos um profissional da empresa que possa falar sobre cada assunto e contar histórias de sua experiência pessoal. Essa etapa pode parecer pequena, mas é a chave para começar a estabelecer relacionamentos e confiança com os outros profissionais. Esse profissional pode falar diretamente sobre como é trabalhar em equipe, ser responsável pelos clientes, colaborar com stakeholders e navegar em um ambiente empresarial frequentemente complexo.

Após o almoço, entramos no Workshop de Produto, no qual os participantes partem do que aprenderam pela manhã e colocam isso em prática, como se estivessem no trabalho.

Trazemos os membros da equipe com quem eles trabalharão e eles têm, então, um espaço seguro para praticar com as orientações da liderança. A curva de aprendizado para descobrir como os outros trabalham é abreviada e resolvida desde o início, economizando tempo e confusão para todos.

O bootcamp reforça uma cultura de aprendizagem e crescimento. Quando o profissional sai dele, ele não pergunta: "O que eu faço hoje?" Ele já sabe qual é a próxima coisa certa a se fazer. Ele está equipado para tomar decisões com rapidez, e os relacionamentos que já construiu o ajudam a obter resultados mais rapidamente.

É assim que empoderamos os profissionais de produto — fornecendo-lhes as informações de que precisam para ter sucesso e, em seguida, confiando que farão a coisa certa.

Lembre-se: não estamos contratando profissionais de produto inteligentes para dizer a eles o que fazer — estamos contratando-os para resolver problemas difíceis da maneira que nossos clientes adoram, mas que funcione para nossos negócios.

Você precisa investir nos profissionais de produto, mais do que apenas em um pacote de orientação para recém-contratados.

Considere a implementação de um bootcamp a fim de prepará-los para o sucesso e dar sentido ao trabalho que realizarão.

33

Revisões de Desempenho

Se dependesse de mim, o ritual das avaliações anuais de desempenho seria totalmente dispensado.

No entanto, todos nós temos que escolher nossas batalhas e, na maioria das empresas ao redor do mundo, o exercício envolve conformidade legal e administração de compensação. Assim, eu sempre coloquei meu rabo entre as pernas e fiz o que era necessário.

Dito isso, é absolutamente crítico que o gerente de contratação entenda que a avaliação anual de desempenho *nunca deve ser a principal ferramenta de feedback*. Se esse for o caso, então, na minha opinião, você falhou completamente como gerente.

A revisão anual é muito pequena e ocorre muito tarde. Nossa principal ferramenta de feedback é o 1:1 semanal, quando não as interações diárias. E, por favor, lembre-se de que o propósito principal do 1:1 não é direcionado ao gerente e sim ao funcionário.

Desse modo, *nunca* deve haver nenhuma surpresa relacionada ao desempenho na revisão anual. Se houver, você falhou.

O caso comum é um gerente avesso a conflitos e que evita fazer críticas construtivas necessárias. Ele acaba decidindo que a pessoa não é forte o suficiente, discute isso com o RH e, em seguida, o RH força-o a documentar os problemas em uma avaliação de desempenho. O funcionário fica, então, surpreso e confuso ao saber que não está realmente atendendo às expectativas.

Isso é injusto com o funcionário e, em muitos casos, totalmente evitável.

Sempre que eu soube que isso estava acontecendo com um dos gerentes que trabalharam para mim, considerei como um sério problema de desempenho do *gerente* e o tratei como tal. Normalmente, isso significava que eu queria ver as notas de preparação para o 1:1 semanal dali em diante, e que também estaria discutindo as questões de desempenho diretamente com o funcionário (para garantir que o feedback chegaria até ele).

Essa situação também deixa claro que nem todo mundo está pronto para ser um gerente. A habilidade mais básica exigida para um gerente competente é a disposição e a capacidade de fornecer um feedback honesto, oportuno e construtivo aos funcionários.

Também é importante lembrar que algumas pessoas não entendem os sinais muito bem, e a maioria de nós já viu casos em que o gerente acredita ter dado um feedback negativo, mas o funcionário afirma não ter entendido a sua gravidade ou significado. Para ser claro, nesse caso, o gerente deveria ter deixado as questões *inequivocamente* claras. Se as questões estão sendo discutidas semanalmente, mesmo que o feedback negativo não tenha sido percebido na primeira vez, ele não deve ser esquecido na próxima.

A conclusão, quando se trata de avaliações de desempenho, é fazer o que é necessário para a conformidade, mas também certificar-se de que seu mecanismo de feedback principal seja o 1:1 semanal.

CAPÍTULO

34

Demissões

Há poucas dúvidas de que a parte menos divertida de ser um gerente de pessoas é lidar com demissões.

Obviamente, a melhor maneira de evitar demissões é desenvolver suas habilidades de recrutamento, entrevista, contratação, integração e, especialmente, de coaching contínuo, de uma maneira eficaz. E você absolutamente deve fazer isso.

No entanto, sempre há situações ocasionais em que as coisas simplesmente não estão dando certo.

A primeira coisa a perceber é que você não deve considerar apenas o funcionário problemático. É preciso também levar em consideração o resto da equipe de produto que está tendo que lidar com os problemas ou carregar o fardo, bem como a mensagem que isso envia para a equipe, para a organização de produto mais ampla e, em especial, para os líderes e stakeholders por não corrigir esse problema.

Existe um equilíbrio entre ser um empregador compassivo e agir com responsabilidade e prontidão. Isso será em parte uma função da cultura da sua empresa, e em parte uma função das leis trabalhistas em seu país.

Seus parceiros de RH o ajudarão a compreender e a cumprir as responsabilidades relacionadas à conformidade.

Sempre fiz uma distinção mental sobre como lidar com as duas situações principais quando se trata de corrigir erros de contratação.

A primeira situação, e também a mais comum, é que o funcionário simplesmente não é capaz de realizar o trabalho no nível de competência necessário, apesar do coaching contínuo e sério. Normalmente, eu faço o maior esforço sincero por três a seis meses; no entanto, se eu não puder orientar a pessoa para competir nesse tempo, vou admitir para mim mesmo que não está funcionando. E, para ser claro, compartilho a falta de progresso com crescente urgência e clareza durante o nosso 1:1 semanal.

Porém, às vezes, isso simplesmente não funciona. Sempre achei que era em parte minha culpa, porque contratei essa pessoa e deveria ter sido capaz de julgar com mais precisão a sua capacidade de realizar o trabalho (ou culpa de nossa empresa, se outra pessoa fosse o gerente de contratação). Nesse caso, sempre senti a responsabilidade de ajudar a pessoa a encontrar uma posição mais adequada, seja em nossa empresa ou em outra.

A segunda situação, felizmente menos comum, é remover um funcionário tóxico. Por "tóxico" quero dizer que existem alguns problemas comportamentais sérios que prejudicam a confiança na organização e deixam as pessoas se sentindo desrespeitadas, ou pior.

O difícil nessas situações é que todo mundo ocasionalmente tem um dia ruim, ou pode estar lidando com problemas sérios em sua vida pessoal. Portanto, você precisa determinar se essa é uma situação temporária ou um problema crônico, e se a pessoa tem a vontade e a capacidade de controlar seu comportamento.

Mas, novamente, três a seis meses tentando corrigir o problema é o padrão. Se o problema persistir, é hora de mudar o foco para proteger a segurança psicológica do resto da equipe e da organização.

Nesse caso, não estou disposto a procurar outro emprego para a pessoa, seja em nossa empresa ou em outra, mas sou honesto com ela sobre seu comportamento e o impacto que isso tem na confiança e na cultura da equipe.

O que torna essa segunda situação especialmente difícil é que, muitas vezes, o comportamento tóxico vem junto com algumas habilidades excepcionalmente fortes, e a organização pode ficar apreensiva em perder essas habilidades. Na verdade, pode haver um período de dificuldade enquanto outros se atualizam.

Contudo, em todos os casos, descobri que remover a pessoa tóxica era a coisa certa a se fazer, e que outras pessoas na organização estavam à altura da ocasião e a organização como um todo era grata pela melhoria no ambiente de trabalho.

Não vou fingir que lidar com erros de contratação é algo divertido — ainda me lembro da péssima sensação quando penso nos momentos em que tive que demitir alguém —, mas é algo essencial se você de fato deseja criar uma organização de produto forte.

CAPÍTULO

35

Promoções

Embora as rescisões possam ser o pior aspecto da alocação de pessoal, não há dúvida de que as promoções são o meu aspecto favorito.

Quando me tornei um gerente de pessoas, aprendi que o sinal mais visível e tangível do sucesso como gerente era seu pessoal ser promovido.

Quase todas as empresas têm planos de carreira, nos quais as pessoas podem progredir de cargos juniores aos mais altos. A maioria das promoções acontece dentro de uma área de trabalho (por exemplo, de engenheiro a engenheiro sênior, depois a líder de tecnologia e, por fim, a engenheiro principal).

Contudo, as promoções também podem cruzar as áreas de trabalho (por exemplo, de designer de produto sênior a gerente de design de produto).

Isso, é claro, começa com a compreensão das aspirações de carreira dos seus funcionários.

Algumas pessoas desejam continuar como contribuidores individuais, mas também ascender a níveis de capacidade e de responsabilidade importantes e respeitados. Outras aspiram a posições de liderança ou, em alguns casos, a um dia abrirem a própria empresa. Outras, ainda, não têm certeza e desejam ser expostas a opções diferentes.

Sempre gostei muito dessas discussões sobre carreira e, uma vez que conheço a pessoa — o que ela gosta de fazer e no que é boa —, não tenho vergonha de compartilhar minha opinião a respeito das diferentes oportunidades disponíveis para ela.

Entretanto, sejam quais forem seus objetivos de carreira, prometo a ela que, se estiver disposta a se esforçar, estou disposto a fazer o meu melhor para ajudá-la a alcançar esses objetivos. E, ademais, esse é o meu trabalho.

Gosto de oferecer a cada pessoa um caminho definido para a sua próxima meta de carreira, e faço isso realizando uma avaliação de seus conhecimentos e habilidades atuais em comparação com o que é necessário para a nova função.

Isso sempre gera uma lista de lacunas, de tal forma que discutimos como ela pode aprender e demonstrar as habilidades necessárias. Também pode ser útil fazer com que o funcionário faça uma autoavaliação, para que você possa compará-la com a sua própria avaliação.

Depois que ela demonstrar que está qualificada para a nova função, faço tudo o que posso para que ela consiga a promoção.

Sou sempre franco com a pessoa em relação a poder haver outros que tenham que aprovar uma promoção, e que pode não haver vagas imediatas para uma função específica, mas que podemos prepará-la para aproveitar a oportunidade quando ela vier.

Também explico que, quanto mais qualificada ela for, mais valiosa será para a empresa. Por isso, é certamente do nosso melhor interesse que ela seja promovida.

Vale a pena mencionar um caso especial aqui: ao promover um colaborador individual para um cargo de gerente de pessoas. É claro que esse não é apenas um cargo superior, mas um trabalho fundamentalmente diferente, em que são necessários talentos e habilidades muito diferentes. E é fundamental que a pessoa entenda o que é preciso e que ela queira o cargo pelos motivos certos.

O principal motivo pelo qual as empresas de produtos de tecnologia possuem planos de carreira duplos é porque o dinheiro não é um bom motivo para fazer essa mudança de carreira.

Como líder, não há nada que eu tenha mais orgulho do que ver pessoas que contratei anos atrás tornarem-se líderes excepcionais.

Como disse Tom Peters: "Líderes não criam seguidores, criam mais líderes."

Retenção

Vou repetir o velho ditado: "As pessoas entram em uma empresa, mas abandonam seu gerente."

Eu (Marty) realmente acredito que isso é verdade. Eu, inclusive, já fiz isso (saí por causa de um péssimo gerente) e vi o mesmo acontecer com outras pessoas inúmeras vezes.

Algum desgaste é normal e até saudável. O cônjuge de alguém consegue uma grande oportunidade de carreira em outro lugar ou, depois de vários anos em uma empresa, alguém sai para fundar a própria startup, ou decide se aposentar.

No entanto, se as pessoas que você realmente não quer perder estão saindo constantemente, esse é um sinal real de um problema de gestão em potencial.

Sempre fiz questão de realizar uma entrevista de saída com as pessoas que estão indo embora, mesmo quando elas estão a várias camadas hierárquicas abaixo de mim. Quero decidir por mim mesmo por que considero que elas estão saindo, e estou em busca de um feedback que eu possa dar ao gerente.

Todavia, em minha experiência, os gerentes que estão preocupados de modo genuíno com a carreira de seus funcionários, e que estão constantemente fazendo o coaching e trabalhando para obter as promoções que merecem, raramente têm problemas de retenção. Ao contrário, essas pessoas ganham uma reputação na empresa muito rapidamente, e o problema geralmente são as pessoas que querem se transferir para trabalhar para elas.

36

Perfil de Liderança:
April Underwood

O Caminho para a Liderança

April estudou Sistemas de Informação e Negócios, começando sua carreira como desenvolvedora. Depois de alguns anos escrevendo códigos, ela ingressou na Travelocity como engenheira de software, onde foi imediatamente colocada na linha de frente de suas parcerias com os pesos-pesados da internet da época: Yahoo! e AOL.

Por meio de seu trabalho como engenheira, April começou a fazer conexões entre as escolhas da tecnologia e a estratégia de negócios, e descobriu que o gerenciamento de produtos era uma função na qual poderia ajudar a alinhar as duas coisas.

Por meio da persistência em declarar seu desejo de se tornar uma gerente de produto e da sua proficiência como tradutora entre engenheiros e empresários — tanto dentro da Travelocity quanto com seus parceiros —, ela conseguiu seu primeiro cargo de gerente de produto em 2005.

Conheci April em 2007, depois que ela concluiu seu MBA, um estágio na Apple, e estava ampliando sua experiência de liderança no Google em uma organização técnica voltada para parceiros da empresa.

Depois do Google, ela se juntou ao Twitter como gerente de produto na plataforma e, ao longo de 5 anos, viu a empresa crescer de 150 para 4 mil funcionários. Durante esse tempo, sua amplitude funcional se expandiu, já que ela liderava não apenas equipes de gerentes de produto, mas também equipes de desenvolvimento de negócios e marketing de produto. Seu período no Twitter preparou-a para funções de liderança mais seniores, à medida que desenvolvia a capacidade de liderar equipes para além da sua área de especialização funcional em produtos.

Em 2015, April se juntou ao Slack como chefe de plataforma e rapidamente passou a executar a função VP de produto e, por fim, CPO, ao longo de quase quatro anos de hipercrescimento em receita e funcionários. Ela supervisionou a plataforma e todos os aspectos do produto Slack, bem como duas das funções críticas que fizeram o Slack se destacar entre seus concorrentes de software corporativo: design e pesquisa.

Agora, April investe e assessora startups com a #Angels — grupo que cofundou com ex-colegas do Twitter, em 2015.

Liderança em Ação

A carreira de April destaca o fato de que existem muitos caminhos para o gerenciamento de produtos e um número ilimitado de versões da própria função.

Em suas próprias palavras:

No início da minha carreira, logo após a bolha das PontoCom e geograficamente removida do Vale do Silício, eu tinha um arquétipo do gerente de produto impresso em mim: o MBA voltado para os negócios, que está bastante afastado das escolhas técnicas e da execução da engenharia.

Quando expressei interesse pela primeira vez em passar para o gerenciamento de produtos, disseram-me que eu precisava de um MBA. Assim que fui aceita na escola de negócios, também consegui o que queria no início — a oportunidade de passar para uma função de gerente de produto em meu então empregador, a Travelocity.

Aceitei o cargo de gerente de produto, mas também fiz o meu MBA. Quando me formei em 2007, o cenário já era muito diferente: o mercado havia mudado e havia uma ênfase cada vez maior nos gerentes de produto serem fortemente técnicos. Eu esperava estar bem preparada devido ao fato de ter sido engenheira, mas, quando entrei para o Google em 2007, descobri que não poderia me tornar uma gerente de produto porque não tinha um diploma em Ciência da Computação (uma política que evoluiu desde então). Os obstáculos continuaram aparecendo no meu caminho.

Em meus últimos 13 anos como líder de produto, alguns padrões tornaram-se claros para mim:

O arquétipo de um gerente de produto evolui com as necessidades do mercado.

Quando o principal motivador de inovação e oportunidade é técnico, os gerentes de produto mais técnicos são favorecidos. Quando o celular emergiu como a próxima fronteira, os gerentes de produto com sensibilidade para o design que pudessem construir aplicativos que superassem os baixos custos de troca de uma App Store passaram a ser valorizados. Quando a fronteira da inovação mudou para operações (pense em transporte, imóveis, hospitalidade, entrega de compras), fechamos o círculo para valorizar a orientação de negócios necessária para um gerente de produto que atuasse como gerente-geral.

Nenhum dos diferentes modelos de gerente de produto é categoricamente melhor, mas um ou outro pode ser provavelmente melhor para uma determinada função.

Em meu cargo na Slack, construindo uma organização de gerentes de produto que crescesse cinco vezes ao longo de cinco anos, eu era incisiva em relação ao que mais importava para cada contratação: o "sabor" da experiência funcional que eles tinham como gerentes de produto, a especialização do assunto que trouxeram de outros produtos que construíram, ou os estágios de crescimento da empresa em que trabalharam. Ao me forçar a decidir o que era mais importante a se acertar, consegui restringir o campo de candidatos e contratar o tipo certo de gerente de produto para cada função.

A amplitude funcional é um pré-requisito para ir além da liderança do produto e almejar a liderança da empresa.

Os melhores líderes de produto não são apenas ótimos em definir e construir produtos: eles entendem que um produto é tão bom quanto o entendimento do cliente-alvo de por que ele precisa desse produto, que uma plataforma só é útil se estiver sendo usada de maneiras que agreguem valor para os desenvolvedores que a utilizam, bem como para seus clientes. Esses produtos devem ser desenvolvidos dentro de um conjunto de restrições que preservem a saúde do negócio.

Essas percepções — as atribuições de marketing, parcerias, finanças e tantas outras funções — são insumos importantes para a construção de produtos.

Ao longo da minha carreira, atuei em diversas funções — às vezes por escolha, para aprender um novo conjunto de habilidades, e às vezes porque a função preferida de gerente de produto estava fora de alcance por motivos além do meu controle.

Agora, depois de adquirir experiência como executiva de produto, percebo que esses desvios são, na verdade, o meu ativo mais valioso. Eles me ajudaram a entender como contratar e desenvolver líderes para cumprir uma variedade de funções. Me ajudaram a construir pontes entre as linhas organizacionais e a ter em mente que o produto está sempre a serviço da missão mais ampla da empresa — e não o contrário.

PARTE

IV

Visão e Princípios do Produto

CONTEXTO ESTRATÉGICO

MISSÃO DA EMPRESA/OBJETIVOS/TABELA DE DESEMPENHO

VISÃO E PRINCÍPIOS DO PRODUTO

TOPOLOGIA DA EQUIPE

ESTRATÉGIA DO PRODUTO

EQUIPES DE PRODUTO

OBJETIVOS

DESCOBERTA
ENTREGA

OBJETIVOS

DESCOBERTA
ENTREGA

OBJETIVOS

DESCOBERTA
ENTREGA

Amaioria das empresas tem algum tipo de declaração de missão que resume o propósito do negócio (por exemplo, "organizar as informações do mundo"), mas uma declaração de missão normalmente não diz nada sobre como planejamos cumpri-la.

Esse é o papel crítico da visão do produto.[1]

Uma visão de produto inspiradora e atraente atende a tantos propósitos críticos que é difícil pensar em um artefato de produto mais importante ou de maior alavancagem:

- Uma boa visão do produto nos mantém *focados no cliente*.

- Uma boa visão de produto serve como *estrela-guia* para a organização do produto, a fim de que tenhamos um *entendimento comum* do que esperamos realizar juntos.

- Uma boa visão de produto inspira *pessoas comuns a criar produtos extraordinários*.

- Uma boa visão de produto nos fornece um trabalho *significativo*. Uma lista de recursos em um roadmap não é algo significativo, mas a maneira pela qual você pode impactar positivamente a vida de usuários e clientes é.

- Uma boa visão de produto alavanca *tendências da indústria* e tecnologias relevantes que nos ajudam a resolver problemas para nossos clientes de maneiras que são possíveis atualmente.

- Uma boa visão de produto fornece à organização de engenharia clareza suficiente sobre o que está por vir nos próximos anos para que possa garantir que tenha uma *arquitetura* que consiga atender às necessidades.

- A visão do produto é o principal motivador da *topologia da equipe*.

---

1 Discuti a visão do produto em *INSPIRADO*, mas sob a perspectiva do que uma equipe de produto precisaria para tomar boas decisões. Neste *EMPODERADO*, discuto a visão do produto a partir da perspectiva dos líderes de produto.

Por causa disso, uma visão de produto forte serve como uma de nossas *ferramentas de recrutamento* mais poderosas para profissionais de produto fortes. Também serve como uma de nossas *ferramentas de evangelismo* mais poderosas para engajar a ajuda e o apoio necessários de colegas de toda a empresa — desde executivos seniores até investidores e equipes de vendas e marketing.

É certo que uma boa visão do produto também é um pouco como uma forma de arte, pois, fundamentalmente, é uma ferramenta de persuasão. No entanto, também é importante que não seja muito detalhada ou prescritiva, para não correr o risco de as equipes de produto confundirem a visão com uma especificação.

Quando bem-feita, a visão do produto é atraente, inspiradora e empoderadora — deixando as equipes de produto entusiasmadas para começar o trabalho árduo de transformar essa visão em realidade.

37

Como Criar uma Visão Atraente

O que, então, torna uma visão de produto forte e atraente?

O Cliente no Centro

A visão do produto é uma de nossas principais ferramentas para manter a organização realmente focada no que o cliente se importa.

Perceba que já temos os objetivos da empresa — geralmente descrevendo como queremos fazer o negócio crescer e/ou reduzir os custos operacionais — um painel que nos mostra os vários indicadores da saúde do negócio e os objetivos que informam a cada equipe de produto qual empresa ou problemas do cliente precisamos resolver.

Portanto, em geral sabemos como nosso trabalho visa a beneficiar nossa empresa, mas também sabemos que nada disso ocorrerá se não resolvermos os problemas para o cliente.

Embora precisemos compreender os impactos na nossa empresa, nunca devemos esquecer que todos os benefícios derivam do fornecimento de valor real aos nossos clientes.

Não posso nem começar a contar o número de produtos falhos que teriam proporcionado benefícios reais para a empresa se apenas tivessem conseguido ser valiosos para os clientes reais.

Quando contamos a história da visão do produto, fazemos isso a partir da perspectiva de nossos usuários e clientes. A ideia é demonstrar como suas vidas vão melhorar de maneira significativa.

Quando trabalho com uma empresa na visão de seu produto, uma das primeiras coisas que faço é encontrar um designer de produto muito forte para colaborar. Pode ser um designer de produto sênior ou o líder da organização de design, ou, se a organização de design de produto ainda não tiver alguém com experiência suficiente, esse é um dos raros casos em que encorajo o líder de produto a se envolver com uma empresa de design de produto experiente para o propósito da visão do produto e criar o que é conhecido como *visiontype* (que será descrito mais à frente).

Nosso trabalho, enquanto uma organização de produto mais ampla, é descobrir como cumprir a promessa da visão, e isso requer uma estratégia de produto intencional e anos de descoberta e entrega contínuas.

Estrela-guia

A visão do produto, quando bem-feita, serve como *estrela-guia* para a organização do produto.

Assim como a estrela-guia pode orientar as pessoas até o seu destino, mesmo quando estão espalhadas pelo mundo, a visão do produto fornece esse propósito para todas as equipes de produto, não importa onde estejam na organização ou em que parte do produto estejam trabalhando.

Assim que uma empresa cresce a ponto de haver várias equipes de produto — dando suporte aos clientes com suas necessidades constantes —, passa a ser muito fácil para cada equipe de produto se envolver nos próprios problemas e no próprio trabalho, perdendo de vista o objetivo geral. A visão do produto representa o *objetivo comum* e lembra-nos constantemente do propósito maior. Por exemplo, explicando como vamos lidar com o aquecimento global ao fornecer os primeiros carros elétricos para o mercado de massa do mundo.

Sua equipe pode ser responsável por um componente da visão do produto, mas precisamos que cada equipe de produto compreenda o quadro geral:

- Em última análise, qual é o resultado final?
- Como o trabalho da minha equipe contribui para esse todo maior?

Certifique-se de que todos os membros de suas equipes de produto entendam as respostas a essas duas perguntas críticas.

E, apenas para ser explícito, não faz sentido que cada equipe de produto tenha a própria visão do produto. Isso seria totalmente equivocado. A visão do produto deve ser o objetivo *comum*.

Escopo e Prazo

Muitas empresas cometem o erro de descrever uma visão de produto que não é ambiciosa ou significativa o suficiente. Isso é especialmente verdadeiro quando essa visão se parece mais com um roadmap.

A visão do produto tem poucas chances de ser percebida como atraente ou significativa se a equipe pensar que é apenas uma questão de alguns recursos.

A visão do produto descreve *o futuro que você está tentando criar*. De que forma você vai *melhorar a vida de seus clientes*?

Você não está tentando explicar como chegará até lá — isso virá da estratégia e do trabalho de descoberta do produto. Por enquanto, estamos apenas tentando descrever qual é o estado final e por que ele é tão desejável.

Seu roadmap é apenas um conjunto de recursos e projetos que você acredita que *podem* ajudá-lo a chegar lá.

Normalmente, o prazo para a visão do produto está entre três e dez anos. Produtos e dispositivos muito complexos estão na extremidade mais longa dessa faixa.

Aproveitando as Tendências da Indústria

Sempre há tendências emergentes, normalmente habilitadas por novas tecnologias. Existem também modismos que ganham certo hype por um tempo e depois desaparecem.

Como líder de produto, você precisa decidir quais são as tendências e quais são os modismos e, o mais importante, quais tendências podem ajudá-lo substancialmente a entregar soluções inovadoras para seus clientes.

Na maioria das vezes, nossa visão de produto alavanca uma ou mais tendências importantes do setor.

Os exemplos das principais tendências de tecnologia até o momento em que este livro foi escrito incluem dispositivos móveis, computação em nuvem, Big Data, aprendizado de máquina, realidade aumentada, Internet das Coisas, computação de ponta e consumerização da empresa.

Observe que as tendências da indústria não se limitam às tendências da tecnologia. Existem outras tendências que são extremamente importantes, como a mudança de comportamentos de grupos de usuários e dos padrões de compra.

Eu só posso imaginar quais serão as principais tendências em cinco ou dez anos, mas estou certo de que haverá vários acréscimos a essa lista.

Curiosamente, também estou bastante confiante de que a maior parte, senão toda essa lista de tendências atuais, ainda será relevante em cinco ou dez anos. As tendências reais não são passageiras.

Lembre-se de que os clientes não se preocupam com a nossa tecnologia — eles se preocupam com a forma pela qual resolvemos seus problemas. Portanto, embora possamos fazer uma aposta em tecnologias específicas, devemos sempre ter em mente que o propósito delas é resolver problemas da maneira que os clientes preferirem.

Quem Detém a Visão do Produto?

O chefe de produto é responsável por garantir que a organização tenha uma visão de produto atraente, e por definir uma estratégia que possa cumprir essa visão.

Dito isso, a realidade é um tanto mais complexa.

Primeiro, para apresentar uma visão de produto atraente, o chefe de produto precisará trabalhar em estreita colaboração com o chefe de design e com o chefe de tecnologia.

A visão do produto é uma colaboração crítica entre a experiência do cliente, as tecnologias capacitadoras e as necessidades do negócio. Provavelmente, isso exigirá o talento e os melhores esforços dos três.

Em segundo lugar, para ter sucesso, o CEO (ou o gerente-geral de uma unidade de negócios em uma organização muito grande) precisará ter um senso real de propriedade dessa visão de produto.

Em muitas startups, o CEO é o chefe de produto efetivo, então isso acontece naturalmente. Contudo, em outras empresas, o chefe de produto precisa envolver o CEO o suficiente para que ele sinta uma conexão verdadeira com essa visão.

Perceba que o CEO precisará "vender" essa visão literalmente milhares de vezes — para investidores, para a imprensa, para outros líderes de negócios e para inúmeros clientes em potencial —, e ele estará efetivamente colocando seu trabalho e sua reputação em risco a cada uma dessas vezes.

Isso não significa que ele precise criar a visão do produto, mas ele precisará ser incluído, e o líder do produto precisará garantir que suas preocupações sejam abordadas. Bons líderes de produto são hábeis em ajudar os outros a sentir que compartilham da responsabilidade.

CAPÍTULO

38

Compartilhamento da Visão do Produto

Uma visão de produto atraente é um presentear constante.

Comunicação da Visão do Produto

Vale a pena investir algum tempo e esforço verdadeiros na melhor maneira de comunicar a visão do produto. Lembre-se de que o objetivo da visão é inspirar. E apresentações em PowerPoint raramente inspiram alguém.

Normalmente, o mínimo é criar um *visiontype*, e muitas vezes produzimos um vídeo desse tipo de visão. Um visiontype é um protótipo conceitual — um protótipo de usuário de alta fidelidade (uma ilusão total, mas com aparência realista; por causa disso, é muito fácil de criar e, o mais importante, não é limitado pelo que sabemos construir).

A diferença entre um protótipo de usuário de alta fidelidade usado como um visiontype e um protótipo de usuário de alta fidelidade usado na descoberta do produto é o escopo do que é coberto pelo protótipo.

O visiontype descreve o mundo quando a visão se torna uma realidade — algo que pode ocorrer daqui a três ou dez anos.

O protótipo de descoberta do produto descreve o novo recurso ou experiência de algo que provavelmente construiremos nas próximas semanas.

Depois de ter esse tipo de visão, você pode mostrá-lo — demonstrá-lo — para quem quiser, mas muitas empresas hoje estão gastando um pouco mais de tempo e esforço para produzir um vídeo com um script projetado para mostrar o visiontype da melhor maneira possível.

Isso pode significar apresentar como diferentes tipos de usuários experimentariam o produto e aproveitar o poder emocional da música e um script atencioso para ajudar a aumentar o impacto.

Outra maneira eficaz de comunicar a visão de um produto é com um storyboard, muito parecido com o que é feito para criar e compartilhar o esboço de um filme.

Tal como acontece com um vídeo que mostra um visiontype, um storyboard foca a emoção e a experiência do cliente, e não os detalhes.

Uma vez que se trata de comunicar uma visão do produto, e ela deve ser contada a partir da perspectiva dos usuários, seus designers de produto precisarão desempenhar um papel fundamental — tanto na elaboração da experiência quanto na determinação da melhor maneira de comunicá-la.

Validando a Visão do Produto

Em *INSPIRADO*, explorei em detalhes como podemos usar técnicas modernas de descoberta de produtos para validar ideias rapidamente — e decidir se vale a pena construí-las.

Uma pergunta comum que tenho ouvido desde então é: podemos usar essas técnicas para validar nossa *visão do produto*?

É um pouco complicado de se explicar, mas também é muito importante entender: a resposta é, ao mesmo tempo, sim e não.

Podemos validar a *demanda* pela visão. Em outras palavras, se a visão estivesse disponível hoje, as pessoas teriam os problemas que pensamos que têm? Os problemas seriam sérios o suficiente e suas opções atuais fracas o suficiente para estarem abertas a novas soluções?

O que não podemos validar é a *solução*, simplesmente porque ainda não sabemos qual é. Provavelmente, levaremos anos de trabalho para descobrir os seus componentes.

E, claro, embora seja bom saber que estamos trabalhando em um problema válido, isso não é suficiente. As pessoas só comprarão se acreditarem que resolvemos o problema bem o suficiente para fazê-las mudar.

É por isso que explicamos que buscar uma visão de produto é, em grande parte, um ato de fé. Estamos apostando em nós mesmos, no fato de que seremos capazes de descobrir uma solução que cumpra a promessa da visão.

A Visão do Produto como uma Ferramenta de Recrutamento

Os profissionais de produto fortes desejam trabalhar em algo significativo. Algo maior do que eles. Eles querem ser *missionários* e não *mercenários*.

Portanto, embora você possa falar sobre bons benefícios para os funcionários e mostrar ao candidato a mesa de pebolim, os melhores profissionais de produto se preocupam mais com a sua visão do produto do que com qualquer outra coisa.

Discutimos em um capítulo anterior como é crítico investir pesadamente em equipes de gerentes de produto, projetistas de produto e engenheiros competentes.

Como líder, essa é uma de suas ferramentas mais poderosas. A visão precisa ser convincente e, como líder responsável pelo recrutamento de funcionários, você precisa ser persuasivo.

A Visão do Produto como uma Ferramenta de Evangelismo

Não são apenas os funcionários em potencial que você precisa persuadir.

Executivos, investidores, stakeholders, equipes de vendas e de marketing da sua empresa, equipes de atendimento ao cliente e de sucesso do cliente, os principais influenciadores de toda a empresa e além — você precisa de todas essas pessoas para entender o futuro que está tentando criar.

Por quê? Porque, muito ou pouco, todos eles precisarão ajudar para que a sua visão alcance todo o seu potencial.

Outro ponto crítico, especialmente para líderes de produto: o evangelismo é algo que nunca termina. Você precisa planejar a entrega da mensagem várias vezes, para as mesmas pessoas, e precisa entender que só porque alguém foi convencido um dia não significa que será convencido no dia seguinte.

Compartilhando a Visão do Produto versus Roadmap

Em empresas com uma força de vendas direta, que geralmente existe a fim de vender para empresas maiores, não é incomum que a força de vendas seja solicitada a compartilhar os roadmaps de produtos com os clientes atuais ou potenciais.

É importante entender de onde vem isso. Esses clientes ou clientes em potencial estão fazendo uma aposta significativa em sua empresa. Eles sabem que não estão apenas comprando sua oferta hoje — eles estão comprando sua oferta ao longo do tempo, geralmente por muitos anos. Portanto, não é nada irracional que eles queiram ter a certeza de que você está indo na mesma direção que acreditam precisar ir.

Dessa maneira, a forma-padrão de solicitar isso é pedir para ver o roadmap do produto, já que essa geralmente é a única opção.

O problema disso, como os profissionais de produto experientes sabem, é que muitos, se não a maioria dos recursos específicos do produto que pensamos que irão agregar valor, acabam não resolvendo o problema subjacente e, assim, não fornecem o valor necessário. Logo, gastar tempo para criar e lançar um recurso que não resolve o problema é o desperdício que estamos tentando evitar.

É por isso que preferimos compartilhar a visão do produto, em vez de um roadmap dele.

Embora os clientes não costumem usar essa terminologia, a visão do produto geralmente é o que eles desejam.

Desse modo, preferiríamos compartilhar uma visão de produto a um roadmap, porque é quase certo que você desejará mudá-lo com frequência, com base no que aprender. Porém, se um cliente tomou uma decisão de compra com base em um recurso ou capacidade prometida em um roadmap, torna-se muito mais difícil mudar a tática.

É verdade que algumas empresas consideram a visão do produto como uma propriedade e não desejam compartilhá-la; eu, no entanto, prefiro muito mais compartilhar a visão do que um roadmap. Na verdade, isso nos ajuda a validar a visão.

Também é verdade que muitas empresas não têm permissão para compartilhar um roadmap de produto porque ele pode e será interpretado como uma declaração prospectiva e, se você não cumprir com os recursos prometidos, pode haver implicações legais.

Claro, há casos em que você receberá perguntas específicas, como: "Nós usamos Salesforce.com aqui. Antes de comprarmos, você poderia nos dizer se e quando a sua solução se integrará à plataforma deles?" Não é difícil perceber como essa pergunta seria razoável. Se você fizer a integração ou não, é uma decisão estratégica de produto, à qual você poderia responder uma vez que entendesse a natureza e o propósito da integração que eles procuram, e também se acreditasse ser importante para a sua oferta geral, e não apenas um pedido especial à parte. Se você considerar a questão do timing necessário, ela será tratada como um *compromisso de alta integridade*, descrito em detalhes na Parte VII.

Lembre-se: teimoso na visão, mas flexível nos detalhes. Compartilhar a visão é bom, mas compartilhar um roadmap é muito perigoso.

Visão e Arquitetura do Produto

Muitas coisas derivam da visão do produto.

A organização da engenharia precisa dela para que possa garantir que as decisões arquitetônicas que tomar atenderão às necessidades dessa visão.

Observe que não é preciso, ou mesmo desejável, que os engenheiros construam com grande esforço a arquitetura completa necessária para a visão do produto, mas é essencial que eles saibam qual é o fim do jogo, para que possam fazer boas escolhas ao longo do caminho e evitar a reconstrução, se possível várias vezes. Por exemplo, a visão do produto pode implicar que o produto eventualmente precise ser capaz de fazer previsões altamente precisas sobre como personalizar a experiência do usuário. Mesmo que os recursos de aprendizado de máquina possam não ser uma necessidade imediata, o simples fato de saber que isso está por vir terá implicações reais em como a equipe de engenharia projeta o produto.

Da mesma forma, a topologia da equipe (descrita na Parte V) é fortemente impactada pela visão do produto e pela arquitetura, em especial para equipes de plataforma que encapsulam os serviços subjacentes.

Uma arquitetura de produto informada pela visão torna-se especialmente crítica em organizações que sofrem de sérias dívidas técnicas.

Poucas coisas me frustram mais do que uma organização — a lutar com um sério débito técnico — que finalmente gera o apoio da liderança e o financiamento para buscar um esforço significativo de replataforma, mas não possui uma visão de produto na qual basear a arquitetura da nova plataforma. Assim, a organização de engenharia é forçada a fazer suposições sobre o que será necessário, ou então apenas construir uma nova plataforma capaz de sustentar o que foi construído nos anos anteriores, em vez daquilo que será necessário nos próximos anos.

CAPÍTULO

39

Princípios e Ética do Produto

Os princípios do produto complementam a visão do produto, declarando os valores e as crenças que se destinam a informar as muitas decisões que precisarão ser tomadas.

Quando empoderamos as equipes de produto, estamos dando a elas problemas para resolver e o contexto necessário para tomar boas decisões. A visão do produto é uma parte importante desse contexto, mas sempre surgirão problemas durante a descoberta do produto e o trabalho de entrega.

Alguns desses problemas serão importantes o suficiente para que a equipe de produto deseje escalá-los para um grupo mais amplo de líderes de produto e stakeholders que possam ser impactados, mas, para a maioria das decisões normais de produtos, podemos fornecer à equipe as informações de que precisa. Os princípios do produto desempenham um papel importante nisso.

Muitas decisões giram em torno de trocas, e os princípios do produto ajudam a iluminar os valores que priorizamos quando fazemos essas trocas.

A equipe de produto precisa entender esses princípios e o raciocínio por trás de cada um deles.

Como um exemplo muito comum, na maioria dos produtos muitas vezes há compensações entre facilidade de uso e segurança. Claramente, facilidade de uso e segurança são benefícios importantes para os usuários, e também é verdade que esses dois objetivos nem sempre estão em conflito. No entanto, quando *estão* em conflito, é aqui que os princípios do produto podem ajudar. Para continuar com o exemplo, esse conflito geralmente aparece quando focamos o crescimento rápido.

Se a empresa estiver focada no crescimento, é provável que as equipes invistam pesadamente na facilidade de uso e possam, de fato, diminuir a importância da segurança para remover o atrito.

Não é difícil para os líderes de produto prever que muitas equipes enfrentarão esse tipo de decisão de troca e, embora seja impossível prever todas as situações, não é impossível considerá-las e, em seguida, declarar os princípios importantes.

As decisões relacionadas à ética são outro bom exemplo. Embora não possamos prever todas as situações em que a ética possa ser um problema, podemos discutir os princípios que acreditamos serem importantes quando se trata dela. Suponha que uma solução de produto forneça valor real para um grupo de usuários quando usada conforme pretendido, mas a equipe percebe que, se o produto fosse usado de forma maliciosa, poderia prejudicar de alguma forma outro grupo de usuários. Quais são as responsabilidades da equipe em termos de prevenção de uso não intencional?

À medida que os líderes de produto criam a visão do produto, eu os incentivo a também preparar um conjunto de princípios de produto para complementar a visão e fornecer o máximo de orientação possível às equipes de produto em relação à ética.[1]

---

1 Os princípios do produto são discutidos com mais profundidade em *INSPIRADO: Como Criar Produtos de Tecnologia que os Clientes Amam*. As equipes de produto costumam me dizer que os princípios do produto são a parte do contexto estratégico que elas usam com mais frequência em seu trabalho diário de descoberta, e esses princípios, em particular o tópico da ética, são cada vez mais importantes com o advento de novas tecnologias — especialmente aquelas relacionadas ao aprendizado de máquina.

40

Perfil de Liderança:
Audrey Crane

O Caminho para a Liderança

Conheci Audrey em 1996 na Netscape, onde ela estava estabelecendo, já naquela época, uma reputação como alguém muito inteligente, que sabia como fazer as coisas. Lembro-me de ter ficado impressionado com sua mente incomum, e ela me contou que na faculdade havia estudado matemática pura e teatro.

Audrey estava trabalhando na relação entre produto e design quando grande parte da internet ainda estava surgindo.

Ela teve a sorte de aprender com um dos pioneiros do design de produto moderno, Hugh Dubberly, quando este geriu o design para a Netscape (antes disso, ele também havia gerido o design para a Apple).

Depois da Netscape, Audrey ingressou na empresa de design de Hugh, obtendo um assento na primeira fila em muitos dos desafios de design mais difíceis da indústria.

Na última década, ela foi sócia da empresa de design Design-Map, na qual contratou, fez coaching e trabalhou com várias centenas de designers de produto ao longo dos anos. Ela ajudou no design de literalmente centenas de aplicativos de todos os tipos.

Audrey publicou recentemente o livro *What CEOs Need to Know about Design*.[1]

Liderança em Ação

O estilo de liderança de Audrey é mais bem explicado com suas próprias palavras:

Minhas primeiras experiências gerenciando e sendo gerenciada foram no teatro, e muito do meu estilo de gestão cresceu a partir disso.

A maioria das pessoas não consegue nem começar a trabalhar no verão perto dos 15, mas eu comecei a atuar em peças quando tinha cerca de 10 anos e continuei até o ginásio, o ensino médio, o bacharelado e vários anos depois de me formar — até encontrar o design na Netscape.

Não me interpretem mal, isso estava longe de ser uma carreira, mas eu passei inúmeras horas no palco, na loja de fantasias, nos bastidores e até mesmo fazendo alguma direção. Estou certa de que isso influenciou na minha abordagem de liderança.

A Analogia do Teatro

Alguns dos princípios básicos de uma produção teatral podem muito bem ser transferidos para o local de trabalho. Claro, existe uma equipe de pessoas trabalhando em direção a um objetivo comum. Elas são selecionadas por sua experiência, habilidade e potencial, bem como por sua capacidade de trabalhar bem com outras pessoas da equipe.

---

1 CRANE, Audrey. *What CEOs Need to Know about Design*. Nova York: Sense & Respond Press, 2019.

A Visão

Especialmente porque a equipe tem habilidades tão diversas (atores, mas também pessoas responsáveis pela iluminação, set e som, figurinistas, costureiros, gerentes de palco e assim por diante), o trabalho de um diretor é definir um objetivo comum e uma visão para o futuro.

Essa definição de metas certamente tem aspirações artísticas, mas também é estratégica e até mesmo pragmática: ao que o público vai reagir? Que tipo de fantasias e cenários podemos pagar? Quantos atores? Que tipo de produção pode esgotar a bilheteria?

Da mesma forma, tento definir uma visão e tornar meus objetivos explícitos — colaborar com os objetivos antes de consolidá-los para mim e para a equipe.

Eu adoro esse tipo de solução de quebra-cabeça de grande porte, e isso caracteriza a minha atividade favorita com as equipes — avaliar e esclarecer as restrições, pesar as metas em uma organização e com os clientes, avaliar as capacidades e criar uma visão de como resolver todas essas coisas.

Não É sobre Você

Um diretor escolhe um ator para um papel específico porque acredita que a maneira como aquela pessoa em particular fará o papel será ótima. Existe uma regra muito antiga e muito firme na direção: *sem indicação de fala*. Uma indicação de fala é quando o diretor diz as falas do ator para ele na esperança de fazer com que ele as imite.

Isso é algo *muito* malvisto e implica que ou o diretor não é habilidoso o suficiente para conseguir a performance que quer do ator ou que o melhor que o ator tem a oferecer é sua habilidade de imitar o diretor. Esse é um exemplo limitado, mas imagine se todos no elenco e na equipe técnica fossem limitados pelo melhor que o diretor pudesse fazer. Ao final, seria uma apresentação muito fraca.

Nessa linha, o elenco e a equipe técnica confiam no diretor para ver o todo e torná-lo ótimo. Se eles estão dispostos a se arriscar para confiar no diretor, supõe-se que o diretor deva assumir a responsabilidade caso algo dê errado. Ao mesmo tempo, o diretor normalmente não estará no palco para a chamada ao palco. Essa filosofia de assumir a culpa e dar o crédito não é novidade no estilo de gestão, mas o teatro ilustra isso muito bem.

Traga o seu melhor

Dado esse objetivo, a maior responsabilidade de um diretor é *fazer valer o melhor que cada membro da equipe tem a oferecer* a serviço do objetivo comum. Raramente o diretor é o mais altamente qualificado em qualquer um dos trabalhos que outras pessoas de sua equipe fazem. Claro, ele deve ter conhecimento para que possa apreciar, apoiar e desenvolver cada pessoa da equipe, mas não é o melhor de todos; de certa forma, esse é o ponto.

Da mesma forma, como gerente, estou certa de que cada pessoa da minha equipe é melhor do que eu em muitas coisas. Não estou tentando fazer com que elas façam o que eu quero, e tampouco que façam as coisas exatamente como eu faria. Em vez disso, estou procurando aquilo pelo que são apaixonadas, brilhantes, especialistas natas; em seguida, vou organizando o valor de uma equipe de brilhantismo em direção a um objetivo comum e compartilhado, que apoie os objetivos maiores da empresa e de seus clientes.

As experiências mais gratificantes da minha carreira envolveram identificar o talento e a aptidão em pessoas que nem sabiam disso e, em seguida, convencê-las de que podem ser ótimas em qualquer coisa.

Trabalhar em uma equipe — com todos operando da maneira pela qual são apaixonados ou na qual se sobressaem — significa fazer parte de algo muito maior do que os pontos fortes de qualquer pessoa. Essas equipes são transformadoras, tanto em termos de pertencimento quanto de realização.

Nesse sentido, como funcionária, fui mais inspirada por trabalhar para gerentes como Marty e Hugh Dubberly (e agradeço às minhas estrelas da sorte por ter tido essa oportunidade). Uma das coisas que eles têm em comum é a sua maneira de inspirar grandeza. Por essa mesma razão, também era um pouco assustador trabalhar para eles: ambos acreditavam em mim de maneiras específicas e em um grau que eu mesma, francamente, não acreditava. Contudo, eu tinha tanto respeito, admiração e amor por eles que faria tudo o que pudesse para corresponder às suas expectativas, por mais deslocadas que as considerasse na época!

Crítica

Tanto no teatro quanto no cinema, um diretor "dá notas" regularmente. A cadência pode ser por hora, por cena ou por performance, mas fornecer um feedback construtivo — seja "Isso foi ótimo, mas você pode mais" ou

"Fiquei totalmente confuso com a sua escolha aqui" — é algo dado como certo em qualquer relacionamento com um diretor. Respeito mútuo e colaboração exigem um feedback claro e direto.

Celebração

O maravilhoso no teatro e no cinema é que todas as celebrações são incorporadas. Quer seja a noite de abertura ou a de encerramento, ou as festas de encerramento, todos param por um minuto e refletem sobre o que realizaram juntos. Acho que não aproveitamos suficientemente as oportunidades para celebrar nos negócios, e por isso mesmo eu procuro maneiras grandes e pequenas de homenagear indivíduos e equipes.

Como uma líder, não há nada melhor do que montar um elenco talentoso, fornecer a ele uma história com a qual possa se entusiasmar, orientá-lo a alcançar seu potencial e vê-lo criar algo especial em conjunto.

PARTE

V

Topologia de Equipe

CONTEXTO ESTRATÉGICO

MISSÃO DA EMPRESA/OBJETIVOS/TABELA DE DESEMPENHO

VISÃO E PRINCÍPIOS DO PRODUTO

TOPOLOGIA DA EQUIPE

ESTRATÉGIA DO PRODUTO

EQUIPES DE PRODUTO

OBJETIVOS

DESCOBERTA
ENTREGA

OBJETIVOS

DESCOBERTA
ENTREGA

OBJETIVOS

DESCOBERTA
ENTREGA

A maioria dos produtos de tecnologia hoje são grandes e complicados. Embora haja exceções, é raro que um produto inteiro seja desenvolvido por apenas uma equipe de produto. A maioria dos produtos requer muitas equipes trabalhando juntas — dezenas, ou mesmo centenas.

Isso significa que toda organização de produto deve lidar com a questão de como estruturar suas equipes para dividir melhor o trabalho.

Já escrevi sobre esse tópico de estruturação e definição do escopo das equipes de produto antes, inclusive no livro *INSPIRADO*. No entanto, como ele está fortemente relacionado ao nível de empoderamento, quero me aprofundar nisso nesta série de capítulos.

Comecei a me referir a esse tema de escopo de equipe como *topologia de equipe*.[1] Gosto desse termo porque ele captura a ideia de um arranjo das partes constituintes de um sistema maior.

A topologia da equipe de uma organização de produto responde a perguntas como:

- Quantas equipes de produto nossa organização deve ter?
- Qual é o escopo da responsabilidade de cada equipe?
- Quais e quantas são as habilidades necessárias para cada equipe?
- Quais são as dependências entre as equipes?

De maneira mais geral, a topologia ajuda a responder à pergunta de *como uma empresa deve organizar seus profissionais de produto em equipes para capacitá-los a fazer um ótimo trabalho.*

Se você é um líder de produto, estabelecer uma topologia de equipe eficaz é uma de suas principais responsabilidades; também é uma das mais complexas, porque existem muitos fatores a serem considerados. Isso sempre foi verdade, mas, com o rápido aumento de funcionários remotos, há outra camada de complexidade impactando a topologia.

Em primeiro lugar, suas escolhas de topologia devem ser guiadas por princípios que apoiem o *empoderamento* da equipe.

---

1 O termo foi cunhado por Matthew Skelton e Manuel Pais em seu livro *Team Topologies: Organizing Business and Technology Teams for Fast Flow*. Portland, OR: IT Revolution, 2019.

Isso inclui dar às equipes a real *propriedade* do espaço de problemas pelos quais serão responsáveis, fornecer *autonomia* em sua capacidade de entregar as soluções para os problemas que precisam resolver e *alinhamento* com vários aspectos dos clientes da empresa, dos negócios e da tecnologia.

O alinhamento em si é complexo e requer a reconciliação do escopo das equipes individuais com o contexto mais amplo de objetivos de negócios, tipos de clientes, estrutura organizacional, arquitetura de tecnologia e visão do produto.

Outra consideração importante é o número e a natureza das dependências entre as equipes de produto. Cada topologia cria o próprio conjunto de dependências entre as equipes de produto, e os líderes devem considerar os trade offs.

Finalmente, embora trabalhemos muito para manter as equipes estáveis e duráveis, os líderes devem considerar que a topologia da equipe precisará evoluir com o tempo, conforme as necessidades e as circunstâncias mudarem.

Um ponto prático a ter em mente ao levar em conta as considerações dos capítulos a seguir: a topologia de equipe que você escolher deve ser uma decisão tomada em conjunto pelos líderes de produto, de design e de engenharia. Uma melhor topologia equilibrará as necessidades desses principais líderes de produto.

Nos próximos capítulos, exploraremos essas considerações e como elas se relacionam com o empoderamento. Também descreveremos padrões comuns para projetar topologias de equipe, e quando usá-los.

41

Otimizar para Empoderar

No início deste livro, introduzimos o conceito de *topologia de equipe* para nos referir à maneira como organizamos nosso pessoal em equipes a fim de melhor capacitá-lo a fazer um ótimo trabalho.

Como a topologia de equipe define os limites entre as equipes e estabelece o escopo dos problemas que cada equipe irá considerar, é uma das decisões mais importantes enfrentadas pelos líderes de produto. Ainda assim, muitas empresas não dão a essa decisão a atenção de que precisa.

Muitas vezes, a topologia da equipe acontece organicamente, seguindo o caminho de menor resistência. Ela pode espelhar um organograma existente ou um agrupamento de conjunto de habilidades de engenharia, ou pode acompanhar as responsabilidades operacionais de algum proprietário de empresa ou stakeholder.

Embora esses fatores às vezes possam ser uma boa maneira de estabelecer limites entre equipes específicas, essa decisão deve ser tomada intencionalmente, depois de deliberada uma ampla gama de fatores. Nenhuma decisão de topologia deve ser feita simplesmente por ser fácil.

Em muitos casos, a topologia da equipe foi definida anos antes, e as pessoas relutam em alterar a estrutura. O que começou como um agrupamento racional agora está criando dependências ou complicações desnecessárias que trabalham contra o empoderamento da equipe. Aqui, os líderes podem precisar tomar decisões difíceis para reestruturar toda ou parte de sua topologia.

O resultado final é que, se você é um líder de produto, o poder das equipes de produto da sua empresa é muito afetado por suas escolhas de topologia.

A otimização para o empoderamento requer o equilíbrio de três objetivos inter-relacionados: *propriedade*, *autonomia* e *alinhamento*.

Propriedade

A propriedade é maior do que apenas os objetivos da equipe. Ela define o escopo de todas as responsabilidades de cada equipe em torno da funcionalidade, da experiência, da qualidade, do desempenho e da dívida técnica. Espera-se que as equipes façam os trade offs necessários para melhor abordar o trabalho que se encaixa em seu escopo de propriedade.

O empoderamento melhora quando cada equipe de produto tem algo *significativo* pelo qual é responsável.

Quando uma equipe tem um escopo muito restrito de responsabilidades, seus membros podem achar difícil manter-se motivados. Eles não entendem como seu trabalho se relaciona com as metas de negócios mais amplas e podem se sentir como uma pequena engrenagem em uma grande roda.

Por outro lado, uma equipe que se considera responsável por um problema significativo é inspirada por sua conexão com uma causa maior. Consequentemente, ela tem mais orgulho de sua propriedade.

Na maioria dos casos, um escopo maior de propriedade é melhor para o empoderamento, mas o empoderamento também pode ser prejudicado quando esse escopo é muito amplo para o tamanho e o conjunto de habilidades de uma equipe.

Por exemplo, considere uma equipe que tem a propriedade de uma experiência de produto, mas que também requer conhecimento técnico de um ou mais sistemas complexos apenas para fazer mudanças básicas. Essa equipe pode ter dificuldade em obter a profundidade de entendimento necessária para inovar em sua área de propriedade. Esse alto nível de *carga cognitiva* atua contra o empoderamento da equipe.

O empoderamento não depende apenas do *escopo* da propriedade — ele também requer *clareza* de propriedade. Quando as equipes não têm certeza de qual trabalho se aplica a elas, seu empoderamento é prejudicado. Embora você deva esperar que sempre haja casos ocasionais em que a propriedade do trabalho é ambígua, uma boa topologia deve resolver mais questões de propriedade do que levantar.

Autonomia

Autonomia é um conceito poderoso, mas muitas vezes é mal interpretado pela liderança e pelas equipes de produto.

Isso *não* significa que uma equipe nunca deva depender de outras equipes de produto, tampouco que uma equipe pode fazer o que quiser.

Autonomia *significa* que, quando damos às equipes problemas para resolver, elas têm controle suficiente para que possam resolvê-los da melhor maneira possível. Uma topologia que resulta em muitas dependências pode dificultar isso.

Esperamos que as equipes usem as ferramentas de descoberta de produtos para explorar diferentes opções e abordagens antes de se comprometer com uma solução. E confiamos nas decisões que elas tomam porque sabemos que a equipe está na melhor posição para tomá-las.

Cada topologia de equipe exigirá algum tipo de dependência entre equipes, mas uma topologia de equipe empoderada é aquela que minimiza essas dependências.

Por exemplo, uma topologia que divide as equipes estritamente por subsistemas de tecnologia torna difícil para qualquer equipe descobrir uma solução holística para um problema real do cliente.

Em última análise, empoderar equipes significa capacitá-las a descobrir a melhor maneira de obter os *resultados* de negócios necessários. A autonomia da equipe contribui para isso.

Alinhamento

Alinhamento se refere a quão bem os limites entre as equipes acompanham outros aspectos do contexto estratégico.

Quando o alinhamento é alto, as equipes geralmente têm menos dependências para fazer as coisas. Elas podem tomar decisões mais rápidas e estão mais conectadas aos resultados no nível dos negócios.

Em suma, quando o alinhamento é alto, o empoderamento é aprimorado.

O alinhamento normalmente é o aspecto mais complicado da topologia, visto que há muitas dimensões a serem consideradas. As duas mais significativas são a arquitetura e o negócio.

Vamos considerar primeiramente o alinhamento com a arquitetura. Idealmente, a arquitetura é baseada na visão do produto, já que o trabalho da arquitetura é justamente *possibilitar* essa visão.

Se esse for o caso, uma topologia que se alinhe com a arquitetura técnica também estará naturalmente alinhada com a visão do produto. As equipes podem ter um escopo significativo e autonomia para tomar decisões significativas sobre o produto.

No entanto, em empresas com grandes dívidas técnicas e/ou sistemas legados, as equipes podem não estar alinhadas com a arquitetura. Seu trabalho é atrapalhado por dependências e complexidades. Mesmo as tarefas simples podem levar muito tempo, se é que são viáveis.

O alinhamento com o negócio inclui como a equipe de produto se relaciona com a organização — por exemplo, com diferentes unidades de negócios, diferentes estratégias de entrada no mercado, diferentes tipos de clientes ou diferentes segmentos de mercado.

Exploraremos o tópico do alinhamento com mais profundidade nos próximos capítulos.

Lembre-se de que nunca haverá uma topologia de equipe "perfeita" para sua organização.

Há muitos trade offs a serem considerados, mas o objetivo geral é otimizar para empoderar. E a melhor maneira de fazer isso é motivando a propriedade, a autonomia e o alinhamento.

CAPÍTULO

42

Tipos de Equipe

O SVPG teve a oportunidade de observar e aconselhar sobre a topologia de equipe de centenas de empresas de tecnologia.

Embora cada situação seja realmente única quando se trata de topologia, existem algumas práticas recomendadas importantes que podem ajudá-lo a otimizar sua topologia para o empoderamento.

Neste capítulo, consideramos os dois tipos fundamentais de equipes de produto: *equipes de plataforma*, que gerenciam os serviços para que possam ser facilmente aproveitados por outras equipes, e *equipes de experiência*, que são responsáveis por como o valor do produto é exposto aos usuários e clientes.

É relevante enfatizar que qualquer topologia deve considerar tanto a arquitetura da tecnologia subjacente quanto o contexto estratégico mais amplo (incluindo os objetivos de negócios, a visão, a estratégia etc.) do produto.

Isso significa que é essencial que a liderança de produto e a engenharia determinem a topologia *juntas*.

Equipes de Plataforma

As equipes de plataforma fornecem uma vantagem porque permitem que serviços comuns sejam implementados uma vez, mas utilizados em muitos lugares. Exemplos disso incluem:

- Uma equipe de plataforma responsável por serviços compartilhados, como autenticação ou autorização.
- Uma equipe de plataforma responsável por manter uma biblioteca de componentes de interface reutilizáveis.
- Uma equipe de plataforma responsável por fornecer ferramentas aos desenvolvedores para automação de teste e lançamento.

As equipes de plataforma também permitem o gerenciamento da complexidade porque podem encapsular áreas particularmente difíceis ou especializadas do produto. Exemplos disso incluem:

- Uma equipe de plataforma que cria uma abstração para integração com um sistema legado.
- Uma equipe de plataforma que gerencia o processamento de pagamentos.
- Uma equipe de plataforma que gerencia um cálculo tributário altamente especializado.

Seus clientes finais — e até mesmo seus executivos e stakeholders — podem não ter qualquer visibilidade direta do trabalho realizado por suas equipes de plataforma, mas não pense que elas não são importantes. Na verdade, em muitas das principais organizações de produtos, os melhores engenheiros da empresa são solicitados a trabalhar em equipes de plataforma por causa da influência e da importância.

Em uma pequena empresa, a plataforma pode ser fornecida por apenas uma equipe de plataforma. Em muitas das grandes empresas de tecnologia de ponta, até metade das equipes de produto são equipes de *plataforma*.

Além disso, as plataformas reduzem a *carga cognitiva* para as equipes de experiência.

Essas equipes de experiência são capazes de usar os serviços da plataforma sem ter que entender como eles são implementados. Em vez disso, elas podem concentrar sua energia nos problemas do cliente ou do negócio que estão trabalhando para resolver.

Equipes de Experiência

As equipes de experiência são responsáveis por como o produto é experimentado pelos usuários na forma de aplicativos, interfaces de usuário, soluções ou jornadas.

Os usuários podem ser clientes que compram seu produto ou (no caso de produtos B2B) funcionários desses clientes. Seja qual for o caso, se uma equipe de produto está trabalhando na experiência de alguém que faz parte dos clientes da empresa — incluindo consumidores —, isso é chamado de *equipe de experiência voltada para o cliente*.

Os usuários também podem ser internos à própria empresa, mas não obstante são extremamente importantes para fornecer a experiência necessária ao cliente.

Exemplos desses tipos de usuários são agentes de atendimento ao cliente ou funcionários da loja. Se uma equipe de produto está trabalhando em uma experiência de produto para esses tipos de funcionários internos, isso é chamado de *equipe de experiência que habilita o cliente*.

Seja ela *voltada para o cliente* ou *capacitadora*, uma equipe de experiência verdadeira terá um impacto direto sobre os nossos clientes se o seu produto for abaixo. Por exemplo, se um agente interno não puder resolver a questão ou a solicitação de um cliente porque o sistema está inoperante, sabemos que essa é uma experiência de produto verdadeira.

Assim como acontece com as plataformas, a experiência de um produto pode ser administrada por apenas uma equipe, ou dividida entre várias. Elas podem, por exemplo, ser divididas em equipes por tipo de usuário, mercado ou segmento, pela etapa na jornada de um cliente ou por uma série de outras maneiras (falarei mais a respeito disso no Capítulo 44, que trata de como empoderar as equipes de experiência).

Em muitas empresas, a topologia é definida de forma que cada equipe de experiência tenha apenas uma pequena parte da experiência de ponta a ponta. Nessa situação, cada equipe luta para sentir que pode causar um impacto sem se coordenar com todas as outras equipes, mesmo para pequenas mudanças.

Por outro lado, as equipes de experiência têm mais poder quando recebem o máximo possível de *responsabilidade de ponta a ponta*. Essas equipes têm um senso significativo de propriedade e mais autonomia, e é mais fácil para elas enxergar seu impacto na resolução de problemas do cliente e na obtenção de resultados dos negócios.

Muitas empresas fortes descobriram que uma plataforma rica é uma ferramenta poderosa para permitir um escopo mais amplo (de ponta a ponta) de propriedade para as equipes de experiência.

As equipes de plataforma reduzem a carga necessária para usar a tecnologia subjacente, criando uma capacidade cognitiva para que as equipes de experiência controlem mais aspectos dos problemas do cliente.

43

Como Empoderar Equipes
de Plataforma

No capítulo anterior, apresentei os dois tipos principais de equipes de produto e descrevi como as equipes de plataforma criam alavancagem e encapsulam a complexidade para as equipes de experiência.

As equipes de plataforma aumentam o nível de capacitação das outras equipes, abstraindo a complexidade subjacente dos serviços e da arquitetura.

O tópico do empoderamento para as equipes de plataforma é sempre um pouco complicado porque, embora o objetivo de uma equipe de experiência seja resolver problemas para usuários e clientes, o objetivo de uma equipe de plataforma é *permitir que as equipes de experiência resolvam melhor os problemas de seus clientes*. A contribuição de uma equipe de plataforma é, portanto, indireta.

Para entender como isso afeta as equipes de plataforma, é útil separar os dois tipos de trabalho que todas as equipes de produto — de plataforma e de experiência — devem fazer.

Por um lado, elas estão levando adiante o propósito de sua equipe. Esse é o trabalho principal delas, e voltaremos a ele em um minuto.

No entanto, cada equipe de produto também tem uma certa quantidade do que chamamos de obrigações de "manter as luzes acesas".[1]

Esse é o trabalho diário necessário para manter o negócio funcionando. Coisas como corrigir bugs críticos, abordar problemas de desempenho e adicionar recursos críticos para coisas não negociáveis que surgem, como problemas de conformidade.

É verdade que as equipes de plataforma tendem a ter mais desses itens "para manter as luzes acesas" do que uma equipe de experiência média, e isso é devido à natureza do trabalho envolvido na capacitação das equipes que dependem deles.

Isso pode ser 10% do trabalho da equipe da plataforma, ou pode ser quase metade dele.

Portanto, colocando à parte o trabalho de "manter as luzes acesas", há duas maneiras principais pelas quais as equipes de plataforma são empoderadas para mover a plataforma adiante: os objetivos de equipe compartilhados e os objetivos da plataforma como produto.

Objetivos de Equipe Compartilhados

A maneira mais comum de uma equipe de plataforma forte realizar um trabalho importante é por meio de objetivos de equipe compartilhados. Dessa forma, a equipe de plataforma tem o mesmo objetivo que uma ou mais equipes de experiência.

Discutiremos a mecânica dos objetivos de equipe compartilhados no Capítulo 57, intitulado "Colaboração"; mas por enquanto é suficiente dizer que as equipes trabalham juntas para descobrir e desenvolver a solução.

Às vezes, a colaboração é muito profunda, exigindo essencialmente que as equipes trabalhem juntas, quase como se fossem uma só.

Por exemplo, considere um produto de sistema de gerenciamento de conteúdo (CMS), e vamos supor que você tenha uma equipe de plataforma que gerencia o armazenamento de back-end e o acesso de API ao conteúdo, e uma

---

1 Algumas empresas chamam isso de "BAU", para "business as usual" ("negócios como de costume", em tradução livre), mas nunca gostei desse termo porque muitas empresas pensam que isso é a única coisa que uma equipe de produto faz.

equipe de experiência que gerencia o fluxo de trabalho do conteúdo voltado para o usuário. Suponha ainda que, até agora, o sistema CMS funcione com conteúdo de imagem, mas, devido a uma nova estratégia de expansão de mercado, agora ele precise suportar conteúdo de vídeo.

Aqui, as nossas equipes de plataforma e de experiência podem ter um objetivo de equipe compartilhado para habilitar o vídeo. As duas devem trabalhar juntas para determinar a experiência apropriada e também como ela será implementada.

Em outros casos, a colaboração pode ser mais segmentada. As equipes de plataforma e de experiência podem ser capazes de definir uma API que representa uma forma de contrato entre a equipe de plataforma e a de experiência e, então, cada equipe é capaz de trabalhar de maneira independente para concluir seu trabalho.

Por exemplo, uma empresa de comércio eletrônico pode estar adicionando um novo tipo de pagamento. Uma equipe de plataforma gerencia toda a complexidade do pagamento e a expõe às equipes de experiência como uma API. A equipe de produto responsável pela experiência de checkout cria os fluxos voltados para o usuário, enquanto a equipe da plataforma implementa a integração com os processos de pagamento de back-end. As duas equipes se reúnem para o teste e para a entrega.

Seja a colaboração profunda ou segmentada, o importante é que a equipe de plataforma tenha o mesmo contexto estratégico e o mesmo objetivo que a equipe de experiência. Elas estão conectadas quanto ao motivo pelo qual o trabalho é importante e o que isso significa para o negócio.

Objetivos da Plataforma como Produto

Para algumas empresas, seus produtos *são* plataformas. O que elas vendem são APIs que permitem que seus clientes e usuários (geralmente desenvolvedores) desenvolvam esses recursos. Chamamos isso de *plataformas externas*.

Nesse caso, a plataforma é o produto e é tratada como tal. Os clientes e os usuários podem ser desenvolvedores em vez de consumidores, mas é um produto de verdade independentemente disso.

Por outro lado, uma tendência emergente é que um número crescente de empresas está trabalhando para gerenciar suas *plataformas internas* da mesma maneira que faz com as *plataformas externas*.

Com esses produtos de plataforma, é normal encontrar objetivos muito parecidos com os produtos de experiência — aumentar o número de clientes, fazer com que os clientes adotem os recursos ou monetizar melhor os clientes (no caso das plataformas externas).

Assim como ocorre com qualquer equipe de produto, experiência ou plataforma, se tivéssemos um grande problema de qualidade, de desempenho ou de experiência do desenvolvedor, em vez de apenas considerar isso como parte do trabalho normal de "manter as luzes acesas", poderíamos elevar isso enquanto um objetivo de equipe.

O ponto principal é que, quando se trata de capacitar equipes de plataforma, se você separar mentalmente o trabalho normal de "manter as luzes acesas" do trabalho principal de mover a plataforma adiante, os objetivos da equipe e o nível de capacitação serão comparáveis aos das equipes de experiência.

CAPÍTULO

44

Como Empoderar Equipes de Experiência

Como descrevemos anteriormente, as equipes de experiência são responsáveis por como o valor do produto é percebido pelos usuários ou pelos clientes reais.

Um ponto importante foi que as equipes de experiência têm mais poder quando recebem o máximo possível de responsabilidade de ponta a ponta.

É mais provável que isso aconteça quando o escopo de propriedade de cada equipe segue outros padrões naturais do negócio, como canal de vendas, segmento de mercado ou tipo de usuário.

Na maioria das vezes, isso significa criar uma *topologia alinhada ao cliente*.

Aqui estão alguns exemplos de alinhamento ao cliente:

- Por tipo de usuário ou persona (p. ex., equipe de passageiros, equipe de motoristas).
- Por um segmento de mercado (p. ex., equipe de eletrônicos, equipe de moda).

- Pela jornada do cliente (p. ex., equipe de integração, equipe de retenção).
- Pelo canal de vendas (p. ex., equipe de self-service, equipe de vendas diretas).
- Pelo KPI de negócios (p. ex., equipe de crescimento de novos usuários, equipe de conversão).
- Pela geografia (p. ex., equipe da América do Norte, equipe Ásia-Pacífico).

Esse alinhamento significa que as equipes de experiência têm áreas de propriedade que correspondem aos resultados de que o negócio precisa. Há pouca tradução necessária entre os resultados dos negócios e o trabalho do produto, e as equipes podem ter autonomia para resolver problemas de negócios diretamente.

O alinhamento ao cliente significa coisas diferentes para diferentes tipos de produtos. A seguir estão alguns exemplos de alinhamento. Esta não é uma lista exaustiva, e estas não são as únicas maneiras de organizar a topologia da equipe de experiência para os casos mencionados. Dito isso, estes são alguns padrões comuns que se mostraram eficazes, e que podem ser aplicáveis à sua topologia.

Produto Midiático

Para revistas, sites de notícias ou serviços de vídeo *on demand*, as equipes de experiência podem ser organizadas por seção de conteúdo ou subpublicação.

Todo o gerenciamento de conteúdo e os recursos comuns são administrados por equipes de plataforma que fornecem serviços generalizados a um conjunto de equipes de experiência (que podem constituir a maioria das equipes de produto).

Cada equipe de experiência cobre as necessidades de ponta a ponta para cada categoria de mídia (por exemplo, esportes, notícias locais, clima) ou marca. Em alguns casos, várias categorias semelhantes podem ser cobertas por apenas uma equipe, e experiências maiores ou mais especializadas teriam suas próprias equipes.

Essa abordagem ajuda a garantir que as necessidades de diferentes tipos de clientes sejam atendidas, e também alinha as equipes de experiência com os diferentes objetivos de negócios por categoria e estratégias de entrada no mercado que geralmente são comuns nessas empresas.

Produto de Comércio Eletrônico

O comércio eletrônico pode seguir um padrão semelhante aos produtos de mídia, em especial quando a experiência de compra difere significativamente por categoria (por exemplo, peças de automóveis *versus* ingressos para eventos *versus* joias).

Novamente, o produto é construído sobre uma plataforma rica de serviços comuns (gerenciamento de catálogos, cobrança, gerenciamento de contas etc.). As equipes de experiência são alinhadas por categoria.

Produto Empresarial

Os produtos corporativos devem ser especializados frequentemente para diferentes segmentos de clientes. Às vezes, existem diferenças de acordo com o mercado vertical do cliente (por exemplo, manufatura *versus* serviços financeiros *versus* varejo). Às vezes, há diferenças muito significativas com base na estratégia de entrada no mercado. Em outras, há diferenças devido ao tamanho do cliente (por exemplo, pequenas e médias empresas são alcançadas por meio de um portal de autoatendimento, enquanto clientes maiores exigem uma força de vendas e APIs para personalização).

Aqui, pode fazer sentido organizar equipes de experiência por qualquer segmentação que seja mais relevante para a empresa. Mais uma vez, o objetivo é organizar as equipes de experiência de forma a permiti-las atender melhor o seu cliente específico, e também se alinhar com outras partes da empresa.

Produto de Mercado

Muitos produtos visam a conectar diferentes grupos de pessoas que têm objetivos complementares — compradores e vendedores, motoristas e passageiros, hotéis e hóspedes etc. A maioria dos mercados tem dois lados, mas também podem ter mais.

Na maioria dos casos, as necessidades dos indivíduos de cada lado do mercado são bastante distintas. Isso também se aplica ao restante da empresa, que está tentando apoiar cada um dos lados.

Por esses dois motivos, muitas vezes é estimulante para a topologia organizar equipes de experiência paralelas ao mercado.

Produto que Capacita o Cliente

As equipes de produto que capacitam o cliente criam ferramentas e sistemas que são usados pelos funcionários internos da empresa, que por sua vez fornecem alguma parte vital da experiência do cliente.

Isso pode incluir sistemas para permitir o atendimento ao cliente ou a funcionários da loja, para citar apenas alguns exemplos.

Aqui, novamente, uma topologia pode empoderar equipes de experiência alinhando-as com as necessidades de ponta a ponta dos diferentes tipos de usuários internos da empresa.

Uma observação final sobre isso: sua topologia não precisa alinhar todas as equipes de experiência em uma única dimensão, como mercado vertical ou tamanho do cliente. Algumas topologias utilizam dimensões de alinhamento diferentes em áreas diferentes, quando isso faz mais sentido.

Topologia e Design

A maioria das empresas entende que uma equipe de produto multifuncional, pelo menos para uma equipe de experiência, inclui um designer de produto exclusivo. Esse é um reconhecimento da importância crítica do design de produtos para a criação de produtos fortes.

Ocasionalmente, no entanto, a empresa tem um líder de design que prefere um modelo diferente, conhecido como *modelo de agência interna*. Nesse caso, o líder de design tem uma equipe de serviço de designers, e as equipes de produto precisam fazer solicitações a essa equipe de design a fim de que os designs sejam produzidos para seus produtos.

É justo reconhecer que essa abordagem tem certas vantagens, especialmente em termos de garantir uma visão holística do design. No entanto, nas palavras de Lin-Manuel Miranda (via Aaron Burr), é essencial estar "na sala onde tudo acontece".

No modelo de agência de design interno, o designer geralmente *não* está na sala quando as principais decisões são tomadas e, portanto, o designer — e, em última análise, nossos usuários — tem que pagar o preço por isso.

O design é muito importante para ser executado como um serviço interno. Ele precisa ser um membro de primeira classe da equipe de produto, assim como o gerente de produto e o líder técnico.

O gerente de design pode garantir uma visão holística do design, estabelecendo padrões, diretrizes e sistemas de design; revisando o trabalho dos designers; e também conduzindo estratégias de design e sessões de revisão com um grupo mais amplo de designers de produto.

Observe que, para empresas que usam equipes de recursos, isso realmente não importa, porque as principais decisões já foram tomadas no momento em que o designer foi consultado pela primeira vez.

Topologia e Estrutura Hierárquica

É muito comum que uma estrutura hierárquica de engenharia seja organizada em torno de conjuntos de habilidades específicas. Por exemplo, grupos de engenheiros de dados, engenheiros de front-end e engenheiros mobile geralmente se reportam a gerentes separados. Isso garante que qualquer gerente de engenharia seja capaz de oferecer coaching específico para cada engenheiro de sua equipe.

Isso não é um problema, mas pode ser tentador para os líderes de tecnologia alinharem completamente as equipes de produto com essa estrutura hirárquica. Por exemplo, formar uma única equipe de produto apenas com engenheiros front-end.

Essa abordagem raramente produz equipes de produto empoderadas, porque o problema é que elas não se alinham com nada além de conjuntos de habilidades técnicas. Isso raramente tem qualquer relação real com os resultados de que a empresa precisa.

Por exemplo, uma topologia que divide a organização em uma equipe web, equipe do iOS, equipe do Android e equipe de back-end tornará muito difícil dar a qualquer uma delas a capacidade de ter uma experiência de cliente multicanal.

O famoso cientista da computação Melvin Conway cunhou um ditado que costuma ser chamado de *Lei de Conway*. Este afirma que qualquer organização que projete um sistema produzirá um projeto cuja estrutura espelha a estrutura da organização.

Outra maneira de dizer isso é: tome cuidado para não *enviar seu organograma*.

Um dos maiores benefícios das equipes multifuncionais é que sua adesão pode ser determinada por aquilo que é melhor para o produto.

O resultado final é este: não há razão para que os relacionamentos de subordinação ditem a topologia da equipe.

CAPÍTULO

45

Topologia e Proximidade

A té agora, falamos sobre a composição das equipes de produto e como defi-ni-las, mas não discutimos a dimensão da localização física dessas equipes. Ao criar a topologia da equipe, esse é outro fator importante e prático a ser considerado.

Mesmo antes da pandemia, havia uma tendência de mudança para estratégias de escritório alternativas, impulsionada principalmente pela escassez de talentos disponíveis e pelo alto custo de vida nos principais centros tecnológicos.

Em muitas empresas, simplesmente não há uma maneira prática de contratar pessoas o suficiente com as habilidades necessárias no mesmo local da sede da empresa; assim, elas são forçadas a considerar outras opções.

Em uma extremidade do espectro está a aceitação total dos funcionários remotos. Isso traz vários benefícios, incluindo a possibilidade de contratar talentos de praticamente qualquer lugar, e as pessoas podem escolher morar onde preferirem.

No outro extremo do espectro, algumas empresas desejam manter todos trabalhando no mesmo escritório; porém, devido à falta de talentos disponíveis e ao alto custo de vida, elas optam por mudar sua sede para um novo local.

No entanto, também existe um meio-termo muito eficaz, que são os escritórios remotos.

Muitas empresas têm aberto escritórios remotos em cidades ao redor do mundo — especialmente em centros urbanos com um bom suprimento de talentos em engenharia e design — e depois trabalhado para formar equipes de produto nesses escritórios, complementadas com funcionários remotos, conforme a necessidade.

Esse modelo aproveita a oferta de talentos locais, ao mesmo tempo em que oferece os benefícios dos escritórios.

Como sempre, há trade offs, e esses escritórios remotos podem sobrecarregar a organização. Pode ser especialmente difícil para os gerentes que fornecem coaching e supervisão.

Contudo, vamos nos aprofundar um pouco mais nas várias formas de proximidade e nos trade offs específicos envolvidos em cada uma.

Proximidade com os Membros da Equipe

Isso diz respeito aos membros da equipe estarem *colocalizados* (todos eles se sentam juntos fisicamente), *totalmente distribuídos* (por exemplo, se cada membro da equipe trabalha de casa) ou em algum lugar entre essas duas opções (por exemplo, se o gerente de produto, o designer de produto e o líder de tecnologia se sentam juntos, mas o resto dos engenheiros trabalham em casa ou em outro escritório).

Especialmente para equipes que dependem de inovação de verdade, a colocalização da equipe é uma vantagem significativa. A dinâmica da descoberta do produto depende de colaboração intensa — em especial entre o gerenciamento do produto, o design do produto e a engenharia — e, embora isso não seja impossível quando remoto, é mais difícil.

Se os engenheiros estiverem em um escritório diferente ou trabalhando de maneira remota, a maior parte do fardo da comunicação adicional recairá sobre o líder de tecnologia.

Proximidade com os Clientes

Se sua equipe está desenvolvendo serviços para consumidores ou empresas na Índia, há uma vantagem real em ter sua base na Índia. Dito isso, temos boas ferramentas para nos conectar remotamente com usuários e clientes em todo o mundo, em especial quando temos uma pessoa no país para nos ajudar com questões culturais ou de idioma. Assim, somos capazes de superar a distância geográfica com um esforço adicional, principalmente por parte do gerente e do designer de produto.

Proximidade com Parceiros de Negócios

Se sua equipe de produto precisa trabalhar em estreita colaboração com uma parte específica de seu negócio — como uma equipe de operações ou uma equipe de sucesso do cliente —, isso é semelhante a estar próximo dos clientes, e há vantagens em estar perto. Porém, de novo, podemos superar essa desvantagem com esforço adicional (por exemplo, viagens, chamadas de telefone e de vídeo, e alcance maior), principalmente do gerente e do designer de produto.

Proximidade com os Gerentes

Normalmente, os gerentes de gerenciamento de produto, de design de produto e de engenharia estão realizando a gestão dos indivíduos em equipes de produto variadas, e em geral é mais fácil para eles revisar o trabalho, observar os comportamentos e fornecer o coaching necessário quando seus funcionários são locais.

Dito isso, em muitas organizações de médio e grande portes, os gerentes foram forçados pela necessidade de lidar com funcionários em escritórios diferentes ou que trabalham em casa. Os gerentes podem superar essa distância com esforço adicional (por exemplo, viagens, chamadas telefônicas e de vídeo, e alcance frequente) para solicitar feedback e fornecer um coaching constante e crítico.

Proximidade com Outras Equipes de Produto

Em muitos casos, as equipes de produto dependem umas das outras, e muitas vezes precisam colaborar para resolver problemas grandes e complexos. Isso é mais fácil para equipes que estão fisicamente próximas umas das outras, mas podemos superar os problemas de distância com um esforço adicional, principalmente dos engenheiros e dos gerentes de produto (maior alcance e comunicação, viagens e uma técnica chamada *swarming*).

Proximidade com os Executivos Seniores

Dependendo da cultura da empresa e dos pontos fortes dos executivos seniores, eles podem sentir uma necessidade real de estar perto das equipes de produto.

Quando uma equipe está em um escritório remoto ou trabalhando remotamente, o gerente de produto precisa fazer um esforço extra para desenvolver e manter os relacionamentos necessários com os executivos e stakeholders. Os gerentes geralmente precisam desempenhar um papel mais importante nesse caso.

Otimização para a Equipe de Produto

Espero que tenha ficado claro que há trade offs para cada uma dessas dimensões de proximidade. Como princípio geral, tentamos *otimizar para a equipe de produto* em vez de otimizar para os gerentes, ou para o acesso aos clientes, ou qualquer outra coisa.

Aqui estão duas situações muito comuns em que esse trade off entra em jogo.

Digamos que a escolha seja entre ter os gerentes de produto e os designers na sede (perto de seus gerentes, executivos e stakeholders), ou ter os gerentes de produto e os designers ao lado de seus engenheiros. Com o princípio de otimização para a equipe de produto, preferimos colocar os gerentes de produto junto com seus engenheiros.

Da mesma forma, se a escolha for a de ter gerentes de produto e designers localizados perto dos clientes em vez de perto de seus engenheiros, tentaríamos deixá-los colocalizados com os engenheiros novamente.

Lembre-se de que esses são princípios gerais. Pode haver circunstâncias em que você fará escolhas diferentes, mas pelo menos é importante conhecer os trade offs envolvidos e o que você pode fazer para atenuar as desvantagens.

CAPÍTULO

46

Evolução da Topologia

A maioria das empresas já tem algum tipo de topologia, mas isso deve começar em algum lugar.

Com startups, geralmente acontece quando o número de engenheiros
cresce para além de 15.

É quando a empresa percebe que o empoderamento que os funcionários
tiveram nos primeiros dias agora começa a sofrer sob o peso da coordenação.
Ela também está achando cada vez mais difícil tomar decisões e fazer coisas
simples. Então, decide formar duas a três equipes multifuncionais de produto
para dividir e conquistar. Suas decisões sobre como fazer isso estabelecem a
topologia. Com empresas maiores que não cresceram no modelo de equipe de
produto, o ponto de partida geralmente é quando os funcionários mudaram
para o Agile, no qual foram instruídos a se organizar em torno de equipes
pequenas e duráveis. A maneira pela qual a empresa decide dividir as equipes
estabelece a topologia.

Algumas topologias são estabelecidas em resposta a uma grande mudança na visão e/ou na arquitetura do produto. Por qualquer motivo, se a empresa
fizer uma mudança drástica no contexto estratégico de seu produto, a topologia pode precisar ser revisada.

Independentemente do motivo para uma revisão da sua topologia, você deve otimizá-la visando ao empoderamento das equipes, concentrando-se nas dimensões de propriedade, autonomia e alinhamento.

Uma Topologia em Evolução

Não importa o quão poderosa seja sua topologia inicial, ela não permanecerá assim por si só. As realidades locais estão sempre mudando, às vezes de maneiras que exigem mudanças na topologia. Aqui estão apenas alguns exemplos de situações que podem exigir uma mudança na topologia:

- Uma equipe de produto que precisa dobrar seus recursos de engenharia a fim de se expandir para o próximo segmento do mercado.
- Uma nova estratégia que inclui a desativação de um produto atualmente mantido por várias equipes de produto.
- Uma nova estratégia para disponibilizar alguns recursos básicos de uma equipe de produto para outras equipes por meio de uma plataforma interna.
- Um novo objetivo de negócios a fim de desenvolver uma oferta para um mercado em expansão.
- Uma reestruturação importante da arquitetura.

Sinais de Alerta da Topologia

Mesmo que nenhuma das opções acima faça com que você revisite proativamente a topologia, bons líderes estão sempre verificando suas equipes e seu pessoal, e devem avaliar sua topologia através da lente do empoderamento.

Aqui estão alguns sinais de aviso que podem indicar que sua topologia precisa de alguma atenção:

- Você muda os desenvolvedores entre as equipes com frequência.
- Você intervém constantemente para resolver conflitos de dependência.
- Seus desenvolvedores reclamam de muitas dependências em relação a outras equipes de produto para enviar coisas simples.

- As equipes têm um escopo de propriedade muito limitado.
- Os desenvolvedores lidam com uma complexidade muito grande em várias áreas diferentes.

Portanto, sejam elas causadas de forma proativa ou reativa, há situações em que precisamos revisitar a topologia da equipe.

Isso significa que, sempre que possível, é melhor dar a uma equipe existente um novo conjunto de responsabilidades, em vez de dividir a equipe de produto e redistribuir as pessoas em outras equipes.

Dito isso, ainda haverá momentos em que as mudanças necessárias da topologia serão mais significativas. Apenas tome cuidado ao mudar as coisas com muita frequência. Se você sempre estiver fazendo grandes mudanças na topologia da equipe mais de uma vez ao ano, é um sinal de que algo está errado.

A topologia determina com quem as pessoas trabalham diariamente, em que estão trabalhando e a natureza de suas interações. Quando ela muda, isso pode ser algo extremamente perturbador.

Esse mesmo tipo de cuidado se faz necessário mesmo se você mover temporariamente alguém para outra equipe a fim de lidar com alguma prioridade urgente. Esses movimentos são difíceis para a pessoa que se desloca, pois ela deve se ajustar a uma nova equipe e a um novo trabalho. Também é difícil para a equipe que foi deixada para trás, porque muitas vezes ela se vê forçada a encontrar uma maneira de preencher o vazio.

47

Perfil de Liderança:
Debby Meredith

O Caminho para a Liderança

Conheci Debby na Netscape, onde ela dirigia a organização de engenharia responsável pelo Netscape Browser. Ela ingressou na empresa por meio da aquisição da Collabra, em 1995.

Você pode não ter ouvido falar da Collabra, mas eles eram uma equipe extraordinária e com líderes muito fortes, e seus líderes rapidamente se tornaram a chave para o crescimento sem precedentes da Netscape.

Originária do Centro-Oeste dos EUA, Debby estudou matemática e ciência da computação na Universidade de Michigan. Mais tarde, se mudou para o Vale do Silício, onde estudou ciência da computação em Stanford, tornando-se engenheira de software e logo líder de engenharia em organizações cada vez maiores.

Na Netscape, ganhou reputação como uma das principais líderes de engenharia de nossa indústria e, mais tarde, trabalhando em meio a uma rede de capitalistas de risco e amigos da indústria, ficou conhecida como a pessoa para a qual se devia telefonar quando se quisesse elevar significativa ou urgentemente o nível da sua organização de engenharia.

Liderança em Ação

Debby se especializou em entrar em empresas — principalmente startups — que tivessem uma oportunidade de negócios promissora quando sua engenharia precisasse ser escalada para o próximo nível ou estivesse, por vários motivos, tendo dificuldades para executar e entregar produtos ao mercado com eficácia. Ela já fez isso para mais de 50 empresas, várias das quais hoje são de muito sucesso. Frequentemente, encontra alguns líderes frustrados ou engenheiros insatisfeitos, com uma confiança já desgastada, trabalhando com equipes de recursos e roadmaps. Então, conquista a confiança desses profissionais talentosos, envolve-os e transforma a organização em equipes de produto eficazes e escaláveis.

Eu vi o antes e o depois de muitos desses exemplos, e a mudança é radical.

Pedi a Debby para abordar como ela é capaz de transformar essas organizações de engenharia de maneira tão consistente.

Foi isto que ela disse:

Cada empresa é diferente, e começo falando com pessoas de toda a organização, ouvindo o que têm a dizer e o que acham que posso fazer para melhorar a situação. Além disso, é importante que eu observe as interações nas reuniões organizacionais, bem como os sistemas e os artefatos delas para entender a dinâmica do pessoal e os desafios do processo exclusivos da empresa.

Após esse "período de admissão", eu geralmente me deparo com as mesmas quatro coisas fundamentais e críticas nas quais preciso me concentrar.

O Exemplo Começa no Topo

Se a organização de engenharia de uma empresa está com dificuldades para escalar ou entregar, provavelmente existem alguns problemas sérios vindos do topo. É importante que eu entenda e trate disso; caso contrário, é muito possível que quaisquer alterações sejam menos impactantes, ou apenas temporárias.

Muitos fundadores ou CEOs de startups nunca trabalharam com organizações de engenharia fortes, e não é incomum encontrar líderes com mal-entendidos fundamentais sobre o papel da tecnologia e a contribuição necessária dos engenheiros como parceiros para o gerenciamento e o design de produtos.

Além disso, descobri que muitos fundadores e CEOs desconhecem o papel que desempenham nos desafios e no sucesso da organização de engenharia. É aqui, então, que a formação deve acontecer.

Foco e Estratégia

Construir e expandir uma empresa bem-sucedida é realmente difícil, e cada empresa tem muito mais trabalho que deseja fazer do que pessoas para efetivamente fazê-lo. O foco, portanto, é essencial, e a estratégia de produto é o que nos permite obter o máximo dos recursos e das pessoas que temos.

Apesar das melhores intenções, após um exame mais detalhado, muitas vezes as organizações que estão crescendo rapidamente ou que se encontram em dificuldade não têm nem foco e nem uma estratégia de produto real. Tentar fazer muitas coisas ao mesmo tempo prejudicará até mesmo as melhores organizações de engenharia.

Em muitos casos, minha chegada é o evento de que a empresa precisa para restabelecer o que realmente significa foco. Normalmente não posso fazer as escolhas por eles, mas posso insistir que os líderes façam as escolhas difíceis que são necessárias.

Estabeleça Confiança

As pessoas são o coração e a alma de qualquer empresa. E a confiança pode permitir que essas pessoas, trabalhando juntas e de forma eficaz, criem e realizem muito mais do que jamais imaginaram individualmente. Essa é a magia das empresas de sucesso.

Cada função organizacional detém experiências distintas que são levadas para a empresa como um todo. Nas melhores equipes de produto, o valor único da engenharia é inovar de forma consistente com tecnologia para entregar produtos de sucesso. Por qualquer motivo, quando uma organização de engenharia não é percebida como capaz de entregar, haverá problemas de confiança. Os executivos não confiam na organização de engenharia, e os engenheiros não confiam nos executivos.

Essa falta de confiança causa todo tipo de mau comportamento e problemas morais por todos os lados, e geralmente resulta em uma espiral descendente.

É essencial, portanto, ter laços de confiança saudáveis e contínuos. Restabelecer e manter a confiança requer trabalho — incluindo foco e estratégia — em todos os níveis da organização, começando do topo, mas também por parte dos engenheiros. E isso nos leva ao próximo ponto.

Cumpra as Promessas

Preciso trabalhar com os engenheiros para que entendam que, quando fazem uma promessa ou assumem um compromisso, é importante que cumpram com eles. Existem, aqui, componentes de "por que", "quando" e "como" que a organização geral precisa entender e apoiar. Isso envolve fazer o coaching dos executivos para que sejam perspicazes em relação a quando realmente precisam de um prazo, e fazer o coaching dos engenheiros sobre como avaliar o trabalho e levar muito a sério a obrigação de entregá-lo. Existem dois aspectos para isso.

Primeiro, precisamos substituir quaisquer jogos de estimativa não confiáveis que eles estejam praticando atualmente para tentar prever datas com algum rigor, avaliando por completo o que está envolvido para fazer algo funcionar e ser entregue. Isso pode ser difícil, e muitas vezes exige novas maneiras de fazer as coisas; também exige, quase sempre, muita prática. Eu acredito muito no processo de "engatinhar, andar, correr".

Isso pode significar construir protótipos de aplicabilidade, ou que alguns engenheiros gastem tempo para aprender ou desenvolver algo. Seja qual for a abordagem, eles precisam ser capazes de prever datas razoavelmente — quando essas datas forem realmente necessárias — e com alta confiança.

Em segundo lugar, uma vez que os engenheiros tenham assumido esse compromisso, eles precisam levá-lo muito a sério e entregar de acordo. Essa mentalidade de "faça o que você diz que vai fazer" é esperançosamente verdadeira para cada pessoa e equipe dentro de uma empresa. Independentemente disso, no entanto, a engenharia precisa se tornar conhecida por cumprir seus compromissos.

Não há dúvida de que dimensionar uma organização de engenharia não é uma tarefa trivial. No entanto, a boa notícia é que existem muitos exemplos, hoje, nos quais esse movimento de avanço e de transformação bem-sucedida ocorreu, e as organizações são capazes de entregar com orgulho os produtos dos quais suas empresas e clientes dependem.

PARTE

VI

Estratégia de Produto

CONTEXTO ESTRATÉGICO

MISSÃO DA EMPRESA/OBJETIVOS/TABELA DE DESEMPENHO

VISÃO E PRINCÍPIOS DO PRODUTO

TOPOLOGIA DA EQUIPE

ESTRATÉGIA DO PRODUTO

EQUIPES DE PRODUTO

OBJETIVOS

DESCOBERTA
ENTREGA

OBJETIVOS

DESCOBERTA
ENTREGA

OBJETIVOS

DESCOBERTA
ENTREGA

Em última análise, empoderar as equipes de produto significa dar a elas problemas difíceis para resolver e, em seguida, dar o espaço necessário para que possam resolvê-los.

Contudo, como decidimos *quais* problemas elas devem resolver? A resposta a essa pergunta diz respeito à estratégia de produto.

Uma estratégia de produto eficaz é absolutamente essencial para permitir que pessoas comuns criem produtos extraordinários, porque ela concentra e potencializa seus talentos.

Surpreendentemente, a maioria das organizações de produto que conheço nem sequer possui uma estratégia de produto.

Elas não têm escassez de recursos ou de projetos em andamento, e tudo o que estão construindo está sendo construído por uma razão; entretanto, como você verá, elas não possuem uma estratégia de produto.

Se você nunca viu o excelente vídeo da série South Park sobre o Negócio de Cuecas,[1] eu o encorajo a fazer uma pausa por um minuto e dar uma olhada.

É isso que eu vejo, realmente, em muitas empresas que visito. Elas possuem equipes de produto que são, mais precisamente, equipes de recursos, as quais estão trabalhando duro — trabalhando em recursos o dia todo —, mas que raramente se aproximam dos resultados desejados.

Isso resulta em duas coisas. Primeiro, há uma quantidade deprimente de esforço desperdiçado (principalmente devido à sua dependência em relação aos roadmaps do produto). Em segundo lugar, elas não estão concentrando poder mental o suficiente nos problemas mais importantes para alcançar os resultados de que a sua empresa precisa.

Você pode se perguntar como é possível que tantas empresas não possuam uma boa estratégia de produto — eu me pergunto exatamente isso. Richard Rumelt nos dá uma dica:

> *Não é um erro de cálculo, mas uma estratégia ruim é a evitação ativa do trabalho árduo de elaborar uma boa estratégia. Uma razão comum para escolher a evitação é a dor ou a dificuldade de escolha. Quando os líderes não querem ou são incapazes de fazer escolhas entre valores e partidos concorrentes, a má estratégia é a consequência.*[2]

---

1 https://southpark.cc.com/clips/151040/the-underpants-business [conteúdo em inglês].
2 RUMELT, Richard. *Good Strategy/Bad Strategy*. Nova York: Crown Business, 2011.

Então, o que é estratégia de produto e por que ela é tão importante? "Estratégia" é um termo ambíguo, pois existe em todos os níveis para quase tudo — estratégia de negócios, de mercado, de crescimento, de vendas, de descoberta, de entrega, e assim por diante.

Seja qual for o objetivo, sua estratégia é *aquilo que você planeja fazer para cumpri-lo.*

A estratégia não cobre os detalhes — essas são as *táticas* que usaremos para alcançar o objetivo. A estratégia é a abordagem geral e a justificativa para essa abordagem.

Embora existam muitas formas de estratégia, o que me interessa aqui é a estratégia do produto. O que, em resumo, significa: *como tornamos a visão do produto uma realidade, ao mesmo tempo que atendemos às necessidades da empresa à medida que avançamos?*

Muitas das empresas que conheço têm uma *meta* (como dobrar a receita) e um roadmap do produto (as *táticas*), mas nenhuma *estratégia* de produto pode ser encontrada.

Em termos de equipes de produto empoderadas, a *estratégia* de produto nos ajuda a decidir quais problemas resolver, a *descoberta* do produto nos ajuda a descobrir as táticas que podem realmente resolver os problemas, e a *entrega* do produto constrói essa solução para que possamos colocá-la no mercado.

Por que, então, a estratégia de produto é algo tão difícil?

Porque ela requer quatro coisas que não são fáceis para a maioria das empresas:

1. A primeira é estar disposto a fazer *escolhas* difíceis sobre o que é realmente importante.
2. A segunda envolve a produção, a identificação e o aproveitamento de *insights*.
3. A terceira envolve a conversão de insights em *ação*.
4. E a quarta envolve uma *gestão* ativa sem recorrer à microgestão.

Fazer escolhas significa ter foco. Decidir quais as poucas coisas que você realmente precisa fazer e, portanto, todas aquelas que você não fará.

Porém, são incontáveis as empresas nas quais entrei e que têm na parede de um escritório ou em uma planilha uma lista de literalmente cinquenta objetivos ou iniciativas principais que estão perseguindo.

E cada equipe de produto reclama comigo que não tem tempo efetivo para realizar o trabalho de produto da própria equipe, porque tem obrigações que cobrem mais de 100% do seu tempo disponível, sem mencionar todo o trabalho de "manter as luzes acesas" e lidar com dívidas de tecnologia.

Além disso, muitos desses 50 objetivos ou iniciativas principais são problemas realmente difíceis, e obter apenas uma pequena fatia de tempo e nenhuma propriedade clara de uma dúzia de equipes de produto diferentes não tem chance potencial de causar qualquer tipo de impacto real.

Portanto, o foco vem de perceber que nem tudo aquilo que fazemos é igualmente importante ou impactante, e que devemos escolher quais objetivos são verdadeiramente críticos para o negócio.

Embora a estratégia de produto comece com *foco*, ela depende de *insights*. E esses insights vêm do estudo e do pensamento; vêm da análise dos dados e do aprendizado com nossos clientes. Os insights podem referir-se à dinâmica de nossos negócios, às nossas capacidades, às novas tecnologias capacitadoras, ao cenário competitivo, a como o mercado está evoluindo ou aos nossos clientes.

Depois de decidir o que é criticamente importante (*foco*) e estudar o cenário para identificar as alavancas e as oportunidades (os *insights*), precisamos converter esses insights em *ação*.

Em uma empresa que leva suas equipes de produto empoderadas a sério, isso significa decidir quais objetivos devem ser perseguidos por quais equipes de produto e, em seguida, fornecer a essas equipes o *contexto estratégico* necessário para que resolvam os problemas que precisamos que resolvam. No entanto, não termina por aí, uma vez que a realidade nunca é estática ou previsível.

À medida que as equipes de produto perseguem seus objetivos, algumas fazem mais progresso do que outras; algumas precisam de ajuda ou encontram grandes obstáculos; algumas acham que precisam colaborar com outras equipes; algumas percebem que estão perdendo os principais recursos; ou qualquer uma das centenas de outras situações possíveis.

O gerenciamento adequado dessa atividade requer líderes inteligentes e engajados que pratiquem uma liderança servil.

Tenho estudado estratégias de produto durante a maior parte da minha carreira. Depois de décadas de prática, acho que sou razoavelmente bom nisso. Minha atividade favorita ainda é resolver problemas difíceis (descoberta do produto); no entanto, se eu tivesse que escolher, diria que a estratégia de produto é a habilidade mais importante, e certamente a mais difícil.

Nos próximos capítulos, vamos nos aprofundar em cada um desses elementos da estratégia de produto — foco, insights, ações e gerenciamento. Entretanto, o ponto principal é que a estratégia de produto requer *escolha*, *raciocínio* e *esforço*.

CAPÍTULO

48

Foco

O principal é manter o que é principal como principal.

— *Jim Barksdale*

Para continuar com a nossa série sobre estratégia de produto, neste capítulo, eu procuro focalizar o *foco* — a importância de realmente escolher suas batalhas com organização.

E não me refiro apenas a decidir no que trabalhar ou não, mas a escolher as *poucas* coisas que de fato podem vir a causar um impacto.

Este é mais um daqueles tópicos relacionados à questão de se a empresa se preocupa com seus clientes ou não. Em quase todas as empresas que conheço, os líderes já acreditam que são razoavelmente bons no foco.

Contudo, muitas vezes, os líderes da empresa precisam de um choque de realidade a respeito desse assunto.

O número absoluto de coisas que eles acreditam ser extremamente importantes e que precisam acontecer neste trimestre ou ano costuma ser alto demais. Literalmente. Em vez de 2 ou 3 coisas realmente importantes, eles têm pelo menos 20 ou 30.

Agora, para ser justo, entendo por que os principais líderes acreditam ser razoavelmente bons no foco.

Eles já tiveram inúmeras reuniões em que concordaram com numerosas coisas que desejavam fazer este ano, mas que, ainda assim, não serão capazes. Então, na sua perspectiva, eles acham que já sabem o que significa dizer não e se sacrificar.

Isso, em grande parte, é um reflexo de líderes que sentem a necessidade de fazer muitas apostas — em vez das melhores ou das mais impactantes —, e que têm medo de ficar de fora e sentem a necessidade de responder a cada concorrente, cada negócio perdido, cada pedido do cliente. Todas essas reações são compreensíveis.

Porém, nesse caso, eles precisam de uma intervenção e de uma redefinição sobre o que o foco *realmente* significa na organização de um produto. Na minha experiência, muitas organizações precisam dessa intervenção.

Vamos falar sobre como é uma organização que não sabe como se concentrar no que de fato é importante.

Há alguns anos, um dos executivos do serviço de música Pandora compartilhou o "Processo de Priorização Pandora" — o processo da empresa para decidir o que trabalhar e construir.[1]

O processo envolvia permitir que os stakeholders "comprassem" os recursos que desejavam das equipes de recursos até que seu orçamento se esgotasse.

Eu não havia trabalhado com eles, mas, quando li isso, imediatamente reconheci a completa e absoluta ausência de estratégia de produto e principalmente de foco. Não era uma estratégia de produto *ruim* — não havia, literalmente, *nenhuma* estratégia de produto.

Combinando esse fato com a sua dependência a equipes de recursos e com sua falta de qualquer sinal de verdadeiro gerenciamento de produto, estava claro que isso levaria à construção de muitos recursos — mas pouco em termos de resultados ou inovação — e ao declínio inevitável da empresa.

---

1 https://firstround.com/review/This-Product-Prioritization-System-Nabbed-Pandora-More-Than-70-Million-Active-Monthly-Users-with-Just-40-Engineers [conteúdo em inglês].

E, nos anos subsequentes, foi exatamente isso que vimos acontecer. Uma ação cujo IPO havia sido feito em 2011 a 16 dólares continuou diminuindo até que, a cerca de 8 dólares por ação, foi finalmente vendida.[2]

Já fazem anos que venho compartilhando o exemplo da Pandora como um estudo de caso claro de *como não fazer um produto*.

Na maioria das empresas, não é tão óbvio assim, mas muitas têm algum tipo semelhante de processo de roadmap orientado pelos stakeholders, em que basicamente estão tentando encontrar uma maneira de dividir "de forma justa" a capacidade de engenharia entre os diferentes stakeholders dos negócios.

É a isso que me refiro quando falo de equipes de recursos que se esforçam para servir o *negócio*, diferentemente das equipes de produto que se esforçam para servir os *clientes* de uma forma que funcione para a empresa.

Esse é um exemplo especialmente claro da falta de estratégia de produto, da falta de foco e, de maneira mais geral, da falta de liderança.

Para ser justo, essa forma de trabalho raramente é desejada pelo chefe de produto. Em vez disso, em geral são o CEO e os stakeholders que desejam trabalhar dessa maneira, e o chefe do produto é forçado a atuar como facilitador.

Seja qual for o motivo, esse é um exemplo de empresa que *prioriza, mas não foca*.

É fácil gerar trabalho com essa abordagem, mas não resultados. Como Stephen Bungay explica:

> *Gerar atividade não é um problema; na verdade, é fácil. O fato de ser fácil torna o problema real mais difícil de resolver. O problema é fazer as coisas certas — as coisas que importam, que terão um impacto, ou seja, aquilo que uma empresa está tentando alcançar para garantir o sucesso.[3]*

Essa é uma das lições de liderança mais importantes, e os líderes bem-sucedidos aprenderam isso de uma forma ou de outra.

---

2 https://www.fool.com/investing/2019/02/05/sirius-xm-finally-ends-pandoras-misery.aspx [conteúdo em inglês].

3 BUNGAY, Stephen. *The Art of Action: How Leaders Close the Gaps between Plans, Actions and Results*. Londres: Nicholas Brealey, 2010.

Embora eu (Marty) tenha aprendido isso no início da minha carreira, essa lição ficou gravada em minha mente e descobri que esse princípio se aplica a muitos aspectos de um negócio de tecnologia.

Quando eu era um novo engenheiro de software, trabalhando no laboratório de pesquisa aplicada da HP, eu tinha acabado de sair da faculdade. Isso significava que eu sabia algo sobre a *teoria*, mas muito pouco sobre a *prática*.

A maneira como trabalhávamos na época era usando uma prática conhecida hoje como *programação em pares*: eu fui emparelhado com um engenheiro muito mais experiente, e nós escrevemos softwares "juntos". Uso aspas porque a verdade é que *ele* escreveu quase tudo, e eu basicamente assisti e fiz perguntas.

Estávamos trabalhando em softwares de sistemas de baixo nível, para os quais, na época — e ainda é o caso hoje, com certos tipos de produtos —, o desempenho era fundamental. Os sistemas e aplicativos costumavam ser tão lentos que se tornavam inutilizáveis. Portanto, a "otimização de desempenho" era uma das nossas responsabilidades permanentes.

A boa notícia é que, para praticamente qualquer área do código que examinássemos, não era difícil pensar em maneiras de refatorar para melhorar o desempenho. Continuei apontando áreas que poderíamos melhorar, mas ele continuava dizendo: "Sim, nós poderíamos, mas não vamos fazê-lo."

Finalmente, ele disse "Ok, hora de trabalhar no desempenho", e começou a apresentar nossa ferramenta de análise de desempenho, que nos permitia medir o desempenho de nosso software. Pudemos ver claramente onde o tempo estava realmente sendo gasto.

Ele ressaltou que, embora quase toda a base de código pudesse ser melhorada, a grande maioria desse esforço *não teria a menor importância*. Na verdade, nem seria o suficiente para ser percebido pelo usuário.

No entanto, havia alguns pontos nos quais quase todo o tempo estava sendo gasto e, se pudéssemos melhorar essas poucas áreas, poderíamos ter um impacto real. Então era ali que precisávamos nos concentrar.

Ele destacou que, na maioria das organizações, eles dizem a todos que "o desempenho é importante" e, assim, cada equipe trabalha um pouco no desempenho. Entretanto, a grande maioria desses trabalhos não faz absolutamente nenhuma diferença no fim das contas. E, nos poucos lugares onde isso *poderia* fazer a diferença, recebe pouquíssima atenção concentrada.

Esse foi um exemplo muito tangível do poder do foco, mas, de maneira mais geral, essa é a situação que vejo em muitas empresas quando se trata de foco e estratégia de produto.

Por não escolher suas batalhas e não se concentrar nos poucos problemas verdadeiramente críticos, a maior parte do trabalho em andamento não causa impacto. E, para as prioridades verdadeiramente críticas, não há atenção suficiente para de fato modificar as coisas.

Há também uma razão muito prática para focar apenas alguns problemas verdadeiramente críticos.

A maioria dos profissionais de produtos de tecnologia conhece os *limites* do conceito de *trabalho em andamento* (WIP). É um conceito especialmente comum em equipes de produto que usam um processo de entrega como o *Kanban*.

Significa, basicamente, que faremos mais trabalho (rendimento) se limitarmos o número de coisas nas quais nossa equipe de produto está trabalhando ao mesmo tempo. Para a maioria das equipes, são alguns itens. Se você não tem esses limites, então o trabalho se acumula nos gargalos, acabamos mudando constantemente de contexto e, por fim, como resultado, entregamos menos coisas para os clientes.

Não é um conceito difícil, e a maioria das equipes de produto vê isso acontecer diariamente.

No entanto, embora esse conceito seja definitivamente útil no nível de uma equipe de produto, ele se torna absolutamente crítico no nível da organização mais ampla do produto.

Quando uma organização tem 20, 30 ou mesmo 50 objetivos, iniciativas ou projetos de "alta prioridade" em andamento ao mesmo tempo, temos o mesmo problema, só que muito pior.

Em primeiro lugar, se você tiver até mesmo 20 iniciativas de alta prioridade, isso provavelmente sobrecarregará sua organização. Cada equipe terá dificuldade em cumprir essas iniciativas, em vez de tentar cuidar de seus clientes ou, de outra forma, buscar o propósito de sua equipe.

Em segundo lugar, há um custo real para uma organização, e especialmente para a liderança, em cada esforço ou iniciativa de alta prioridade. Esse custo envolve tempo de gerenciamento, decisões, monitoramento e rastreamento, questões de pessoal, e muito mais. E o mesmo conceito de limites de WIP se aplica aqui.

O resultado é que uma organização realizará um trabalho mais crítico se focar apenas alguns itens por vez. Portanto, precisamos escolher nossas batalhas com base no que realmente importa e limitar o número de batalhas principais que estamos tentando travar ao mesmo tempo.

Richard Rumelt lembra-nos que toda boa estratégia de produto começa com este foco:

Uma boa estratégia funciona concentrando a energia e os recursos em um ou em poucos objetivos essenciais, cuja realização levará a uma cascata de resultados favoráveis.[4]

Se os líderes não quiserem ou não puderem fazer essas escolhas, a estratégia de produto estará condenada desde o início.

No próximo capítulo, vamos considerar como identificamos e aproveitamos os insights sobre esses poucos problemas críticos nos quais decidimos nos concentrar.

---

4 RUMELT, Rumelt. *Good Strategy/Bad Strategy*. Londres: Profile Books, 2017.

49

Insights

Neste capítulo, gostaria de discutir o meu aspecto favorito — e também o mais difícil — da estratégia de produto, a saber, gerar, identificar e aproveitar os insights que fornecerão a base da estratégia do produto.

Você provavelmente já ouviu as histórias sobre os insights a respeito do comportamento do cliente que levaram uma então jovem Netflix a um rápido crescimento e lucratividade, os insights sobre a integração de novos usuários que levaram o Facebook a um crescimento explosivo, ou os insights sobre os testes de clientes que o Slack e a Salesforce.com alavancaram para se espalhar como um incêndio pelos negócios.

Neste capítulo, exploramos de onde vêm esses insights críticos e como ter certeza de que irá encontrá-los, pois eles podem se esconder entre os milhares de outros pontos de dados que você provavelmente está coletando.

Há algumas coisas que preciso deixar claro antes de entrarmos neste tópico:

Primeiro, se você está procurando algum manual ou estrutura didática para chegar a esses insights e a uma estratégia de produto sólida, vou lhe poupar algum tempo e dizer agora que você não vai encontrar isso aqui.

Como tentei enfatizar ao longo deste livro, a estratégia de produto requer esforço e reflexão reais. Richard Rumelt diz:

Uma boa estratégia [...] não surge de alguma ferramenta, matriz, gráfico, triângulo ou esquema de preenchimento de "gerenciamento estratégico". Em vez disso, um líder talentoso identifica um ou dois problemas críticos na situação — os pontos de articulação que podem multiplicar a eficácia do esforço — e, em seguida, foca e concentra a ação e os recursos neles.[1]

Em segundo lugar, em todos os casos que conheço, incluindo todos aqueles em que fui capaz de contribuir com a estratégia do produto, isso *nunca* acontece sem uma preparação real.

Você pode até ter uma epifania no chuveiro, mas isso só acontecerá depois de passar horas estudando seus dados, seus clientes, as tecnologias capacitadoras e seu setor.

As informações que estão no contexto estratégico — os objetivos da empresa, o scorecard/painel da empresa e a visão do produto — são a base para qualquer tipo de insight significativo. Portanto, estudar isso faz parte do seu dever de casa como líder de produto.

Terceiro, é importante perceber que esses insights podem vir de qualquer pessoa ou lugar. Você pode encontrar inspiração em uma análise do setor, em um bate-papo com um vendedor, em uma nova tecnologia capacitadora, em um comentário aparentemente aleatório de um cliente ou em um artigo acadêmico.

Porém, sem essa preparação, você provavelmente não reconhecerá o insight — mesmo que ele esteja bem na sua frente. Meu ponto principal aqui é que, como você nunca sabe o que pode ajudá-lo a conectar os pontos, é melhor ficar sempre de olho e ter a mente aberta.

Dito isso, existem quatro fontes de insights consistentemente eficazes e valiosas, e líderes de produto fortes passam grande parte de suas horas de vigília contemplando o que se segue.

---

1 RUMELT, Richard. *Good Strategy/Bad Strategy*. Londres: Profile Books, 2017.

Estatísticas Quantitativas

Para grande parte do que fazemos, os principais insights que formam a base de estratégias de produto bem-sucedidas vêm de uma análise dos dados do produto, especialmente daqueles relacionados ao seu modelo de negócios, seu funil de aquisição, seus fatores de retenção de clientes, seus dados de execução de vendas e centenas de outros indicadores importantes do estado de sua empresa.

Você pode ter uma teoria sobre quais clientes respondem melhor ao seu produto, e então fazer uma análise e perceber que, em certas situações, seu produto se encaixa drasticamente melhor. Você percebe que pode encontrar mais clientes assim ou trabalhar para replicar essa dinâmica com outros tipos de clientes.

Com frequência, você terá uma ideia sobre os dados e terá que construir um teste para obter os dados específicos de que precisa. Isso é normal e, quanto mais cedo sua organização ficar boa na execução desses tipos de testes de dados ativos, melhores serão as suas chances de um sucesso duradouro.

É normal hoje que as equipes de produto executem testes de dados ao vivo quase constantemente. Você sempre tira alguma coisa de cada teste, mas de vez em quando aprende algo de fato importante — um insight potencialmente valioso.

A chave é saber o suficiente para detectar esse aprendizado e, em seguida, alavancá-lo para uma ação significativa.

Percepções Qualitativas

A pesquisa do usuário tem tudo a ver com insights, e é por isso que sou tão fã de ter pesquisadores de usuários fortes na organização. Na maioria, os insights que eles geram são qualitativos e, portanto, não são "estatisticamente significativos", mas não deixe que isso o incomode — os insights qualitativos costumam ser profundos e podem literalmente mudar o curso de sua empresa.

A comunidade de pesquisa de usuários geralmente divide os insights em dois tipos. O primeiro é o *avaliativo*, que essencialmente significa: o que aprendemos ao testar essa nova ideia de produto? Funcionou ou não — e, se não, por quê? O segundo tipo de percepção é o *generativo*. Isso significa que descobrimos novas oportunidades que não estamos buscando, mas que talvez devêssemos estar.

Isso é, na verdade, a fonte de uma confusão muito comum nas equipes de produto. Na maioria das vezes, nosso aprendizado é *avaliativo* na descoberta de produtos. Já temos um problema que fomos solicitados a resolver, então não estamos procurando ativamente por outros problemas — estamos focados em encontrar uma solução que realmente *funcione*.

Obviamente, temos muitas ideias de produtos. Testamos essas ideias com protótipos em usuários reais e podemos aprender com rapidez os principais motivos pelos quais essa ideia de produto pode ou não funcionar.

No entanto, sempre que interagimos com usuários e clientes, temos a chance de aprender mais sobre eles e, às vezes, descobrimos oportunidades ainda maiores do que as que estamos procurando no momento. Mesmo que eles amem o novo produto que estamos testando, podemos perceber que pode haver uma oportunidade ainda maior se estivermos abertos a ela. Esse é um exemplo de um insight *generativo*.

Mesmo se uma equipe de produto não estiver tentando fazer descobertas sobre um problema específico ativamente, nós, como parte da equipe que passa tempo com usuários e clientes todas as semanas (você está fazendo isso, certo?), descobrimos problemas novos e potencialmente importantes para resolver, ou necessidades que ainda desconhecíamos.

Muitas organizações não estão aprendendo continuamente sobre seus clientes ou, mesmo que estejam, não estão preparadas para aproveitar os insights que são gerados (geralmente porque suas equipes de recursos já estão sobrecarregadas apenas tentando servir o negócio). Portanto, os aprendizados são muitas vezes ignorados.

Insights de Tecnologia

As tecnologias capacitadoras estão mudando constantemente e, vez ou outra, surge uma tecnologia que nos permite resolver problemas antigos de maneiras novas e possíveis agora.

Se a tecnologia for nova, é muito provável que você não tenha ninguém nas equipes que tenha sido treinado nela. Esse fato acaba assustando muitos líderes, ou eles ocasionalmente pensam que precisam se associar a um terceiro que tenha a experiência necessária. Porém, se a tecnologia é importante para você, sua empresa precisa aprendê-la. E, quanto mais cedo, melhor.

A boa notícia é que isso não costuma ser muito difícil de fazer. É provável que seus melhores engenheiros já estejam considerando essa tecnologia, e que adorariam explorar mais.

Nas melhores organizações, são os engenheiros empoderados que muitas vezes identificam essas tecnologias capacitadoras e trazem proativamente as possibilidades aos líderes, em geral na forma de um protótipo.

Insights da Indústria

Sempre há muito o que aprender com o setor em geral. Não me refiro apenas ao seu cenário competitivo, mas às principais tendências do setor, insights em outros setores que podem pertencer ao seu e de mercados semelhantes em outras regiões do mundo.

Sempre há um certo número de analistas cobrindo quase todas as áreas, e você deve seguir aqueles que considera estar entre os melhores.

Muitos CEOs decidiram que a melhor maneira de obter esses insights do setor é terceirizar isso para uma das consultorias de gestão, como McKinsey, Bain ou BCG.

Eu admito ter sentimentos confusos sobre isso. As pessoas nessas empresas costumam ser muito fortes, mas têm dois grandes fatores trabalhando contra elas. Em primeiro lugar, seu foco e sua experiência estão quase sempre na *estratégia de negócios* e raramente na *estratégia de produto* (e muitas vezes elas nem sabem a diferença). Em segundo lugar, a duração típica de seu engajamento raramente é tempo suficiente para que obtenham o nível de profundidade necessário em seu negócio para o verdadeiro trabalho de estratégia de produto.

Portanto, o resultado é que seus insights geralmente não são considerados relevantes pelos líderes ou pelas equipes de produto. Em parte, eles estão certos — os insights não são relevantes —, mas em parte o problema é o fato de ser muito fácil desconsiderar os insights encontrados por terceiros.

O que eu achei útil é, se você conseguir encontrar uma pequena empresa ou indivíduo que esteja interessado em um contrato de longo prazo — em que eles possam se estabelecer como um membro confiável de sua equipe

—, isso pode ser um relacionamento proveitoso. Ou, se você puder recrutar um desses consultores de gerenciamento para se juntar à sua organização de produto, ele geralmente pode passar por coaching para se tornar um gerente de produto e um líder de produto excepcionalmente forte.

Aprendizagem Compartilhada

Em uma organização de produto forte, esses quatro tipos de insights são sempre assunto de interesse e discussão, tanto no nível da liderança quanto no nível da equipe de produto.

Contudo, metade da batalha, especialmente em organizações maiores, é conseguir os insights relevantes para as mentes certas no momento certo.

Muitas vezes, é notável o quanto uma equipe de produto aprende, em particular quando está trabalhando na descoberta de produto para problemas importantes. No entanto, é provável que esse aprendizado fique apenas com a equipe de produto.

Os insights gerados precisam ser compartilhados e comunicados. Infelizmente, a maneira mais comum pela qual a maioria das equipes tenta compartilhar esses aprendizados é anotando-os em algum lugar — e-mail, Slack ou relatório —, o que raramente é eficaz.

O líder de produto ou de design costuma ser a primeira pessoa a ligar os pontos entre o aprendizado de diferentes equipes e ver as oportunidades reais.

O segredo é garantir que esses aprendizados — sejam eles provenientes de dados, visitas de clientes, tecnologias de capacitação, análises do setor ou qualquer outra fonte — cheguem aos líderes de produto.

De muitas maneiras, os líderes recebem os dados que *solicitam*, não os dados de que *precisam* — especialmente para tomar decisões estratégicas criteriosas.

Esse é um benefício importante dos 1:1 semanais, e também é outro exemplo de como as equipes de produto empoderadas não precisam de *menos* gerenciamento, mas de um gerenciamento *melhor*.

Esses líderes precisam pegar o aprendizado e passá-lo para outras equipes que podem se beneficiar desses insights e, de maneira mais geral, ajudar a construir sua compreensão holística do negócio.

Uma prática que defendo há muito tempo é que o chefe de produto deve agregar os principais aprendizados e percepções de todas as diferentes equipes em suas áreas e nas reuniões gerais semanais ou quinzenais. Ele deve resumir o que é mais importante nesses aprendizados e percepções, e compartilhá-lo com a organização em geral.

Esse compartilhamento serve a alguns propósitos:

Em primeiro lugar, ajuda a organização mais ampla — incluindo as outras equipes de produto, mas também os stakeholders — a obter uma compreensão melhor do aprendizado e dos insights que acontecem nela todas as semanas.

Em segundo lugar, garante que o líder esteja realmente compreendendo todos os insights-chave, e não apenas repassando algum status em um e-mail.

Terceiro, é muito difícil prever exatamente onde os insights principais terão mais impacto, e por isso é muito importante compartilhá-los de forma ampla, em especial entre as outras equipes de produto.

De uma forma ou de outra, como líder de produto, você precisará identificar os insights que pode alavancar para gerar o impacto necessário.

Neste ponto, focamos um pequeno número de problemas realmente importantes para o negócio e identificamos aqueles que acreditamos serem os pontos essenciais (os insights) para mover o ponteiro até esses problemas. Agora estamos prontos para transformar esses insights em *ações*.

Pivô de Visão

Neste livro, expusemos as coisas na sua ordem ideal e lógica. Começamos com uma visão de produto inspiradora, criamos uma estratégia de produto para cumprir essa visão e, em seguida, as equipes de produto executam essa estratégia. Em muitos casos, é exatamente assim que vejo as coisas acontecerem.

Porém, é importante reconhecer que isso nem sempre é tão linear. O exemplo mais comum é quando, durante nosso trabalho na estratégia de produto, ou durante o trabalho de descoberta de produto de uma equipe de produto, descobrimos um insight que muda tudo.

Percebemos que há uma oportunidade maior ou melhor mudando o curso e, após discussões com os líderes seniores, e geralmente também com o conselho da empresa, decide-se mudar a visão do produto para aproveitar esse insight.

Isso é chamado de pivô de visão, e já salvou e criou inúmeras empresas, sendo Slack, YouTube, Facebook e Netflix apenas algumas das organizações que experimentaram isso.

Sempre fico um pouco hesitante em explicar isso, já que um problema muito grande em nosso setor sempre foi — e continua sendo — que as organizações de produtos desistem muito cedo de sua visão de produto. Como diz Jeff Bezos, "Precisamos ser teimosos em nossa visão de produto", e eu concordo veementemente.

Com equipes de produto empoderadas, com as habilidades certas e tempo suficiente, podemos de fato cumprir a maioria das visões de produto. O pivô de visão é mais relevante quando nossos insights levam a uma oportunidade maior, e não quando percebemos que os problemas são mais difíceis do que pensávamos (o que quase sempre é verdadeiro).

50

Ações

Continuando com a série sobre estratégia de produto, neste capítulo, precisamos transformar nossos *insights* em *ações*.

Neste ponto, concentramo-nos em um número muito pequeno de problemas críticos, e fizemos um trabalho árduo para identificar os principais *insights* que virão a impulsionar nossa estratégia de produto. Agora precisamos transformar esses insights em *ação*, e existem duas maneiras de se fazer isso.

Este é o ponto em que há uma bifurcação na estrada, e é onde podemos dizer se uma empresa leva a sério as equipes de produto empoderadas ou se ainda é viciada em equipes de recursos.

Preciso admitir que, mesmo que a empresa opte por continuar com roadmaps e equipes de recursos, ela ainda estará em situação muito melhor se tiver uma estratégia de produto forte. Com certeza, muito melhor do que a maioria das organizações com equipes de recursos que não possuem estratégia de produto.

A diferença realmente se resume a se você dá às equipes de produtos recursos para construir ou para resolver problemas.

Na maioria das vezes, a diferença é óbvia (por exemplo, "Adicione vídeos à nossa oferta de ajuda online" *versus* "Melhore a taxa de sucesso de integração de novos usuários"). Entretanto, às vezes a diferença é mais sutil (por exemplo, "Precisamos de um aplicativo" *versus* "Nossos usuários precisam ser capazes de acessar nossos serviços de qualquer lugar").

No primeiro exemplo, adicionar vídeos é, provavelmente, apenas uma das centenas de melhorias possíveis na integração de novos usuários.

No segundo exemplo, adicionar um aplicativo é, muito possivelmente, a forma primária de fornecer acesso de qualquer lugar, então a diferença é sutil, mas ainda existem várias maneiras de alcançar o objetivo, e queremos dar à equipe a maior latitude para encontrar a melhor solução possível.

Se os líderes acreditam que conhecem os recursos e os projetos necessários para executar a estratégia de produto, então eles provavelmente colocarão essas informações em um roadmap e atribuirão o trabalho às equipes relevantes.

No entanto, se esses líderes desejam que as equipes de produto sintam propriedade pelo problema e assumam a responsabilidade de descobrir e entregar uma solução que gere os resultados necessários, eles vão querer dar às equipes relevantes a maior liberdade possível para chegar a uma solução mais eficaz.

Observe que empoderar uma equipe não significa dar a ela um cheque em branco. Sempre há restrições e contexto — como garantir que a solução não viole um contrato existente ou uma restrição de conformidade.

É importante ressaltar que a primeira abordagem é o que chamamos de *equipe de mercenários*, e a segunda é o que queremos dizer com uma *equipe de missionários*.

Claro, não é segredo que sou totalmente devoto do modelo de equipes empoderadas, pois acredito profundamente que ele gera resultados consistentemente melhores — particularmente em termos de inovação e entrega dos resultados necessários.

No modelo de equipes empoderadas, nossa intenção é fornecer a elas o conjunto de problemas específicos que cada uma precisa resolver e, em seguida, dar-lhes o espaço para determinar a melhor maneira de resolver esses problemas. Existem várias técnicas para resolvê-los, e a mais popular entre elas é o sistema OKR, que significa *objetivos e resultados-chave*. Os objetivos são o cliente ou o problema comercial que precisamos resolver, e os principais resultados são como medimos o progresso.

Já discutimos os *objetivos da empresa* como uma parte fundamental do *contexto estratégico*. No entanto, para iniciar a ação, precisamos fornecer às *equipes de produto* seus objetivos específicos, que são conhecidos como *objetivos de equipe*. Na próxima seção sobre os objetivos da equipe (Parte VII), falaremos em profundidade sobre como usar efetivamente a técnica OKR no modelo de equipes empoderadas.

Porém, antes de falarmos sobre a técnica OKR, é importante ressaltar que você de fato não precisa dela, ou de qualquer outra técnica, para isso.

Tudo o que é realmente necessário é que um líder experiente se sente com as equipes de produto relevantes, explique o contexto estratégico — incluindo a estratégia do produto — e, em seguida, diga a cada uma em quais problemas você precisa que elas trabalhem e quais resultados de negócios elas devem medir.

Se a equipe tiver o conhecimento e as habilidades certas, ela começará a trabalhar. O sistema OKR é um modo de formalizar essas discussões, mas só é uma técnica útil se você tiver equipes de produto empoderadas e os líderes tiverem feito seu trabalho para criar uma estratégia de produto eficaz e estiverem prontos e dispostos a confiar em suas equipes para resolver os problemas que precisamos que resolvam.

De qualquer forma, só porque você está empoderando suas equipes, isso não significa que poderá simplesmente deixá-las em paz e esperar pelo melhor. Ainda há um *gerenciamento ativo* considerável necessário para se ter sucesso na estratégia de produto, e é isso que discutiremos a seguir.

CAPÍTULO

51

Gerenciamento

Neste ponto, focamos a organização em um pequeno número de problemas verdadeiramente importantes, identificamos os *insights-chave* que aproveitaremos e os convertemos em *ações* na forma de objetivos para cada equipe de produto.

Embora tudo isso seja uma preparação necessária para o trabalho que precisa ser feito, posso dizer por experiência própria que, se os líderes pararem por aqui, vocês ficarão decepcionados no fim do trimestre. Isso ocorre porque nenhuma estratégia de produto sobrevive ao seu encontro inicial com o mundo real.

Surgirá uma série de problemas e obstáculos, e, embora cada equipe de produto lide com eles e tome a maior parte das decisões por conta própria, haverá muitos casos em que será preciso que você remova obstáculos e barreiras ou forneça assistência:

- A equipe do produto percebe que perdeu uma dependência durante o planejamento e agora tem dependência em relação a outra equipe, e essa equipe está ocupada com os próprios objetivos.

- Durante a descoberta do produto, a equipe percebe que precisa usar uma tecnologia à qual não tem acesso ou conhecimento hoje e, portanto, pode precisar adquiri-la e aprendê-la rapidamente.

- Surge um grande problema com o cliente, e a organização está lutando para determinar a melhor maneira de cuidar do cliente e, ao mesmo tempo, progredir com os objetivos da equipe.

- Um stakeholder sênior levanta uma preocupação importante que afeta um dos objetivos principais, e a equipe de produto precisa de uma decisão rápida.

Espero que você tenha entendido. Nada disso é incomum, mas, a menos que os líderes estejam ativamente engajados em identificar, rastrear e resolver esses tipos de obstáculos, haverá pouco progresso.

A principal fonte de informação para o líder de produto será o 1:1 semanal com o gerente de produto. Claro, se surgir algo urgente, você terá que orientar seus gerentes de produto para entrar em contato com você imediatamente e não esperar até o próximo 1:1 para discutir a respeito.

Durante essa sessão, você ouvirá sobre problemas ou obstáculos e orientará sobre a melhor maneira de lidar com eles. Em alguns casos, você precisará ajudar conversando com um stakeholder importante, encontrando um engenheiro adicional ou conversando com outra equipe sobre a necessidade de ajudar com um problema ou uma centena de coisas semelhantes.

Não confunda isso com gerenciamento de comando e controle. Você não está assumindo o controle e dizendo às equipes o que fazer: você está respondendo aos seus pedidos de ajuda. É algo mais precisamente descrito como *liderança servil* e você está sendo solicitado a ajudar a remover um impedimento.

Com todas as urgências e interrupções normais da vida de uma empresa, é muito fácil se encontrar no meio do trimestre com pouquíssimo progresso nos objetivos gerais da equipe. É por isso que o acompanhamento e o coaching semanais são tão importantes. Você, como gerente, está garantindo que a equipe de produto está progredindo e, também, à medida que aprendizados ou insights importantes são descobertos, ou problemas importantes são identificados, eles são compartilhados com você para que esse conhecimento possa ser agregado e disseminado para as equipes relevantes.

O coaching e a gestão da estratégia não são responsabilidades muito diferentes: são basicamente dois lados da mesma discussão.

Mais uma vez, quando se trata de equipes de produto empoderadas, você não precisa de *menos* gerenciamento, e sim de um gerenciamento *melhor*.

52

Perfil de Liderança:
Shan-Lyn Ma

O Caminho para a Liderança

Conheci Shan-Lyn em 2009, na cidade de Nova York, quando ela era a única gerente de produto do site Gilt Groupe, que vinha crescendo rapidamente. Foi fácil ver o seu potencial.

Shan-Lyn estudou marketing e economia, e, depois de obter seu MBA em Stanford, juntou-se ao Yahoo por alguns anos antes de decidir tentar a vida em startups.

Depois de quatro anos construindo uma equipe de produtos na Gilt, ela estava pronta para fundar a própria startup, a Zola, uma empresa de planejamento e registro de casamento online. A empresa vem crescendo há sete anos oferecendo serviços extremamente elogiados, dos quais noivos de diversos lugares dependem.

Além disso, a Zola é considerada uma das empresas em estágio de crescimento mais promissoras de Nova York, bem como uma das melhores empresas de tecnologia para se trabalhar.

Liderança em Ação

Aqui está Shan-Lyn em suas palavras:

Não há nada que eu goste mais do que construir coisas que o mundo nunca viu antes, mas que, quando as pessoas se deparam com elas, pensam: "Como nós vivíamos sem isso?" Produtos que trazem alegria genuína. É isso que eu quero continuar fazendo para sempre.

Quando meu cofundador, Nobu Nakaguchi, e eu decidimos abrir a Zola, não tínhamos apenas a visão de ajudar os casais em seus casamentos; também tínhamos uma visão para o tipo de empresa em que queríamos trabalhar.

Quando eu estava liderando o produto em um trabalho anterior, um dos líderes da empresa me deu o feedback de que eu não era uma boa líder porque os engenheiros gostavam muito de mim. O líder disse que, se eu estivesse fazendo meu trabalho direito, os engenheiros deveriam reclamar da pressão que eu estava exercendo sobre eles.

Por um tempo, tentei mudar minha abordagem, mas logo percebi que esse era o caminho para prejudicar a colaboração, quebrar a confiança e provavelmente perder a inovação da qual dependíamos.

Nobu e eu acreditávamos que a inovação vinha de equipes empoderadas constituídas por profissionais fortes, que trabalhassem em um ambiente confiável. Acreditávamos profundamente que poderíamos oferecer um ambiente que valorizasse e respeitasse as pessoas que ali trabalhavam, e que isso nos ajudaria a proporcionar o tipo de experiência que os noivos desejavam e mereciam.

Muitos fundadores dizem coisas assim, mas nós estávamos dispostos a apostar a empresa nisso. Sabíamos que, para ter sucesso com a Zola, não precisaríamos apenas inovar no produto e na experiência, mas também no nosso modelo de negócios e na forma como construímos e administramos nossa empresa.

No nosso refeitório, você encontrará uma placa de "proibido babacas", e também outras que enfatizam a proibição de apontar dedos, de politicagem ou de joguinhos.

Sabemos que a inovação prospera em ambientes onde diferentes perspectivas são buscadas e incentivadas; por isso, tornamos a diversidade uma meta explícita desde o início, para cada função aberta.

É claro que nós desejávamos diversidade em habilidades e talentos, mas também uma diversidade em termos de gênero, orientação, educação e abordagem para a solução de problemas.

Isso não nos ajudaria apenas com a inovação, mas também a termos usuários — casais de noivos — de todos os sabores e combinações. Assim, acreditávamos que isso poderia nos ajudar em todos os níveis.

Também queríamos uma cultura que valorizasse a colaboração e a velocidade. Embora possa parecer contraintuitivo, descobrimos que a colaboração inicial não apenas produz resultados melhores, como também produz resultados mais *rápidos*.

Portanto, antes de tomarmos qualquer decisão importante, certificamo-nos de que outras pessoas na empresa sejam consultadas e que suas opiniões sejam devidamente consideradas.

Também valorizamos mostrar ideias para nossos clientes o mais rápido possível, porque sabemos que é aí que o verdadeiro aprendizado acontece.

Há alguns anos, sofri um grave acidente de carro, e essa experiência teve um impacto profundo em mim. Aprendi a viver mais no momento presente.

Ser a CEO de uma empresa em rápido crescimento é difícil. As demandas são altas e crescentes. Mas isso me possibilita fazer o que amo todos os dias, ao lado de pessoas com quem amo trabalhar, e sou extremamente grata por viver para poder fazer isso um dia após o outro.

PARTE

VII

Objetivos da Equipe

CONTEXTO ESTRATÉGICO

MISSÃO DA EMPRESA/OBJETIVOS/TABELA DE DESEMPENHO

VISÃO E PRINCÍPIOS DO PRODUTO

TOPOLOGIA DA EQUIPE

ESTRATÉGIA DO PRODUTO

EQUIPES DE PRODUTO

DESCOBERTA
ENTREGA

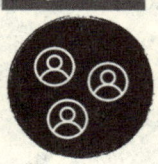

DESCOBERTA
ENTREGA

DESCOBERTA
ENTREGA

273

Tenho defendido a técnica OKR (objetivos e resultados-chave) por muitos anos, mas não é segredo que, para a maioria das empresas que tentaram, os resultados foram decepcionantes. A meu ver, existem três razões fundamentais para isso.

Equipes de Recurso *versus* Equipes de Produto

Se a empresa ainda usa equipes de recurso, o que infelizmente costuma ser o caso, a técnica OKR será uma incompatibilidade cultural e quase certamente uma perda de tempo e de esforço.

Essa técnica veio de empresas que empoderaram equipes de produto em seu DNA. A OKR é, antes de mais nada, *uma técnica de empoderamento*.

A ideia principal é dar às equipes de produto problemas reais para resolver e, em seguida, espaço para que façam isso.

Isso é o básico para permitir que pessoas comuns criem produtos extraordinários.

No entanto, o sinal revelador de incompatibilidade é que as empresas pensam que podem "verificar o campo do empoderamento", dando os objetivos da equipe, mas ainda continuam a dizer-lhe as soluções que deve fornecer — quase sempre na forma de um roadmap de recursos e projetos com datas de lançamento esperadas.

Objetivos do Gerente *versus* Objetivos da Equipe de Produto

A segunda questão é que o objetivo de uma equipe de produto multifuncional e empoderada é trabalhar em conjunto para resolver problemas difíceis.

Ainda assim, em muitas empresas, cada gerente — o gerente dos engenheiros, o gerente dos designers e o gerente dos gerentes de produto — cria os próprios objetivos *organizacionais*, que são transmitidos aos funcionários.

Isso pode parecer razoável, e não seria necessariamente um problema para outras partes da empresa. Na prática, todavia, significa que esses funcionários — ao trabalhar com seus colegas multifuncionais em uma equipe de produto — estão trabalhando nos *próprios* objetivos, em vez de trabalharem de forma colaborativa nos objetivos da *equipe*.

Para piorar ainda mais as coisas, em muitas empresas há um nível adicional de complexidade e diluição, porque elas também tentam implementar objetivos *individuais*. Portanto, o engenheiro não apenas herda os objetivos de seu gerente, mas também tem que trabalhar nos seus próprios objetivos pessoais.

O Papel da Liderança

E, finalmente, chegando à raiz do problema: na maioria das empresas que vejo tendo dificuldades para extrair algum valor dos OKRs, o papel da liderança está praticamente ausente.

Elas literalmente pensam que a ideia é permitir que as equipes identifiquem um conjunto de objetivos e, em seguida, deixar que os persigam, e assim veremos onde estaremos no fim do trimestre.

Acham que equipes de produto empoderadas, e especialmente essa técnica, têm a ver com *menos* gerenciamento. Porém, como tentei enfatizar ao longo deste livro, trata-se realmente de uma gestão *melhor*.

Não é de se admirar por que tantas empresas obtêm tão pouco valor dessa técnica? Não é segredo que a maioria das empresas líderes de produtos de tecnologia utiliza a técnica OKR ou uma de suas variantes. E também não é segredo o quanto essas empresas foram bem-sucedidas.

No entanto, as pessoas estão confundindo correlação com causalidade. Essas empresas de sucesso não têm sucesso *porque* usam OKRs. Elas usam OKRs porque eles são projetados para alavancar o modelo da *equipe de produto empoderada*.

E, como tentei deixar claro neste livro, o modelo de equipe de produto empoderada é uma abordagem fundamentalmente diferente para construir e administrar uma organização de produto de tecnologia.

Você não pode pegar sua antiga organização com base em equipes de recursos, roadmaps e gerentes passivos e, em seguida, sobrepor uma técnica de uma cultura radicalmente diferente e esperar que isso funcione ou mude qualquer coisa.

Portanto, em termos de realmente obter os *benefícios* dos OKRs, existem três pré-requisitos que são essenciais:

1. Mude do modelo de equipe de recursos para o modelo de equipe de produto empoderada.
2. Pare de cumprir os objetivos do gerente e os objetivos individuais e, em vez disso, concentre-se nos objetivos da *equipe*.
3. Os líderes precisam dar um passo à frente e fazer sua parte para transformar a estratégia de produto em ação.

A maior parte deste livro foi sobre o primeiro tópico.

Para o segundo item, trata-se principalmente de educação; com sorte, esses capítulos esclarecerão isso para as pessoas.

É o terceiro item que precisa de muito mais discussão; portanto, na próxima série de capítulos sobre os objetivos da equipe, discutiremos o papel da liderança para tornar esses objetivos efetivos.

Primeiro, discutiremos especificamente como empoderamos as equipes por meio dos seus objetivos. Esse é o benefício mais importante dos objetivos da equipe e, ainda assim, é com frequência o menos compreendido.

Em última análise, o objetivo da equipe é executar nossa estratégia de produto, e é aqui que convertemos nossa estratégia em ação. Precisamos discutir como o trabalho é atribuído às equipes de produto de maneira a empoderá-las, mas também a responsabilizá-las.

A seguir, discutiremos como os líderes gerenciam um portfólio de risco, compartilhando com as equipes o quão *ambiciosas* eles gostariam que elas fossem ao buscar os problemas que foram solicitadas a resolver.

É fundamental notar que às vezes não se trata do nível de ambição, e sim de precisarmos ocasionalmente fazer o que é chamado de *compromisso de alta integridade*, além de discutir como isso é feito e gerenciado.

Um dos equívocos mais comuns sobre os objetivos da equipe é que apenas uma equipe de produto deve trabalhar em um problema específico. Pelo contrário, muito de nosso melhor trabalho requer *colaboração* entre equipes, e discutiremos várias formas importantes de colaboração.

Como acontece com qualquer empreendimento difícil baseado em tecnologia, precisamos *gerenciar* ativamente esse trabalho, sempre tendo o cuidado de gerenciar por meio do coaching e da liderança servil, e não regredir ao estilo de gerenciamento de comando e controle — minando os benefícios do empoderamento.

Junto com o empoderamento, vem a *responsabilidade*, e precisamos discutir o que isso significa na prática.

Por fim, colocaremos tudo isso em perspectiva com os pontos mais importantes para obter o valor real dos objetivos de equipe.

CAPÍTULO

53

Empoderamento

Agora que sabemos quais ações precisamos que cada equipe de produto execute, precisamos também discutir como atribuímos esse trabalho de forma a empoderar a equipe.

O ponto essencial dos objetivos da equipe é *empoderá-la* ao: (a) dar-lhe um *problema para resolver* em vez de um recurso para construir, e (b) garantir que ela tenha o *contexto estratégico* necessário para entender o *porquê* e tomar boas decisões.

O ponto mais importante para entender os objetivos da equipe é que, antes de mais nada, eles estão ali para dar à equipe de produto o espaço para encontrar soluções para problemas difíceis e importantes.

Isso está em total contraste com um roadmap de produto típico, que fornece à equipe uma lista priorizada de recursos e projetos a serem desenvolvidos. Se esses recursos ou projetos não resolverem os problemas subjacentes, então nós falhamos, mesmo que tenhamos entregue o que nos foi solicitado.

Atribuindo Problemas para Resolver, em vez de Recursos para Construir

Algumas pessoas acreditam que a diferença não é grande coisa. Se você acha que precisa de sua equipe para construir um aplicativo, apenas diga a ela para construí-lo em vez de fornecer os contextos comercial e estratégico e deixá-la descobrir que é preciso construir um aplicativo.

Entretanto, uma das principais lições que nosso setor aprendeu foi: *a maneira pela qual o trabalho é atribuído faz diferença.*

Existem muitos motivos pelos quais isso é preferido, sendo os mais importantes:

- As melhores pessoas para determinar a solução mais adequada são aquelas mais próximas do problema, com as habilidades necessárias — a *equipe de produto*.
- Queremos que a equipe assuma a responsabilidade de alcançar o *resultado* desejado.
- Se dissermos à equipe o recurso que queremos que ela crie, e esse recurso não fornecer os resultados necessários, não poderemos *responsabilizar* a equipe.
- Se dermos à equipe o problema a ser resolvido e o espaço para resolvê-lo da melhor maneira que achar adequado, a equipe do produto se sentirá muito mais *responsável* pelo problema.
- Se a primeira solução que a equipe apresentar não produzir o resultado desejado, ela sabe que deve continuar a *iterar* e/ou tentar abordagens alternativas até encontrar uma solução que o faça.

Os objetivos da equipe são compostos, portanto, por um objetivo (o problema que precisa ser resolvido) e algumas medidas de progresso (os principais resultados). Vamos discutir cada um deles.

Observe que estou apresentando isso aqui no formato OKR, mas o importante é: (1) foco em um pequeno número de objetivos significativos; e (2) medir os resultados com base nos resultados do negócio, não na produção ou nas atividades.

Objetivos

Os objetivos específicos serão, é claro, uma função do tipo de produto e das responsabilidades da equipe de produto em particular, mas exemplos típicos de *bons* objetivos são:

- Reduzir a frequência de encomendas entregues no endereço errado.
- Aumentar a porcentagem de remessas com entrega no dia seguinte.
- Reduzir a porcentagem de imagens sinalizadas como inadequadas.
- Reduzir a taxa de rotatividade de assinantes.
- Demonstrar a adequação do produto/mercado para um produto existente em um novo mercado.
- Diminuir o tempo que um candidato a emprego leva para encontrar um novo trabalho.
- Reduzir os custos operacionais de cumprimento.
- Reduzir o custo para adquirir um novo cliente.
- Aumentar o valor de longevidade do cliente.
- Reduzir a porcentagem de clientes que requerem assistência de atendimento ao cliente.
- Reduzir o tempo médio gasto em uma chamada de atendimento ao cliente.
- Aumentar a porcentagem de novos clientes que criam uma conta com sucesso.
- Reduzir o tempo para um usuário produzir seu primeiro relatório mensal.
- Reduzir o tempo necessário para implantar um serviço novo ou atualizado para a produção.
- Melhorar a disponibilidade do site.

Lembre-se de não se apegar muito às palavras específicas do objetivo. Frequentemente, uma vez que uma equipe de produto entende o contexto estratégico e tem a chance de investigar o objetivo, ela descobre que pode fazer mais sentido reformular, alterar a ênfase ou generalizar o objetivo. Esse vaivém entre o líder e a equipe de produto é normal e saudável.

O mais importante sobre todos esses exemplos é que eles são *problemas para resolver* e não *recursos para construir.*

Alguns são problemas de *cliente* e outros são problemas de *negócios*, mas em cada caso há uma série de soluções possíveis. O ponto é que a equipe de produto é aquela mais adequada para determinar a solução mais apropriada.

Observe também que os objetivos do exemplo são todos qualitativos. A dimensão quantitativa será discutida nos resultados-chave.

Também é importante reconhecer aqui que muitos dos objetivos mais importantes exigirão que a equipe de produto colabore com outras equipes de produto ou, em muitos casos, com diferentes partes da organização para alcançar a meta.

Isso não é apenas bom, mas muito desejável, embora na prática dependa de ter um gerente de produto na equipe que tenha um profundo conhecimento dos negócios.

Resultados-chave

Embora o objetivo seja o problema a ser resolvido, os resultados-chave nos dizem como definimos o sucesso.

E é essencial definir o sucesso pelos *resultados dos negócios* e não simplesmente pela atividade ou pela produção.

O segundo motivo mais comum pelo qual as equipes erram com os objetivos é que elas acabam listando atividades ou entregas como seus principais resultados. Espero que já esteja claro para você que o resultado tampouco serve. No entanto, caso ainda não esteja claro, o motivo pelo qual isso é um problema tão grande é o fato de ser muito fácil enviar uma entrega sem resolver o problema subjacente. Nesse caso, estamos de volta ao mesmo velho problema que temos com os roadmaps de produtos.

De modo geral, precisamos de dois a quatro resultados-chave para cada objetivo. O primeiro resultado-chave é normalmente a medida primária. Então, temos um ou mais resultados-chave como uma medida de qualidade — às vezes chamados de *resultados-chave de guardrail ou backstop* — para garantir que o resultado-chave primário não seja alcançado ao prejudicar alguma outra coisa inadvertidamente.

Consideremos, por exemplo, o seguinte objetivo:

- Reduzir a frequência de encomendas entregues no endereço errado.

Agora, o resultado-chave primário provavelmente seria a porcentagem real de entregas incorretas. Porém, se conseguirmos isso sobrecarregando os processos de pedido e de atendimento, é possível reduzir a porcentagem, mas também reduzir significativamente o número absoluto de entregas, ou aumentar de modo significativo o custo de entrega — nenhuma das quais seria uma solução útil. Portanto, os resultados-chave em potencial podem ser medidos ao:

- Reduzir a porcentagem de entregas incorretas.
- Ao mesmo tempo em que se garante que as entregas totais continuem a crescer.
- Ao mesmo tempo em que se garante que o custo de entrega não irá crescer junto.

Observe que, embora esses resultados principais impliquem KPIs específicos, ainda não temos os valores ou prazos esperados, porque eles precisarão vir *da equipe*.

Isso ocorre porque, se fornecermos à equipe medidas explícitas de sucesso, incluindo prazo, ela não sentirá a *responsabilidade* em relação ao compromisso da maneira que queremos que uma equipe empoderada sinta. Portanto, os valores quantitativos reais precisam vir das equipes.

Também é importante observar que, às vezes, a medida mais adequada de sucesso ou KPI ainda não está clara, especialmente no caso em que é um problema no qual não trabalhamos antes. Nesse caso, a equipe pode precisar de algum tempo para entender melhor a dinâmica e as medidas mais adequadas.

O ponto mais importante aqui é que o melhor objetivo de equipe virá de um diálogo com seu líder. À medida que as equipes investigam e refletem sobre o objetivo, muitas vezes encontram abordagens novas e melhores que podem sugerir resultados-chave diferentes ou até mesmo um objetivo modificado. Além disso, é função do líder garantir que isso aconteça. Como líder, você não quer uma equipe passiva — se a equipe não estiver ativamente engajada e debatendo, certifique-se de perguntar de maneira explícita o que ela pensa e por quê.

Um problema relacionado é ter certeza de que a equipe não "deixe o rabo abanar o cachorro". O que isso significa é que às vezes uma equipe será tentada a definir seus principais resultados por algo que seja *fácil* de medir, em vez do que é mais *significativo* de medir.

Compartilhamento do Contexto Estratégico

Se quisermos dar às equipes de produto espaço para resolver problemas difíceis, também devemos fornecer a elas o contexto necessário para tomar boas decisões.

Precisamos compartilhar o contexto estratégico com elas — especialmente a visão do produto e a estratégia do produto — por quatro motivos principais:

Em primeiro lugar, é fundamental que a equipe tenha um entendimento profundo do objetivo final e *por que* esse é um problema importante a ser resolvido.

Segundo, queremos que as equipes comecem a refletir sobre os insights e a considerar como cada um deles pode contribuir para a solução dos principais problemas.

Terceiro, queremos que as equipes comecem a pensar nas implicações do próximo trabalho. Talvez existam dependências que não são imediatamente visíveis, ou tecnologias e habilidades que precisaremos adquirir.

Quarto, adoramos quando as equipes expressam um interesse especial em trabalhar em problemas específicos. Nem sempre podemos acomodar todas as equipes para trabalhar nos problemas que solicitam, mas certamente estamos motivados a tentar.

Com esses princípios em mente, agora estamos prontos para atribuir objetivos a equipes de produto específicas.

CAPÍTULO
54

Atribuição

Tendo em mente os princípios de empoderamento que os objetivos da equipe devem estimular, estamos prontos para que as equipes de produto comecem a trabalhar. Portanto, vamos considerar a mecânica de atribuição de objetivos às equipes de produto.

Atribuição de Objetivos às Equipes de Produto

Para ser muito claro e abordar de frente outro dos equívocos muito comuns sobre os objetivos da equipe, *é responsabilidade dos líderes decidir quais problemas devem ser trabalhados por quais equipes de produto.* Muitas empresas acham que a ideia é deixar que as equipes de produto apresentem seus próprios objetivos, mas de alguma forma se surpreendem quando a organização reclama de falta de direção, e pouco é realizado. E é importante ressaltar que isso não é culpa das *equipes* — é, definitivamente, culpa da *liderança*.

Mais explicitamente, o principal sentido de atribuir objetivos às equipes de produto é executar uma estratégia de produto. A estratégia do produto diz respeito a decidir em quais problemas trabalhar.

Atribuir objetivos às equipes de produto é um processo de cima para baixo e de baixo para cima, e geralmente requer iteração.

Essas atribuições são uma função da estratégia do produto e da topologia da equipe (também conhecida como escopo da equipe). Em outras palavras, a estratégia nos diz quais problemas precisamos resolver e a topologia indicará quais equipes estão mais bem posicionadas para lidar com cada problema.

Agora, adoramos quando as equipes se voluntariam para perseguir um objetivo e tentamos muito acomodar esse desejo, mas também deixamos claro para elas que nem sempre podemos acomodá-las porque temos que garantir que, *em conjunto, a organização está cobrindo o máximo possível dos objetivos organizacionais gerais*. Assim, mesmo que uma equipe deseje perseguir um objetivo específico, cabe aos líderes decidir isso.

Espero que isso já esteja claro, mas não se trata de poder ou de controle — trata-se apenas dos gerentes fazendo seu trabalho. Alguém precisa olhar de forma holística para todas as equipes e para o conjunto completo de objetivos.

Como Determinar os Resultados-chave

Depois que uma equipe é solicitada a perseguir um objetivo, a primeira coisa que ela precisa fazer é considerar quais devem ser os resultados-chave apropriados e o que acredita que pode realizar.

Se a equipe já trabalhou nessa área antes, provavelmente já tem uma boa noção das coisas. No entanto, se é a primeira vez que trabalha nesse problema, então provavelmente precisará de algum tempo para aprender sobre a área, começar a coletar alguns dados a fim de estabelecer uma linha de base e ter uma noção de quais são as possibilidades. Nesse caso, incentive-a a entrar no jogo e a não ficar paralisada pela análise, e conscientize-a de que aprenderá muito mais à medida que progredir e que o nível de confiança será evidentemente baixo nesse primeiro trimestre, porque ela ainda está aprendendo o que não sabe.

A equipe também precisará da orientação da liderança sobre o quão *ambiciosa* ou conservadora deve ser na busca de soluções. Falarei mais sobre esse tópico no próximo capítulo, mas, por ora, vamos apenas dizer que é importante que os líderes forneçam à equipe alguma orientação sobre o quão agressiva eles gostariam que ela fosse na busca de soluções.

Entretanto, suponha que a equipe seja solicitada a perseguir dois objetivos e a administração considere os resultados que se propõe a alcançar insuficientes para atingir os resultados de negócios necessários ao longo do ano. O que fazer então?

Nesse caso, os líderes podem pedir à equipe que busque apenas um objetivo em vez de dois, ou podem pedir à outra equipe que colabore em um dos problemas.

O mais importante é que, se os líderes querem que a equipe de produto se sinta responsável pelos resultados, os principais resultados *devem vir da equipe*.

Alinhamento

Depois que os líderes trabalham com as equipes de produto para decidir quais delas buscarão cada problema, eles precisam garantir que as equipes e a organização como um todo estejam *alinhadas*.

Por exemplo, digamos que estejamos trabalhando para levar ao mercado uma nova oferta significativa para atender às necessidades de um novo tipo de cliente.

Precisamos garantir que todos os esforços necessários da equipe de plataforma estejam alinhados para fazer o trabalho necessário a fim de dar suporte às equipes de experiência. Da mesma forma, precisamos garantir que os esforços de vendas e de marketing estejam devidamente alinhados.

Se as equipes de vendas e de marketing estivessem buscando um mercado diferente, ou não se preparando para o novo mercado, isso seria um exemplo de desalinhamento.

O Trabalho de "Manter as Luzes Acesas"

É importante para todos — líderes e equipes de produto — manter em mente que os objetivos da equipe não são o *único* trabalho pelo qual uma equipe de produto é responsável. Pode ser o trabalho mais importante, mas sempre há o que chamamos de trabalho de "manter as luzes acesas", que envolve consertar problemas críticos, responder a questões do cliente, fornecer assistência a outras equipes, trabalho técnico de dívida e muito mais.

Com o tempo, as equipes entendem melhor o que é esse custo contínuo. Algumas vezes, esse trabalho contínuo pode chegar a um ponto em que consome a equipe, caso em que os líderes precisarão possivelmente aumentar a equipe, ou então não esperar nada além desse trabalho indireto, ou poderão procurar maneiras de reduzir o fardo dessa sobrecarga.

No próximo capítulo, discutiremos uma das dimensões mais importantes para o objetivo de uma equipe, que é o quão *ambiciosa* a equipe deve ser na busca de soluções.

Objetivos de Longo Prazo

É importante perceber e reconhecer que, se você tiver uma estratégia de produto forte — com base em foco e insights — e as equipes de produto estiverem trabalhando em problemas importantes de clientes e negócios, onde o trabalho é árduo, mas pode gerar um impacto significativo, então, em muitos casos, os objetivos abrangerão vários trimestres.

No entanto, isso geralmente causa confusão. Em primeiro lugar, é importante distinguir os objetivos de longo prazo dos resultados-chave de longo prazo.

Ter um *objetivo* que dure vários trimestres não é nem um pouco incomum ou problemático.

Bons exemplos podem ser o trabalho de reformulação da plataforma — que geralmente é da ordem de um a três anos de trabalho — ou grandes desafios do produto, como redução da rotatividade de clientes ou estabelecimento de adequação ao produto/mercado.

Em relação aos *resultados-chave*, as coisas ficam um pouco mais complicadas. Seria fácil apenas listar algumas *atividades* como nossos resultados-chave (um exemplo de uma atividade seria dizer que estaremos "com o código completo até o fim do trimestre"), mas não é isso que queremos, porque isso caracteriza uma produção e não um resultado. O objetivo, aqui, é mostrar *resultados*.

A maneira normal e preferível de lidar com isso é dividir o trabalho em *resultados de produto* intermediários.

(continua)

(continuação)

Aqui está um exemplo: digamos que a meta seja obter seis clientes referenciáveis no caminho para o ajuste do produto/mercado. Este é um resultado de negócios muito poderoso e um dos nossos melhores indicadores de vendas futuras.

O problema é que pode levar dois ou três quartos de tempo para que o produto seja implantado e usado pelos clientes até que os leve ao ponto em que sejam referenciáveis. Então, como sabemos logo no primeiro trimestre que estamos fazendo um progresso significativo?

Uma possibilidade é que tenhamos o objetivo de ter apenas duas referências nesse trimestre. Se mesmo isso não for possível, podemos encontrar um indicador importante. Por exemplo, um bom resultado-chave seria fazer com que oito clientes em potencial assinassem *uma carta de intenção de compra não vinculativa*.[1] Isso, evidentemente, não é tão bom quanto ter realmente comprado o produto, mas é um indicador importante e tem um significado real para os negócios.

---

1 Essa técnica é descrita em INSPIRADO

55

Ambição

Atribuímos a cada equipe de produto um ou mais problemas específicos para resolver, mas ainda não terminamos de fornecer o contexto necessário.

Quando os líderes pedem a uma equipe para trabalhar na resolução de um problema, é importante deixar claro para a equipe o nível de *ambição* que ela deve buscar em seu trabalho de descoberta.

A equipe deve se concentrar em "coisas certas" de baixo risco, mas de baixa recompensa, ou deve se empenhar em obter melhorias mais substanciais e drásticas?

Uma maneira útil de pensar a respeito dos objetivos da equipe é que os líderes estão fazendo uma série de apostas. Algumas são de baixo ou de alto risco, enquanto outras são de risco intermediário.

Eles estão fazendo apostas principalmente nas pessoas, mas também em novas tecnologias capacitadoras, em mudanças nas condições de mercado e nos comportamentos dos clientes, e na força dos insights por trás da estratégia do produto. Como você verá, se algo for importante o suficiente, os líderes podem optar por ter várias equipes, cada uma abordando um problema à sua maneira — algumas buscando vitórias rápidas e de baixo risco, e outras talvez buscando algo muito mais ambicioso, mas com abordagens de alto risco.

É importante não confundir o nível de ambição com o nível de esforço ou com o senso de urgência.

A ética de trabalho e o senso de urgência são uma função da cultura — e também muito provavelmente da situação de caixa de sua empresa —, e não é disso que estamos tratando aqui.

As equipes que buscam soluções de baixo risco/baixa recompensa testarão ideias de produtos que são muito diferentes daquelas das equipes que buscam soluções de alto risco/alta recompensa. A natureza do trabalho de descoberta do produto será diferente, assim como, provavelmente, as técnicas a serem utilizadas.

Também é importante não confundir o nível de ambição com um *compromisso de alta integridade* (que discutiremos a seguir). Nesse caso, eles estão relacionados, mas um compromisso é um conceito especial e criticamente importante por si só.

Isso tudo diz respeito ao gerenciamento de risco. Se houver um problema muito difícil e de importância crítica — como uma taxa de rotatividade muito alta para sustentar um negócio —, os líderes experientes vão querer atacar esse problema de diferentes ângulos e níveis de risco. Eles podem ter algumas equipes perseguindo metas baixas, mas estão preocupados que isso não seja o suficiente. Então, também terão algumas equipes buscando abordagens muito mais ambiciosas para o problema.

Algumas pessoas gostam de se referir ao nível de ambição como *roofshot* ou *moonshot*.

Um *roofshot* refere-se a uma equipe que é solicitada a ser conservadora e buscar resultados de baixo risco, mas também altamente prováveis e tangíveis. O trabalho de otimização se encaixa bem aqui.

Por outro lado, um *moonshot* é quando a equipe é solicitada a ser mais ambiciosa — buscar uma melhoria de dez vezes, por exemplo. Espera-se que se corra um alto risco, mas também acreditamos que isso não seja impossível, e que a equipe está bem posicionada para fazer uma tentativa séria. Sim, é um alto risco, mas é também uma recompensa potencialmente alta.

O objetivo de um moonshot é encorajar a equipe a pensar além das otimizações pequenas e seguras e revisitar como o problema é resolvido hoje, na esperança de avançarmos com ele.

E ainda há empresas que preferem atribuir um grau de confiança ao objetivo, como 80% de probabilidade de alcançar um roofshot contra 20% de probabilidade de alcançar um moonshot.

Essas técnicas são úteis para comunicar o nível de ambição desejado às equipes. Entretanto, perceba que, em termos de gerenciamento de uma carteira de risco, pode e deve haver qualquer nível de ambição entre os dois. Imagine uma jogadora de pôquer profissional em Las Vegas ouvindo que só poderia fazer apostas de 1 ou de 10 mil dólares. Isso prejudicaria seriamente sua capacidade de trabalhar, porque ela preferiria poder fazer uma série de apostas em valores variados, com base nas circunstâncias.

A questão é que os líderes estão essencialmente gerenciando uma carteira de riscos e recompensas potenciais. Eles podem ter certas equipes que são mais ambiciosas do que outras, inclusive para o mesmo objetivo.

Qualquer que seja o nível de ambição associado aos seus principais resultados, certifique-se de comunicar isso claramente para toda a organização. Você, em especial, não quer que ninguém presuma que algo é um resultado de alta confiança quando não o for de fato.

56

Compromissos

Embora a maioria dos objetivos seja uma aspiração, em que não temos certeza de qual terá sucesso e em que grau, e possamos variar o grau de ambição que a equipe busca, sempre há certos casos nos quais precisamos que a equipe faça o que é chamado de *compromisso de alta integridade*.

Compromissos de Alta Integridade

Poucas pessoas gostam do que estou prestes a dizer, mas, se você ainda não aprendeu isso sobre o mundo dos produtos comerciais, já está na hora:

> *Em todos os negócios, existem situações ocasionais em que algo importante deve ser entregue em um determinado prazo.*

O prazo pode ser uma data impulsionada por uma grande feira de negócios da indústria, por um parceiro devido a um contrato, pelo calendário em razão de dias fiscais ou período de férias, ou pelo marketing, por causa de uma campanha publicitária comprada.

Perceba que um dos principais motivos pelos quais os líderes gravitam em torno do modelo de gerenciamento de comando e controle — em especial à moda antiga dos roadmaps de recursos e projetos entregues nas datas determinadas — é precisamente essa necessidade de saber quando coisas importantes vão acontecer.

Portanto, uma condição-chave para empoderar as equipes é que elas sejam capazes de fornecer datas e resultados quando necessário — não apenas as datas de baixa integridade da era do roadmap (porque realmente tínhamos pouquíssimo conhecimento do que estava sendo comprometido), mas *datas com as quais os líderes possam contar.*

Se você está acostumado com processos Agile de estilo convencional, provavelmente sabe que criar uma data de alta confiança é muito difícil, se não impossível. No entanto, se está acostumado com o modelo de descoberta de produto em paralelo com a entrega do produto, então sabe que chegar a uma data de alta confiança não é difícil, contanto que a empresa esteja disposta a esperar até que o trabalho de descoberta de produto necessário tenha sido feito antes da data ser fornecida (geralmente dentro de alguns dias).

Agora, se uma empresa tem muitos desses compromissos baseados em datas, geralmente é um sinal de problemas mais sérios, mas sempre tento explicar às equipes de produto que alguns compromissos de alta integridade são necessários ao tentar administrar um negócio.

Mesmo se você não tiver esses compromissos externos, haverá casos em que dependerá de outras equipes de produto. Um exemplo é quando você depende de uma nova funcionalidade de uma equipe de plataforma.

Agora, a maioria das dependências menores nas mudanças de uma equipe de plataforma será considerada um trabalho de "manter as luzes acesas", mas ocasionalmente algo mais significativo é necessário, e trataremos isso como um compromisso de alta integridade.

Lembre-se de que, assim como uma equipe de produto não precisa que todo o seu trabalho seja um OKR, nem todas as dependências precisam ser um compromisso de alta integridade. A grande maioria não é.

Compromissos de alta integridade destinam-se a situações em que você tem um compromisso externo importante ou um compromisso interno muito importante e substancial.

Entregas

Nesses casos, precisamos saber com muita confiança se uma equipe pode cumprir essa promessa.

No caso de sua equipe de produto ser solicitada a assumir um compromisso de alta integridade, você precisará investigar o compromisso. Isso normalmente envolve fazer uma descoberta de produto suficiente em relação ao item para que sua equipe de produto (especialmente o gerente de produto, o designer de produto e o líder de tecnologia) possa determinar se a solução será *valiosa*, *utilizável*, *aplicável* e *viável*.

Isso geralmente envolve a criação de um protótipo rápido, como um protótipo de aplicabilidade, para garantir que os engenheiros entendam o escopo do trabalho necessário para produzir a entrega necessária.

Uma vez que a equipe de produto acredita que entendeu a solução suficientemente, ela pode estimar com alta confiança quanto tempo levará para cumprir esse compromisso (aplicabilidade), e também se essa solução funcionará para o cliente (valor e usabilidade) e para a sua empresa (viabilidade).

No caso de uma equipe de experiência que dependa de um compromisso de uma equipe de plataforma — essa equipe de plataforma pode precisar fornecer, por exemplo, uma API ou um novo serviço que a equipe de experiência construirá —, a equipe de plataforma pode herdar da equipe de experiência seu objetivo e seus resultados-chave.

O mais importante é que, para compromissos de alta integridade, o compromisso da entrega em si precisa ser anotado e rastreado independentemente dos resultados-chave.

Acompanhamento de Compromissos de Alta Integridade

Compromissos de alta integridade recebem um tratamento especial. Não falamos em termos de quão ambiciosa a equipe precisa ser. Isso é uma questão binária: a equipe entrega o que prometeu ou não. E é absolutamente esperado que uma equipe que assume um compromisso de alta integridade cumpra o que prometeu, ou, ao primeiro sinal de problema, ela precisa levantar a bandeira cedo e pedir ajuda.

Além disso, em geral rastreamos esses compromissos de alta integridade explicitamente. Em algumas empresas, o CTO deve concordar pessoalmente com cada compromisso de alta integridade porque sua reputação está em jogo.

Como eu já mencionei muitas vezes neste livro, equipes de produto empoderadas baseiam-se na confiança, e compromissos de alta integridade são uma das maneiras importantes pelas quais as equipes de produto constroem confiança com a liderança. Portanto, quando for solicitado a definir uma data de compromisso de alta integridade, é essencial que você e sua equipe tenham certeza de que podem e irão cumprir esse compromisso.

Uma nota final de advertência: compromissos e entregas de alta integridade devem ser a exceção e não a regra. Caso contrário, vira um caminho perigoso e logo seus objetivos se tornam nada mais do que uma lista de entregas e datas, o que é quase um roadmap reformulado.

CAPÍTULO

57

Colaboração

Existem várias formas de colaboração que são essenciais, mas muitas vezes confusas, para as organizações do produto, pois trabalham a fim de otimizar a autonomia e o empoderamento da equipe. Vamos considerar dois tipos específicos de colaboração: os objetivos de equipe compartilhados e os objetivos comuns.

Objetivos de Equipe Compartilhados

A primeira e mais básica forma de colaboração é o conceito de *um objetivo de equipe compartilhado* — quando várias equipes compartilham o mesmo objetivo. Para um objetivo importante, isso não é incomum.

Isso é particularmente comum no caso de iniciativas de grandes empresas, que são problemas essencialmente grandes o suficiente para exigir a ajuda de muitas equipes de produto.

O exemplo mais direto é quando uma equipe de produto de experiência e uma equipe de plataforma têm o mesmo objetivo, porque se espera que a equipe de plataforma precise fornecer um ou mais novos serviços para habilitar a equipe de produto de experiência.

Nesse caso, as equipes normalmente colaborarão para estabelecer uma forma simples de contrato entre si na forma de uma API e, em seguida, ambas continuarão a lidar com seus respectivos lados e, então, colaborarão novamente nos testes e na entrega.

Outra forma de objetivo de equipe compartilhado é quando várias equipes combinam temporariamente seus talentos para resolver um problema particularmente difícil. Em especial em problemas que necessitam da utilização de uma variedade de habilidades diferentes, reunir as equipes muitas vezes pode fornecer o conhecimento e a sinergia necessários para chegar rapidamente a uma solução eficaz.

Em certas situações, as equipes irão colocalizar por alguns dias ou por uma semana no que às vezes é chamado de "swarming", uma técnica intensa e altamente colaborativa para mergulhar profundamente juntos em um ou ambos os trabalhos de descoberta e entrega para um determinado problema desafiador.

Objetivos Comuns

Outra forma de colaboração são os *objetivos comuns* — quando várias equipes são solicitadas a buscar o mesmo problema, mas cada uma à sua maneira. A razão para isso é realmente o gerenciamento de risco. Temos uma estratégia de produto sólida baseada em foco e insights, mas ainda precisamos executá-la e, às vezes, isso envolve a solução de alguns problemas muito difíceis.

Se o problema for especialmente difícil, sabemos que pode ser complicado identificar qual abordagem, se é que há uma, produzirá os resultados necessários. Nesse caso, podemos pedir a várias equipes para lidar com o mesmo problema e esperar que pelo menos uma delas seja capaz de gerar o impacto necessário. Seria ainda melhor, é claro, se todas produzissem um impacto significativo, mas sabemos que isso é altamente improvável.

Um bom exemplo disso é quando uma das áreas de foco é a rotatividade de assinantes, em que muitos de nossos clientes estão deixando o serviço. É claro que esse problema pode ser resolvido de muitas maneiras, e ter várias equipes abordando isso de vários ângulos costuma ser uma boa maneira de atenuar o risco.[1]

Nesse caso, as equipes precisarão se comunicar para garantir que não haja conflitos entre o trabalho, mas normalmente cada equipe aborda o problema com base na perspectiva única e no ângulo de sua equipe, bem como no código e na tecnologia que possuem. Portanto, essas abordagens são geralmente independentes e cumulativas.

Uma das perguntas que costumam surgir com os objetivos comuns é como atribuir o progresso a uma equipe específica quando várias equipes estão fazendo alterações em paralelo. Isso é conhecido como um *problema de atribuição de produto*, e há duas abordagens comuns que serão discutidas no Capítulo 59, intitulado "Responsabilidade".

Este é o ponto mais importante: é normal, e muitas vezes sensato, ter várias equipes perseguindo os mesmos objetivos simultaneamente.

As empresas que evitam objetivos compartilhados ou comuns em nome da autonomia ou da comunicação acabam limitando com frequência a sua capacidade de resolver os problemas mais difíceis e importantes.

---

1 Frequentemente, eu incentivo as equipes a buscarem abordagens múltiplas para problemas difíceis e de importância crítica. As "Árvores de Oportunidades", inventadas pela coach de descobertas Teresa Torres, são uma técnica útil para identificar e avaliar várias abordagens a fim de resolver um problema importante.

CAPÍTULO

58

Gerenciamento

Continuando nossa série de objetivos de equipe, uma vez que as equipes de produto tenham seus objetivos para o trimestre e estejam correndo atrás deles, uma gestão ativa ainda se fará necessária.

Assim como a estratégia de produto requer acompanhamento e gerenciamento contínuos pelos líderes do produto, os objetivos da equipe exigem acompanhamento e gerenciamento contínuos pela equipe de produto.

O Trabalho de "Manter as Luzes Acesas"

Lembre-se de que os objetivos da equipe não são o único trabalho pelo qual uma equipe de produto é responsável. Também temos o trabalho de "manter as luzes acesas", como discutimos anteriormente. Precisamos ficar de olho nesse trabalho em andamento porque, se houver um pico, a equipe não será capaz de fazer muito progresso em seus objetivos de equipe.

Acompanhamento Semanal

A chave é garantir que as equipes de produto estejam gerenciando ativamente o progresso de seus objetivos; caso contrário, é muito possível que semanas e meses passem voando com pouco progresso.

No mínimo, as equipes de produto acompanham o progresso ao discutir nos check-ins semanais onde estão, o que está por vir e onde podem precisar de ajuda. Esses check-ins semanais são o mecanismo-chave que as equipes usam para acompanhar e gerenciar o próprio progresso.

Eles podem acontecer na própria reunião ou ser incluídos em um standup uma vez por semana.

Ocasionalmente, as equipes levantam uma questão que exige que os líderes se coordenem para resolver conflitos ou problemas.

Mantendo-se nos Trilhos

Em termos de lidar com os problemas que surgem, existem dois pontos-chave.

Em primeiro lugar, o gerente de produto precisa especificamente comunicar quaisquer questões importantes com seu gerente, para que este tenha a chance de fornecer assistência sempre que possível.

Segundo, é fundamental que cada membro da equipe de produto receba o coaching contínuo e necessário para poder se desenvolver. E parte desse coaching se refere aos problemas que ele enfrenta relacionados aos objetivos da equipe.

Para equipes de produto que ainda não têm experiência, os gerentes precisarão ser mais proativos em suas perguntas e realizar o coaching para garantir que as equipes estejam progredindo em seus objetivos.

Se a equipe precisar da ajuda da gerência, quanto mais cedo essa necessidade for levantada, melhor será a chance de a gerência ajudar de maneira oportuna e eficaz.

Também é uma obrigação importante alertar a gestão o mais cedo possível no caso de haver uma dúvida quanto à capacidade da equipe de cumprir um compromisso de alta integridade.

Da mesma forma, se houver uma dependência — por exemplo, com outra equipe de produto —, ela precisará ser gerenciada e monitorada com cuidado. Se houver uma dependência com outra equipe — seja esta um compromisso de alta integridade da equipe ou apenas um trabalho normal de manter as luzes acesas —, então será preciso manter isso em mente e garantir que esse trabalho seja concluído a tempo para a equipe que depende da outra.

Ajudando Nossos Colegas

Embora boa parte das equipes de produto empoderadas diga respeito à otimização dessas equipes, também é importante reconhecer que, muitas vezes, precisaremos ajudar nossos colegas em outras equipes de produto, e muito provavelmente teremos situações em que também dependeremos da ajuda deles.

As melhores equipes de produto sabem que, quando se trata de empresas de tecnologia, ou *todos* nós temos sucesso, ou *nenhum* de nós tem sucesso. E não é incomum se encontrar em uma situação na qual você acredita que deve fazer algo que não é do melhor interesse da sua equipe de produto, mas percebe que é do melhor interesse do cliente e da organização em geral.

CAPÍTULO

59

Responsabilidade

O companheiro do empoderamento é a *responsabilidade*.

As equipes de produto têm espaço e tempo para apresentar as soluções para os problemas que lhes são atribuídos, mas com esse empoderamento vêm a responsabilidade e a responsabilização.

Então, o que acontece quando uma equipe falha em cumprir com um ou mais dos objetivos da equipe?

A primeira coisa a se ter em mente é que a responsabilidade está diretamente relacionada à ambição. Se a equipe foi solicitada a ser muito ambiciosa (por exemplo, em um moonshot) e as tentativas falharam em gerar os resultados desejados, isso já é esperado.

No entanto, se a equipe foi solicitada a ser mais conservadora (por exemplo, em um roofshot) ou, ainda mais importante, a assumir um *compromisso de alta integridade*, e não cumpriu nessa situação, então é aqui que a responsabilidade entra em jogo.

Cada equipe de produto, assim como a organização como um todo, precisa continuar crescendo e melhorando. Esses casos podem fornecer excelentes oportunidades de aprendizado.

Se uma equipe falhar substancialmente em seus objetivos, incentivo-a a tratar isso da mesma forma que tratamos uma interrupção.

Reúna a equipe de produto com um conjunto de colegas — especialmente aqueles de qualquer equipe de produto que foi afetada pelo seu fracasso — e faça com que a equipe discuta o que acredita ser a raiz desse problema. Peça que explorem o que acham que poderia — e deveria — ter sido feito de maneira diferente.

Talvez se a equipe tivesse compartilhado com a gerência aos primeiros sinais de um problema, ela poderia ter recebido ajuda? Ou talvez a equipe de produto que dependia deles pudesse ter feito outros arranjos, ou mesmo se ajudado?

Observe que essas lições aprendidas também se aplicam aos gerentes da equipe. Houve sinais que foram perdidos? Houve coaching que poderia ter sido fornecido antes? Houve perguntas que deveriam ter sido feitas pela administração e não foram?

Esses *postmortems dos objetivos* não são divertidos para a equipe, mas normalmente são muito construtivos e úteis. Existe algum embaraço em admitir suas falhas para seus colegas? Às vezes, mas isso é parte do feedback de que todos precisamos para continuar a aprender e a crescer.

Atribuição de Resultados-chave

Não é nada incomum ter várias equipes trabalhando nos mesmos problemas para resolver (objetivos) e/ou compartilhando uma ou mais medidas de sucesso (resultados-chave). Na verdade, essa pode ser uma estratégia muito poderosa.

No entanto, você pode estar se perguntando, nesse caso: como faríamos as equipes serem responsáveis pelos resultados se muitas coisas estão mudando todos os dias e não sabemos quais mudanças de quais equipes estão ajudando, quais estão prejudicando e quais não fazem diferença?

Isso é conhecido como *problema de atribuição de produto* e, em geral, existem duas maneiras comuns de responder a essa questão.

(continua)

(continuação)

A primeira, que depende de fortes níveis de tráfego, é com um teste A/B. Isso isola a contribuição das mudanças de apenas uma equipe de tudo o mais que está acontecendo em outras equipes ou em qualquer outro lugar da empresa (por exemplo, os programas de marketing).

A segunda, que envolve a divisão das várias contribuições para o resultado-chave relevante por canal ou fonte, é conhecida como *slicing*.[1]

Por exemplo, suponhamos que haja três equipes de produto diferentes em uma empresa de mercado de vagas de emprego — todas trabalhando para aumentar o número de pessoas que se candidatam às vagas. Poderíamos dividir o número de pessoas que se candidatam às vagas entre os diferentes canais:

- Equipe mobile: aplicativos de notificações mobile.
- Equipe de busca: aplicativos de resultados de pesquisa.
- Equipe de recomendação: aplicativos de recomendações.

O slicing é conceitualmente mais simples que o teste A/B, e as equipes geralmente gostam da sensação de controle sobre um alvo mais estreitamente definido que esteja mais diretamente sob sua influência, embora não seja rigoroso ou preditivo. Por exemplo, o mesmo usuário interage com frequência com mais de um canal.

O slicing nem sempre é possível, porque às vezes há muitos fatores em jogo (por exemplo, muitos fatores influenciam a rotatividade dos assinantes).

Por outro lado, os testes A/B dependem do tráfego suficiente para produzir resultados confiáveis em um período razoável.

---

1 Esse termo foi cunhado pelo meu amigo e coaching de OKR Felipe Castro.

CAPÍTULO

60

Objetivos em Perspectiva

Precisamos de alguma forma de gerenciar e atribuir trabalho às equipes de produto e queremos fazer isso de maneira que empodere e execute nossa estratégia. Esse é o propósito dos objetivos da equipe.

Supondo que você tenha adotado o modelo de equipe de produto empoderada, e tenha líderes capacitados (evidentemente, essas são duas grandes suposições), é bastante simples.

Aqui estão as dez questões-chave para objetivos de equipe eficazes:

1. O mais importante é capacitar as equipes, atribuindo-lhes *problemas para resolver* e, em seguida, dando-lhes o espaço para resolvê-los. Para que tomem boas decisões, elas também precisarão que você compartilhe o contexto estratégico, especialmente a estratégia do produto.
2. Adoramos quando as equipes de produto se voluntariam para trabalhar em objetivos específicos e tentamos acomodar isso quando possível para alavancar sua motivação e entusiasmo pelo problema.

Contudo, nem sempre podemos fazer isso, porque é necessário ter certeza de que cobrimos tudo o que precisamos.

3. A seleção dos objetivos a serem trabalhados e, por fim, a decisão de qual equipe ou equipes trabalharão em cada objetivo, *é responsabilidade explícita da liderança do produto*. No entanto — e isso é extremamente importante para o empoderamento —, *os resultados-chave precisam vir da equipe*.

4. É normal que haja um vaivém — não que os líderes duvidem ou questionem o que as equipes propõem como seus resultados-chave, mas eles julgam quais investimentos valem o esforço e o risco associado. Por exemplo, suponha que uma equipe acredite que, além de seus outros objetivos, ela só possa fazer uma melhoria mínima em um KPI importante e específico. Os líderes podem considerar ter aquela equipe focada exclusivamente em um objetivo ou decidir pedir a uma equipe diferente para alcançá-lo ou ajudar de alguma forma.

5. Não há nada de errado em atribuir o mesmo objetivo a várias equipes — cada equipe lidará com o problema a partir de sua perspectiva e habilidades. Na verdade, para problemas difíceis, essa costuma ser uma técnica muito eficaz. Em problemas difíceis, esperamos que nem todas as equipes tenham o mesmo nível de progresso, e não podemos antecipar o que elas aprenderão quando cada uma se aprofundar em seu trabalho de descoberta de produto.

6. Da mesma forma, não há nada de errado em pedir que várias equipes *colaborem* no mesmo objetivo. Não é incomum pedir que várias equipes trabalhem juntas — em especial quando o problema requer diferentes conjuntos de habilidades. Uma situação comum é pedir a uma equipe de plataforma e a uma equipe de experiência para colaborar em um problema difícil.

7. Para que as equipes de produto apresentem resultados importantes, é essencial que entendam o nível de *ambição* que você deseja delas. Precisamos ser claros com as equipes quando queremos que sejam muito ambiciosas (conhecido como "*moonshot*"), quando queremos que sejam conservadoras (conhecido como "*roofshot*") e quando precisamos que assumam um *compromisso de alta integridade*.

8.   As equipes de produto só podem ser responsabilizadas pelos resultados se tiverem autonomia para descobrir uma solução que funcione e apresentarem os resultados-chave.

9.   Os líderes de produto precisam perceber que, embora os objetivos da equipe sejam extremamente importantes, eles não são as únicas coisas nas quais a equipe de produto está trabalhando. Cada equipe tem algum nível de atividades contínuas para "manter as luzes acesas". Isso inclui coisas como corrigir bugs críticos, lidar com situações do cliente e assim por diante.

10.   Normalmente, esses objetivos de equipe são criados ou atualizados a cada trimestre. Isso dá às equipes tempo suficiente para fazer um progresso real, mas não muito tempo para que a empresa não possa se ajustar às mudanças. Pode haver situações ocasionais em que os objetivos da equipe precisem mudar *durante* o trimestre, mas isso deve ser a exceção, e não a regra.

Para manter tudo isso em perspectiva, lembre-se de que a essência é simplesmente ter um líder experiente sentando-se com a equipe de produto e explicando o contexto estratégico. Em seguida, explique o problema que você precisa que a equipe resolva e como o sucesso é medido.

Se você usa uma técnica formal como OKRs para fazer isso ou não, é algo de menor importância. O segredo é ter essa conversa e garantir que os líderes forneçam o coaching necessário e deem às equipes de produto o espaço para resolverem os problemas da melhor maneira possível.

CAPÍTULO

61

Perfil de Liderança:
Christina Wodtke

O Caminho para a Liderança

Conheci Christina em 2003, quando ela dirigia uma equipe de design no início do Yahoo. Christina estudou fotografia na escola de arte e aprendeu design de produto trabalhando com várias das primeiras equipes da internet.

Em seguida, observei sua carreira enquanto ela ocupava cargos de liderança de produto e design no LinkedIn, no MySpace e na Zynga.

Contudo, não importava onde ela trabalhasse, era conhecida por seu compromisso em fazer o coaching e desenvolver as pessoas afortunadas o suficiente para trabalhar para ela.

É por isso que considero que ela encontrou sua verdadeira vocação ao ingressar no corpo docente de Stanford, onde leciona sobre a interação humano-computador e sobre design de produtos.

Christina também publicou vários livros, principalmente sobre o tema de equipes de produto fortes e empoderadas — incluindo um livro popular sobre OKRs e outro sobre liderança e empoderamento de equipes.[1]

É por isso que sempre a considerei como uma alma gêmea.

Liderança em Ação

Christina teve a sorte de aprender produto e design diretamente com alguns líderes excepcionais. Eles mostraram a ela o verdadeiro poder de uma equipe empoderada.

Aqui está a sua história, nas suas próprias palavras:

Entrei para o Yahoo em 2002, quando a internet ainda era muito jovem, e o Yahoo era, na época, uma empresa de tecnologia influente e de crescimento muito rápido.

Fui a primeira designer da equipe de pesquisa e tive a sorte de trabalhar para Irene Au.

Irene havia sido designer de produto da Netscape e passou a formar a equipe de design do Yahoo e, mais tarde, do Google.

Ela acreditava que eu tinha potencial e, embora eu não tivesse experiência em gestão de tecnologia (fui gerente de restaurante nos meus dias de artista faminta), ela me orientou e me deu os meus primeiros subordinados diretos.

O verdadeiro ensinamento, entretanto, foi poder vê-la empoderar e fazer crescer todos os que trabalhavam para ela. Ela me deu o modelo de que eu precisava: alguém forte, mas sempre gentil, que me ensinou que você não precisa escolher entre empatia e autoridade.

Logo, outra pessoa muito influente desempenhou um papel significativo na minha carreira.

---

1 São bons exemplos: WODTKE, Christina. *Radical Focus*. São Francisco: Cucina Media LLC, 2015; e WODTKE, Christina. *The Team that Managed Itself*. São Francisco: Cucina Media LLC, 2019.

Jeff Weiner dirigia o negócio de busca no Yahoo; mais tarde, ingressou no LinkedIn (coincidentemente, quando trabalhei lá como gerente de produto), onde foi o CEO por quase 12 anos.

Jeff foi a primeira pessoa que me incentivou a assumir uma função de liderança, comandando a equipe de design de pesquisa, o que significava pelo menos 20 pessoas. Da noite para o dia, eu estava gerenciando muito mais pessoas do que jamais fizera antes.

Eu definitivamente tinha minhas dúvidas. Estava ficando mais confortável com o gerenciamento das duas pessoas subordinadas a mim, mas essa posição provavelmente se desenvolveria em uma função de liderança séria, e eu não tinha certeza de que seria capaz de fazer o trabalho.

Nunca vou esquecer o momento. Estávamos sentados no refeitório e eu disse a Jeff que ele deveria tentar encontrar alguém melhor. Ele disse: "Sei que você pode fazer esse trabalho." Ele acreditou tanto em mim que eu *tive* que acreditar em mim também. Durante esse período de rápido crescimento do Yahoo, e especialmente de pesquisa, logo me descobri não apenas como gerente, mas também como uma gerente de gerentes para um grupo bastante grande. Um total de 80 pessoas se reportavam a 9 gerentes, que por sua vez se reportavam a mim.

Percebi que precisava parar de projetar *produtos* para começar a projetar *um lugar onde um bom design pudesse acontecer*. Tive de projetar equipes que pudessem se autogerenciar.

Com um grupo tão grande cobrindo uma gama de habilidades de design, estava claro para mim que não havia como ser uma especialista em todas essas áreas. E, mesmo que houvesse, eu não tinha *tempo* para fazer tudo. Foi aí que eu percebi que, se eu quisesse dormir bem de novo, a única maneira de ter sucesso seria confiar e depender da minha equipe.

Quando me sentei para a primeira reunião com os gerentes então subordinados a mim, um deles me fez uma pergunta sobre como lidar com um problema. Não me lembro o que era, mas lembro que perguntei a ele o que achava que deveríamos fazer. Ele, então, deu uma sugestão, e eu respondi: "Ótimo. Vamos fazer isso." Esse foi o momento em que o poder mudou de mim para *nós*. A partir de então, essas reuniões eram um lugar onde qualquer pessoa poderia trazer qualquer problema, e todos trabalharíamos nisso como uma equipe.

Tenho feito equipes a partir de grupos de indivíduos desde então. As equipes podem fazer milagres acontecerem quando nenhum indivíduo pode.

Por fim, seria negligente da minha parte se eu não mencionasse outra pessoa que mudou a forma como vejo as equipes do Yahoo. Ken Norton também trabalhou para Jeff e administrou o gerenciamento de produtos do Yahoo Shopping. Ele teve uma longa carreira de muito sucesso em produtos no Google, e depois no Google Ventures.

Até conhecê-lo, eu pensava que os gerentes de produto eram essencialmente gerentes de projeto que eu precisava manter afastados dos meus designers para que eles pudessem trabalhar.

Foi a primeira vez que vi um gerenciamento de produto verdadeiro de perto, e Ken definiu o padrão para mim no que se refere ao que as boas equipes de produto precisam e merecem de seus gerentes de produto. Ken me ensinou que produto e design devem ser sempre parceiros, e isso começa com o respeito mútuo e com as disciplinas de cada um. Nós somos melhores juntos.

Conheço muitos designers que nunca encontraram um gerente de produto forte. Depois que isso acontecer, no entanto, você nunca mais vai querer voltar atrás.

Sou realmente grata pelas habilidades de liderança que aprendi com Irene, Jeff e Ken, e essas lições ajudaram muito em minha carreira desde o Yahoo. Mais importante ainda: sempre tentei pagar por isso investindo na vida e na carreira de outras pessoas.

VIII

Estudo de Caso

Este estudo de caso será, necessariamente, bastante detalhado. Para compreender de verdade por que uma empresa e uma organização de produtos tomam as decisões que tomam, você precisa de um contexto considerável.

Se acredita que já possui uma compreensão sólida dos conceitos deste livro, especialmente em termos de topologia de equipe, estratégia de produto e objetivos de equipe, sinta-se à vontade para folhear esta parte.

No entanto, minha esperança é que você considere o esforço para entender os detalhes deste exemplo valioso, pois verá como esses conceitos importantes, mas difíceis, funcionam na prática — em uma organização real que lida com crescimento rápido, escala e desafios de dívida de tecnologia.

Você também poderá ver um exemplo detalhado de como uma empresa composta por pessoas comuns foi capaz de alcançar resultados extraordinários.

Este estudo de caso é baseado em minha experiência com uma empresa real de mercado de empregos.

Escolhi essa empresa porque acho que é um bom exemplo de uma organização em estágio de crescimento que lida com desafios de escala.

A empresa também possui elementos de um negócio empresarial e de uma startup em estágio inicial. Portanto, acho que este estudo de caso se aplica à maioria das empresas.

Também gosto de usar uma empresa de mercado de vagas de emprego porque ela vende, de um lado, para as empresas (empregadores) e, de outro, para os consumidores (candidatos a emprego), e ela tem uma plataforma interna de suporte para ambos.

No entanto, preciso fazer duas advertências importantes. Primeiro, este exemplo representa a empresa em um momento específico (alguns anos atrás). Obviamente, há um histórico relevante que impactou a situação que encontrei, mas, neste estudo de caso, consideramos a situação como algo dado.

Em segundo lugar, embora isso seja baseado em um exemplo real, tomei a liberdade de estratificar em algumas complexidades adicionais que não ocorreram durante esse trimestre em particular, mas ocorrem com frequência suficiente — e de fato ocorreram nessa empresa algum tempo depois. Acho que é útil ilustrar como essas situações foram tratadas na prática. Então, neste estudo de caso, retrato que todas essas coisas aconteceram no mesmo trimestre.

Não compartilho o nome real da empresa neste estudo de caso, tampouco informações de identificação. Isso porque, para um estudo de caso ser realmente útil, preciso compartilhar com vocês o que é bom, o que é ruim e o que é feio. A maioria das empresas, compreensivelmente, não está ansiosa para compartilhar nada além do que é bom, mesmo que as coisas tenham dado certo no final, como foi o caso aqui.

Um dos benefícios de escolher um mercado de vagas de emprego é que existem muitos deles ao redor do mundo, e eu tive a chance de trabalhar com alguns. Descobri que, embora cada situação seja verdadeiramente única, a maioria das dinâmicas importantes não são tão diferentes entre si. Isso me ajuda a ter confiança de que posso ser sincero e não me preocupar em embaraçar ninguém pessoalmente.

Você verá que há muita coisa acontecendo aqui, e isso pode parecer um tanto confuso, o que é simplesmente um reflexo da realidade nesta e na maioria das empresas — mesmo aquelas que se saem muito bem.

Por fim, não confunda um estudo de caso com qualquer tipo de situação ideal. Há muitas coisas que poderiam ter sido feitas de maneira diferente, e possivelmente melhor, mas o objetivo de um estudo de caso é mostrar o que de fato foi feito e por quê.

Espero que este exemplo lhe dê uma boa noção dos tipos de considerações que você deseja manter em mente ao enfrentar essas e outras questões semelhantes, bem como o tipo de liderança que precisará fornecer.

62

Contexto da Empresa

Para entender este estudo de caso, é importante ter pelo menos um conhecimento de alto nível dos negócios dessa empresa. É um mercado bilateral típico, com empregadores de um lado e candidatos a emprego do outro.

Do lado do empregador, a empresa vende ofertas de empregos para os negócios, que vão desde gerentes de contratação individual em pequenas empresas até empresas de médio porte. Ela estava começando a ver o interesse de empresas maiores com departamentos de RH próprios, mas, naquele instante, o produto ainda não havia sido projetado ou adequado para esse mercado.

Do lado do candidato a emprego, o foco está nas pessoas que procuram ativamente por um novo emprego — no caso delas, principalmente para empregos profissionais (também conhecidos como administrativos). Mais especificamente, não se trata de trabalhadores horistas ou temporários.[1]

---

1 Em termos de dinâmica de negócios, estou simplificando as coisas, especialmente porque, em um mercado de trabalho, existem tanto candidatos ativos (que precisam de um emprego agora) quanto passivos (se algo melhor aparecer, eles dão uma olhada). Eles têm necessidades diferentes e há um valor real em compreender e identificar cada um, tanto para o candidato quanto para o empregador.

No momento deste estudo de caso, a empresa está atualmente com 5 anos, com receitas anuais de aproximadamente 45 milhões de dólares e crescendo cerca de 30% ao ano. Ela está perto da lucratividade, mas estão tentando focar o crescimento.

Existem aproximadamente 230 pessoas na empresa — 95 em produto/engenharia, 45 em vendas, 17 em marketing, 33 em sucesso de clientes, 10 em TI e 30 em G&A.

Em termos de equipe executiva, havia um CEO, um CFO, um chefe de vendas (CRO) e um chefe de marketing (CMO). Então, é claro, havia um chefe de produto (CPO) e um chefe de tecnologia (CTO), e você lerá sobre ambos a seguir.

É importante ressaltar que, em grandes empresas, isso também tem a ver com o tamanho de uma unidade de negócios típica.

CAPÍTULO

CAPÍTULO

63

Objetivos da Empresa

A cada ano, o conselho de diretores da empresa define seus objetivos anuais. Isso envolve muita consideração e debate entre a equipe executiva e os membros do conselho sobre a estratégia de negócios, o cenário competitivo e os níveis potenciais de investimento.

MISSÃO DA EMPRESA/OBJETIVOS/TABELA DE DESEMPENHO
VISÃO E PRINCÍPIOS DO PRODUTO
TOPOLOGIA DA EQUIPE
ESTRATÉGIA DO PRODUTO

CONTEXTO ESTRATÉGICO

EQUIPES DE PRODUTO

OBJETIVOS — DESCOBERTA ENTREGA
OBJETIVOS — DESCOBERTA ENTREGA
OBJETIVOS — DESCOBERTA ENTREGA

O conselho tem a opção de levantar capital adicional, usar outras formas de financiamento ou decidir que a empresa deve se concentrar em tornar o fluxo de caixa positivo — potencialmente às custas do crescimento —, ou qualquer coisa em torno disso.

A orientação geral deste ano era continuar a crescer e a melhorar o negócio principal — sem tirar os olhos da bola em termos de ajudar os empregadores a preencher as vagas, ajudar os candidatos a encontrar empregos e continuar a expandir os negócios com taxas de crescimento fortes.

Este ano, no entanto, a empresa decidiu que há uma oportunidade de expansão promissora na busca por grandes empresas[1] e deseja ampliar seus produtos e sua capacidade de entrada no mercado para melhor atendê-las.

Foi decidido aumentar o nível de investimento em uma equipe de produto adicional (6 pessoas a mais), bem como uma equipe específica de vendas, marketing e sucesso do cliente (11 pessoas a mais).

O conselho explicou que, se essa incursão inicial na empresa fosse bem-sucedida, ele esperava fazer um investimento mais considerável no ano seguinte. Recorde-se que os objetivos da empresa vêm da equipe de executivos seniores, com o apoio e a aprovação do conselho de administração. Eles são apresentados aqui no formato OKR, mas o importante é: (1) seu foco em um pequeno número de objetivos significativos; e (2) se eles estão medindo os resultados com base nos resultados de negócios.

Objetivo 1: Continuar a expandir o negócio principal.

- Resultado-chave 1: aumentar a receita do negócio principal em pelo menos 25%.
- Resultado-chave 2: reduzir a rotatividade anual do empregador de 6% para 5% ou menos.
- Resultado-chave 3: aumentar a taxa de sucesso do candidato de 23% para pelo menos 27%.

Objetivo 2: Estabelecer a empresa como um provedor comprovado para empresas de classe empresarial.

- Resultado-chave 1: demonstrar a adequação do produto/mercado, desenvolvendo não menos que seis empregadores de referência de classe empresarial.

---

1 A empresa vinha recebendo várias consultas de corporações há pelo menos dois anos. Elas vinham principalmente de pessoas de RH que haviam usado o mercado de vagas de empregos em empresas anteriores e acreditavam seria uma solução melhor do que a que encontraram na nova empresa.

CAPÍTULO

64

Visão e Princípios do Produto

A empresa tem uma visão de produto e princípios fortes e atraentes, mas não irei compartilhá-los aqui, pois isso evidenciaria a empresa que estou descrevendo.

No entanto, posso dizer que a empresa foi fundada com o desejo de ajudar as pessoas a encontrar o melhor emprego possível, dadas as suas capacidades, e de ajudar os empregadores a encontrar candidatos fortes para as suas vagas em aberto.

Embora seja fácil falar, essa empresa depende da repetição dos negócios pelos empregadores e, quando confrontada com decisões que trocam benefícios de curto prazo para sua empresa em relação ao benefício de longo prazo para seus clientes, eu a vi decidindo consistentemente em favor de seus clientes.

Vi esses valores e princípios acontecerem diversas vezes, então pelo menos eu estava pessoalmente convencido de que não se tratava apenas de palavras vazias.

Vale destacar que os líderes de gerenciamento de produto, engenharia e design — e os membros das equipes de produto — tinham a visão, os princípios e, especialmente, a estratégia do produto em mente conforme decidiam e, em seguida, perseguiam os objetivos de suas equipes.

CAPÍTULO

65

Topologia da Equipe

No início do trimestre, a empresa tinha 16 equipes de produto compostas por 60 engenheiros, 12 gerentes de produto,[1] 10 designers de produto, 2 pesquisadores de usuários e 3 analistas de dados.

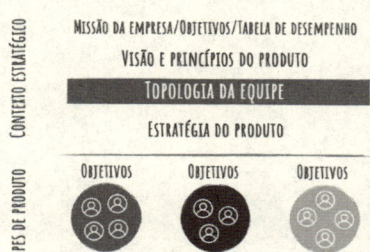

Existem dois diretores de gerenciamento de produto (um para o empregador e um para o candidato) e um diretor de design de experiência do usuário (todos os três se reportam ao CPO), junto com três diretores de engenharia (um para empregador, um para candidato e outro para plataforma — e todos se reportam ao CTO).

---

1 Observe que a empresa conta com 12 gerentes de produto e 16 equipes de produto. Isso será explicado na sequência.

Visão Geral da Topologia da Equipe

A empresa tem dois tipos de equipes de experiência — aquelas voltadas para os empregadores e aquelas voltadas para os candidatos a empregos — projetadas para se alinhar aos dois tipos principais de clientes. Também tem cerca de um terço de seus recursos dedicados a uma plataforma interna a partir da qual todas as equipes de experiência são construídas.

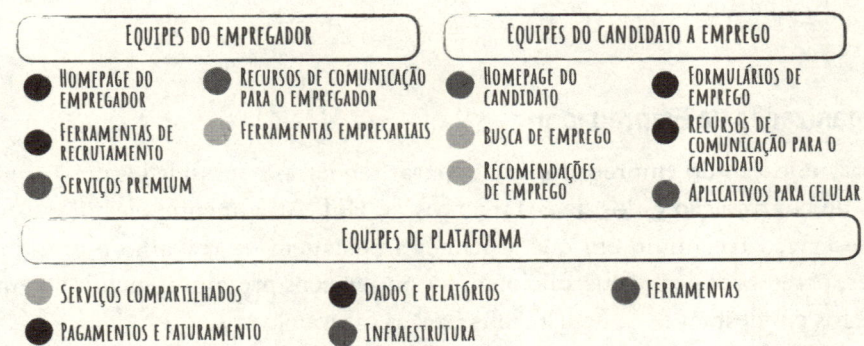

Equipes de Empregadores

- Homepage do empregador.
- Ferramentas de recrutamento.
- Serviços premium.
- Recursos de comunicação para o empregador.
- Ferramentas empresariais (nova equipe).

Equipes de Candidatos a Emprego

- Homepage do candidato/personalização.
- Busca de emprego.
- Recomendações de emprego.
- Formulários de emprego.
- Recursos de comunicação para o candidato.
- Aplicativos para celular.

Equipes de Plataforma

- Serviços compartilhados.
- Pagamentos e faturamento.
- Dados e relatórios.
- Infraestrutura.
- Ferramentas.

Organização do Empregador

A organização do empregador existe para atender às necessidades dos gerentes de contratação e dos departamentos de RH. Atualmente, eles oferecem um serviço freemium em que a primeira postagem de trabalho é gratuita, mas, para obter postagens adicionais — ou serviços premium, incluindo empregos em destaque —, há listagens e taxas promocionais.

Estas são as equipes de produto e aquilo pelo que cada uma delas é responsável:[2]

Homepage do empregador — essa equipe é responsável pelo dashboard para os empregadores, mostrando as ofertas de empregos e as inscrições atuais em vários estágios de revisão. Ela também oferece a capacidade de postar uma vaga e garantir que esta seja visível nos resultados de pesquisa orgânica (SEO).

Ferramentas de recrutamento — para empregadores que têm departamentos de RH, existem recursos avançados a fim de carregar e gerenciar um grande número de vagas em aberto, bem como gerenciar o fluxo de aplicativos, entrevistas e decisões. Essa equipe também fornece maneiras de pesquisar no mercado por candidatos com atributos específicos e, em seguida, permitir que o recrutador alcance esses candidatos em vez de esperar que eles se inscrevam.

Serviços premium — os empregadores têm vários serviços opcionais que são projetados para ajudá-los a preencher as vagas abertas mais rapida-

---

2 Só para ficar claro, o "produto" é o mercado de trabalho, e cada uma dessas 16 equipes de produto é responsável por um subconjunto desse produto maior.

mente ou gerar um fluxo maior de inscrições. Esses serviços premium abrangem ter os empregos incluídos em e-mails, trabalhos em destaque e assim por diante.

Recursos de comunicação para o empregador — essa equipe gere as diversas formas de comunicação contínua com os empregadores, nomeadamente no que se refere ao estado das vagas em aberto, incluindo e-mails, textos e notificações. Isso é tanto transacional (informações sobre um trabalho específico) quanto marketing (encorajando o empregador a postar empregos adicionais). A equipe também é responsável pelo recrutamento online de novos clientes empregadores que procuram publicar empregos (SEO e SEM).

Ferramentas empresariais (nova equipe) — à medida que a empresa avança para ajudar grandes empresas com seu recrutamento, ela acredita que precisa de vários recursos corporativos específicos, como integração com sistemas de rastreamento de candidatos em grande escala (ATS). Essa equipe está focada em identificar o que é necessário para satisfazer os empregadores corporativos e entregar essa capacidade.[3]

Organização dos Candidatos a Emprego

A organização dos candidatos a emprego está focada em ajudar as pessoas que procuram emprego.

Homepage do candidato — essa equipe fornece a experiência básica para o candidato a emprego na web e em aplicativos para celulares. Isso inclui um dashboard dos empregos que o candidato está rastreando no momento, o status dos aplicativos e as recomendações para outros empregos que possam ser adequados.

---

3 Essa equipe acabou incorporando um profissional de marketing de produto em tempo integral porque havia muito trabalho crítico a ser feito em termos de desenvolvimento de clientes de referência, e considerações de entrada no mercado, além de começar a entender e preparar os materiais de capacitação de venda. Isso acabou sendo muito importante e é uma ótima prática para qualquer produto em que o envio de mensagens mais específicas para um segmento-alvo ou um novo negócio seja algo importante. O livro *LOVED* aprofunda-se em cenários nos quais o marketing de produto é particularmente importante para revelar o que é necessário para o sucesso de um produto no mercado em situações como essas.

Busca de emprego — essa equipe fornece os serviços que permitem a um candidato de emprego pesquisar no mercado com base nos atributos do trabalho.

Recomendações de emprego — essa equipe utiliza os dados que foram coletados em termos de buscas e perfil do candidato e gera empregos recomendados.

Inscrições em vagas — essa equipe permite que um candidato se inscreva para um emprego específico, coletando as informações que já foram fornecidas e combinando-as com quaisquer informações específicas do trabalho que possam ser necessárias para aquela vaga em particular.

Recursos de comunicação para o candidato — essa equipe lida com as várias formas de comunicação com os candidatos a emprego, incluindo e-mails, mensagens de texto e notificações. Isso é tanto transacional (status de um pedido de emprego) quanto marketing (encorajando o candidato a retornar e se candidatar a empregos adicionais). Essa equipe também é responsável pelo recrutamento online de novos candidatos a emprego (SEM e SEO).

Aplicativos para celular — essa equipe oferece aos candidatos uma experiência móvel para dispositivos iOS e Android. Trabalha em estreita colaboração com a equipe da homepage do candidato, uma vez que tentam manter a experiência da web e as experiências móveis equiparadas.[4]

Organização da Plataforma

A organização da plataforma existe para ajudar as equipes de empregadores e candidatos a serem mais eficientes no atendimento de seus respectivos clientes. Ao fornecer uma plataforma confiável, as equipes de experiência podem se concentrar na inovação em termos de valor para seus usuários e clientes e não precisam se preocupar com os serviços de nível inferior.

---

4 Quando esse trabalho estava em andamento, muitas empresas tinham uma equipe especial e específica de "aplicativos próprios para celular" porque poucos engenheiros haviam recebido treinamento no desenvolvimento de aplicativos próprios para iOS e Android. Em um ano ou mais, esse trabalho foi transferido para outras equipes de candidatos — especialmente a equipe da homepage —, o que, no fim das contas, é uma solução muito melhor.

Serviços compartilhados — sempre que as equipes percebem que há, potencialmente, esforços duplicados ocorrendo em equipes diferentes, a equipe de serviços compartilhados trabalha para fornecer uma solução única que atenda às necessidades das várias equipes. Isso inclui serviços como autenticação, gerenciamento de preferências e dezenas de outros recursos semelhantes. A equipe de serviços compartilhados está lá para ajudar a tornar as equipes de empregadores e de candidatos mais produtivas.

Pagamentos e faturamento — essa equipe lida com todas as transações financeiras, incluindo pagamentos recorrentes, descontos, promoções e os vários métodos de pagamento. Há uma quantidade significativa de complexidade gerenciada por essa equipe pequena, contudo muito experiente, mas o benefício é que as outras equipes não precisam entender essa complexidade para usar os serviços.

Dados e relatórios — muitas partes da empresa dependem de relatórios da atividade de mercado, começando com as equipes de produto, mas também incluindo finanças, marketing, vendas e a liderança da empresa. Essa equipe fornece a infraestrutura de relatórios que alimenta os painéis do empregador e do candidato, além de permitir a geração de relatórios de autoatendimento pelo restante da empresa.

Infraestrutura — a equipe de infraestrutura é responsável por garantir que a infraestrutura de tecnologia seja capaz de atender às necessidades do negócio. Assim, ela assumiu a liderança nas principais questões de dívida técnica, além de auxiliar os engenheiros nas equipes de produto a superar desafios de escala e de desempenho.

Ferramentas — a equipe de ferramentas está lá para ajudar todas as equipes de produto (do empregador, do candidato e da plataforma) com ferramentas e serviços para ajudá-las a serem mais produtivas e gerar sistemas mais confiáveis. Isso inclui serviços de monitoramento de site, ferramentas de automação de teste e liberação (DevOps), e diversas ferramentas de produtividade e de colaboração em equipe.

66

Estratégia de Produto

Agora que os objetivos da empresa estão claros e a visão e os princípios do produto estão em vigor, os líderes da organização do produto (neste caso, o CPO, o CTO e seus gerentes) precisam atualizar sua estratégia de produto para cumprir os objetivos da empresa .

Observe que não há garantia de que eles serão capazes de encontrar uma maneira de fazer tudo o que o conselho espera durante o ano.

Se os líderes de produto determinarem que isso simplesmente não é plausível, eles precisarão levar isso de volta ao CEO para considerar aumentar o financiamento ou reduzir algumas expectativas, ou possivelmente uma combinação dos dois. Contudo, antes que isso possa ser conhecido, eles precisarão trabalhar em estreita colaboração com as equipes de produto para determinar o que acreditam que *podem* fazer.

Também é importante observar que, embora os objetivos da empresa sejam anuais, os objetivos da equipe de produto são trimestrais. Assim, os

CONTEXTO ESTRATÉGICO

MISSÃO DA EMPRESA/OBJETIVOS/TABELA DE DESEMPENHO
VISÃO E PRINCÍPIOS DO PRODUTO
TOPOLOGIA DA EQUIPE

ESTRATÉGIA DO PRODUTO

EQUIPES DE PRODUTO

OBJETIVOS

OBJETIVOS

OBJETIVOS

DESCOBERTA ENTREGA

DESCOBERTA ENTREGA

DESCOBERTA ENTREGA

líderes e as equipes de produto têm a capacidade de ajustar o curso com base no progresso, nos obstáculos encontrados, nos novos aprendizados, nos novos insights e nas novas oportunidades descobertas.

Segue um lembrete do panorama geral em relação à estratégia de produto.

Lembre-se de que uma estratégia de produto começa com o *foco* em um pequeno número de objetivos verdadeiramente importantes.

Em seguida, buscaremos *insights* que possam ser aproveitados para causar um impacto real nos objetivos da empresa.

A seguir, mapearemos os insights em *ação*, o que significa identificar um conjunto de um ou mais objetivos para cada equipe de produto trabalhar.

Finalmente, os gerentes precisarão *monitorar* ativamente o progresso em relação aos objetivos e estar preparados para remover obstáculos e fazer ajustes em apoio às equipes de produto.

Foco

Os líderes da empresa identificaram dois objetivos da empresa para o ano. Um dizia respeito a continuar a expansão do negócio principal e o outro era sobre explorar um novo produto em expansão.

Nessa situação, os líderes seniores da empresa ajudaram consideravelmente com o foco, restringindo os objetivos da empresa a apenas dois objetivos principais. Se os líderes tivessem uma lista muito maior, a estratégia de produto provavelmente teria que começar com a redução dessa lista.

Em cada empresa, existem muitas oportunidades que podem ser perseguidas. Nesse caso, eles estavam debatendo seriamente a expansão geográfica, bem como o oferecimento de serviços adicionais aos empregadores (por exemplo, serviços de verificação e de teste de drogas), mas nada disso foi priorizado para este ano.

Observe que o contexto também incluiu orientações de que a busca por novas oportunidades de negócios não deve ocorrer às custas do trabalho no negócio principal.

Insights

Gerando o Objetivo Central dos Negócios

O primeiro objetivo da empresa diz respeito ao crescimento do negócio principal.

O resultado comercial que a empresa espera é um crescimento de 25% e existem, é claro, inúmeras estratégias para alcançar esse crescimento. Porém, os líderes percebem que é improvável que apenas otimizar o produto atual venha a produzir um crescimento de mais de 5 a 10%.

Ainda há crescimento orgânico ocorrendo nesse espaço, mas também há vários novos concorrentes agora, então eles não querem contar com o crescimento orgânico. Eles acreditam que devem fazer um trabalho melhor do que nunca ao cuidar de seus clientes atuais — tanto empregadores quanto candidatos — e, além disso, devem sair e conquistar novos clientes.

Uma parte importante do trabalho de estratégia de produto envolve uma revisão e uma discussão dos principais KPIs de saúde do mercado e aprendizados de pesquisa do usuário. Em particular, eles sabem que os empregadores desejam preencher vagas rapidamente, mas desejam ter certeza de que estão oferecendo aos gerentes de contratação uma escolha de *candidatos qualificados*.

Os empregadores ficam obviamente desapontados quando não recebem nenhuma inscrição e ficam frustrados e demoram a decidir quando têm apenas um número muito pequeno de inscrições. Já se sabia disso.

No entanto, o que não se sabia — e isso é consequência de fazer alguma pesquisa de usuário motivada por uma observação dos dados — é que, se houver *muitos* aplicativos para um determinado trabalho, ele cria o próprio conjunto de problemas. Isso ocorre porque leva muito tempo para que os empregadores analisem e tomem uma decisão de contratação. Além disso, nos empregos em que muitas pessoas se candidatam, isso também deixa um número desproporcional de candidatos a emprego desapontados.

A análise dos dados mostra que os cargos são preenchidos com mais rapidez e os gerentes de contratação ficam mais felizes quando recebem no mínimo 8, *mas não mais do que 25, inscrições qualificadas.*

Com base nesses números, eles sabem que 28% dos anúncios de emprego dos empregadores recebem pouquíssimas inscrições e 7% recebem muitas. Embora isso não pareça tão ruim, é pior do que parece, porque os empregos mais atraentes estão recebendo e decepcionando muitos candidatos a emprego. Depois que um anúncio de emprego tiver candidatos qualificados o suficiente, talvez os algoritmos possam direcionar esses candidatos para empregos mais promissores?

Eles acreditam que isso se correlaciona diretamente com a rotatividade do empregador, em especial para aqueles que recebem poucas inscrições.

Também acreditam que isso se correlaciona diretamente com a satisfação do candidato, em especial para as muitas pessoas que se candidatam a um emprego com o qual estão entusiasmadas, mas nunca recebem um retorno.

Então, como um foco estratégico para o próximo trimestre ou dois (dependendo do progresso), eles querem que as equipes de empregadores descubram maneiras de ajudar uma porcentagem maior de empregos a obter pelo menos 8 inscrições qualificadas e também querem reduzir o número de empregos que tenham mais de 25 inscrições. Eles acreditam que isso reduzirá a rotatividade do empregador, gerando mais ofertas de emprego por empregador e, ao mesmo tempo, respostas mais bem-sucedidas para quem procura emprego.

Do ponto de vista dos candidatos, sabemos que eles precisam encontrar um emprego. O tempo está passando. Eles estão procurando algo compatível e gostariam de ter opções, é claro, mas o principal é encontrar rapidamente um que se adéque.

Eles sabem pelos dados que, se um candidato a emprego não enviar pelo menos uma inscrição nas primeiras 48 horas de uso do mercado, é muito improvável que ele retorne. Também sabem que apenas 27% dos requerentes que se cadastraram realmente enviam pelo menos uma inscrição.

Sabem ainda, a partir dos dados, que há uma diferença substancial no sucesso do candidato para aqueles que baixam o aplicativo próprio para celular a fim de ajudá-los em sua busca de emprego (32%), em comparação com aqueles que não o fazem (15%).

Embora o primeiro insight não tenha sido uma surpresa (você só tem uma janela de 48 horas para engajar um candidato), o segundo insight *foi* uma surpresa. O registro é uma grande porcentagem do trabalho envolvido no envio de uma candidatura, e eles tiveram dificuldade para entender por que tantas pessoas completavam com sucesso o processo de registro, mas não se candidatavam a pelo menos um emprego.

Então, como o segundo foco estratégico para o próximo trimestre, eles querem que as equipes de candidatos descubram maneiras de ajudar mais candidatos a encontrar uma correspondência e enviar pelo menos uma inscrição na primeira janela de 48 horas — especialmente para as pessoas que se cadastraram.

Objetivo do Empregador Corporativo

O segundo objetivo da empresa é bastante explícito. Não é fácil, mas é óbvio. Eles terão uma equipe de novos produtos, e essa equipe terá uma atribuição clara com base no objetivo da empresa.

Eles sabem que muitas das suposições em torno do negócio principal podem não se aplicar a esse novo produto, já que vender para corporações é substancialmente diferente de vender diretamente para gerentes de contratação. Portanto, querem abordar esse objetivo começando com a identificação do produto/adequação ao mercado. Além disso, não querem que a equipe se distraia com qualquer outra coisa enquanto buscam o ajuste do produto/mercado. É muito fácil para uma equipe se antecipar com um novo produto.

Embora o trabalho para a nova equipe seja explícito, eles esperam que parte do trabalho que a nova equipe precisa fazer tenha impacto sobre várias outras equipes.

Demonstrar a adequação do produto/mercado na corporação provavelmente será uma iniciativa que se estenderá durante a maior parte do ano e exigirá mudanças e suporte de várias outras equipes — provavelmente a maioria (senão todas) das equipes de organização de empregadores e, pelo menos, da organização dos candidatos, da equipe de formulários de emprego e da maioria (senão todas) das equipes de organização da plataforma.

Portanto, será preciso garantir que essas equipes tenham como objetivo o suporte para esse trabalho.

Objetivo de Replatforming

Embora os dois objetivos da empresa direcionem grande parte do trabalho do produto, há outro objetivo que não vem dos executivos ou do conselho da empresa, mas sim dos líderes do produto.

A organização vinha lutando contra uma dívida técnica muito substancial devido ao rápido crescimento do negócio durante os vários anos anteriores. No ano anterior, a organização de engenharia propôs um plano de dois anos para mover a organização rumo a uma implementação mais moderna, baseada em AWS e microsserviços.

O plano enumerou 20 componentes principais do sistema e propôs lidar com vários deles a cada trimestre — em uma ordem específica e intencional — durante o que estimaram que levaria cerca de 2 anos.

Observe que a equipe de engenharia acreditava que poderia realizar esse trabalho de replatforming em um período mais curto se estivesse disposta a pausar ou a suspender outro trabalho. No entanto, isso teria causado uma grande interrupção na capacidade de adicionar recursos contínuos para os negócios.

Isso foi considerado muito arriscado para a empresa, então eles optaram por um plano incremental para reconstruir estrategicamente a infraestrutura ao longo de um período de dois anos. Esse trimestre representa o terceiro trimestre de trabalho nesse plano.

Esperava-se que muito desse trabalho, mas não todo, recairia sobre as equipes de plataforma.

Ação

Os líderes agora estão prontos para transformar esses insights em ação, o que significa fazer com que as equipes trabalhem na solução dos problemas que precisam ser resolvidos. Eles sabem que poderiam simplesmente atribuir problemas a cada equipe de produto, mas também sabem que isso deixaria passar algumas informações importantes.

Embora entendam os problemas e os insights, o que compreendem que não podem saber diz respeito à tecnologia capacitadora disponível para cada equipe e às próprias ideias e entusiasmo sobre os vários problemas.

Portanto, o próximo passo é abrir a discussão dos objetivos trimestrais de equipe para a organização de produto mais ampla. Os líderes querem que as equipes de produto pensem sobre a melhor forma de lidar com esses tópicos.

Assim, pedem que os membros das equipes de produto se reúnam com eles para discutir a estratégia.[1]

Durante essa sessão, o chefe de produto começa atualizando todos sobre os objetivos da empresa, passando então para o trabalho de estratégia de produto e compartilhando os dados relevantes — especialmente os insights.

Os líderes explicam que, nos próximos dias, abordarão cada equipe de produto com um ou dois problemas importantes para resolver em apoio a esses três objetivos. Contudo, enquanto isso, gostariam que as equipes considerassem os problemas, as ideias e a tecnologia que acreditam que será útil.[2]

Eles explicam às equipes que, se todos quisessem trabalhar na mesma coisa, é claro que isso não funcionaria, porque eles têm que fazer o melhor para cobrir todos os três objetivos.

No entanto, também explicam que, se uma equipe de produto é especialmente otimista sobre um problema que acredita que pode ajudar, eles estão motivados a tentar acomodar esses desejos sempre que possível.

Observe que esse processo é necessariamente uma combinação de cima para baixo e de baixo para cima. Todas as equipes receberam os objetivos da empresa e a estratégia de produto (de cima para baixo) e todas foram solicitadas a considerar o que podem fazer para contribuir (de baixo para cima). Isso dá início a um vaivém com a liderança para garantir que o máximo possível dos objetivos da empresa sejam cumpridos. Porém, os resultados-chave sempre vêm de baixo para cima.

---

1 Nessa empresa, eles incentivaram todos os membros das equipes de produto a participarem desse briefing de estratégia. Em algumas empresas, apenas o gerente de produto, o designer de produto e os líderes de tecnologia são incentivados, enquanto em outras empresas são incentivados apenas os gerentes de produto. Isso é em parte cultural e em parte em função do tamanho da organização e se todos estão no mesmo escritório. A razão pela qual essa empresa pressionou para que a maioria (senão todos) dos engenheiros participasse é que ela acreditava muito no papel desempenhado pelos engenheiros na inovação.

2 Só para ficar claro, não esperamos que todas as equipes contribuam para todos os objetivos, pois os objetivos mais relevantes variam de uma equipe para outra. No entanto, queremos que cada equipe considere o que pode ser capaz de fazer para ajudar com os objetivos específicos da equipe e os objetivos mais gerais da empresa, e que divulguem quando identificarem oportunidades promissoras.

Gerenciamento

No próximo capítulo, vamos compartilhar onde os objetivos da equipe realmente terminam para cada uma das equipes de produto. No entanto, seria enganoso compartilhar esses resultados sem descrever os muitos obstáculos e desafios que tiveram que ser enfrentados para chegar aonde chegaram.

Portanto, aqui estão os principais obstáculos que surgiram, junto com a forma como foram abordados:

- Muito trabalho caiu nas mãos de uma equipe específica — nesse caso, a equipe da homepage do empregador. As duas soluções que os líderes criaram envolveram passar parte do trabalho para outras equipes ou adicionar um ou mais engenheiros a essa equipe. Eles acabaram fazendo um pouco de ambos.

- O obstáculo mais comum era quando uma equipe identificava uma dependência de outra e precisava saber se poderia ou não contar com o que precisava durante o trimestre. Isso aconteceu durante o planejamento do trimestre e em vários casos durante o trimestre, quando as equipes estavam mais envolvidas no trabalho. A dependência era principalmente de uma equipe de plataforma, mas às vezes, por exemplo, uma mudança para uma equipe de empregador exigia uma mudança em uma equipe de candidatos. Em cada caso, era necessário que os gerentes conversassem diretamente com as partes envolvidas para ver se e quando a dependência poderia ser acomodada. Na maioria das vezes, uma pequena "negociação" foi capaz de satisfazer ambas as partes.[3]

- A equipe da homepage do empregador identificou que precisava de alguma ajuda significativa do marketing de produto com o SEO para poder cumprir seus objetivos. Os gerentes acabaram incorporando um profissional de SEO a essa equipe durante o trimestre. Eles acreditavam, com base na análise de dados do funil de novos candidatos, que, se pudessem fazer um trabalho melhor com o SEO, poderiam

---

3 No entanto, houve alguns casos em que a equipe da plataforma não conseguiu se comprometer a fornecer o que era necessário com antecedência suficiente para que a equipe de experiência usasse a tempo de terminar no trimestre. Nesse caso, a equipe de experiência não foi capaz de entregar suas soluções até o trimestre seguinte.

atrair candidatos mais qualificados e, como resultado, melhorar a taxa de sucesso.

- A equipe de infraestrutura havia compartilhado o plano de replatforming da dívida técnica, como tinha feito nos trimestres anteriores, mas uma das equipes (ferramentas corporativas) percebeu que o momento não seria bom para uma área crítica na qual precisava trabalhar. A equipe, então, acabou alterando os módulos específicos planejados para o trimestre a fim de evitar um desperdício de trabalho.

- A equipe de serviços compartilhados acabou com uma lista muito longa de trabalho que precisava fazer para dar suporte às várias equipes de experiência, e precisava de ajuda para priorizar todas as diferentes solicitações vindas de todas as diferentes equipes. Isso foi, em parte, abordado com o fornecimento de orientações sobre as prioridades. No entanto, em certos casos, funcionou melhor permitir que a equipe de experiência escrevesse o software necessário e, em seguida, contribuísse com esse código para a plataforma (mediante aprovação da equipe de serviços compartilhados).

CAPÍTULO

67

Objetivos da Equipe de Produto

A seguir, está o resultado da negociação entre os líderes de produto e as equipes de produto, e também a negociação entre as próprias equipes quando uma identificava uma dependência da outra.

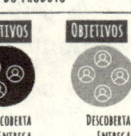

Em alguns casos, os objetivos que foram inicialmente sugeridos pela equipe funcionaram bem, mas em outros casos houve idas e vindas substanciais, de modo a maximizar a probabilidade de que a maioria dos objetivos anuais da empresa pudessem ser alcançados.[1] Muito disso se refletiu na discussão sobre o nível de ambição desejado para cada objetivo.

---

1 É importante enfatizar que esse vaivém é normal. É um reflexo do fato de que algumas coisas vêm dos líderes e outras vêm das equipes.

Lembre-se de que os objetivos da equipe não se destinam a cobrir tudo em que uma equipe de produto trabalha — todas as equipes têm outro trabalho, em especial o de "manter as luzes acesas" e outras questões que inevitavelmente surgirão. Os objetivos da equipe destinam-se a cobrir o trabalho crítico em apoio aos objetivos da empresa.

Lembre-se também de que esses objetivos são *problemas a serem resolvidos* — e não soluções. Espera-se que as equipes experimentem soluções potenciais na descoberta e busquem soluções onde tenham evidências de que funcionarão. É isso que significa uma *equipe empoderada*.

Você também notará que várias equipes receberam o mesmo problema para resolver. Na maioria dos casos, esses eram *objetivos comuns* porque eram os problemas mais importantes a serem resolvidos e, portanto, várias equipes foram solicitadas a abordá-los de acordo com a sua área. Isso é bom, é uma consequência de sua estratégia de produto, e eu diria que é apropriado nesse caso particular. Contudo, é importante notar que também não é algo necessário.[2]

Com esses objetivos comuns, as equipes precisarão se comunicar e coordenar de perto, e a gerência também precisará ajudar a conectar os pontos quando necessário, o que ocorre principalmente durante o coaching em andamento.

Dashboard da Empresa

O que se segue é um subconjunto do dashboard da empresa, que contém os KPIs relacionados à estratégia de produto.

Empregadores: melhorar a taxa de sucesso para os empregadores

(% de vagas que são preenchidas com sucesso durante um ciclo de postagem de 60 dias)

- Taxa de sucesso atual do empregador: 37%.
- % de postagens com menos de 8 aplicativos qualificados: 39%.
- % de postagens com mais de 25 aplicativos qualificados: 7%.

---

2 Salvo quando indicado o contrário, todos os resultados-chave são ambiciosos. O nível específico de ambição é discutido na barra lateral "Nível de ambição".

- % de postagens entre 8 e 25 aplicativos: 54%.
- Número médio de postagens por conta: 5,9.
- Taxa de desligamento do empregador (anualizada): 6%.

Candidatos a emprego: melhorar a taxa de sucesso dos candidatos

(% de candidatos que encontram emprego com sucesso em um período de procura de emprego de 60 dias)

- Taxa de sucesso atual do candidato: 23% (média).
- % de requerentes registrados que enviam ≥ 1 inscrição nas primeiras 48 horas: 27%.
- % taxa de sucesso do candidato para usuários do aplicativo: 32%.
- % taxa de sucesso do candidato que não é usuário do aplicativo: 15%.
- Número médio de inscrições por procura de emprego: 3,2.

Organização do Empregador

Homepage do empregador — a equipe da homepage do empregador acreditava que agora tinha histórico de postagens e dados de candidatos suficientes para fazer recomendações inteligentes ao gerente de contratação durante a criação da oferta de emprego, o que aumentaria significativamente a probabilidade de uma postagem bem-sucedida.

Objetivo: melhorar a taxa de sucesso dos empregadores por meio de recomendações

- Resultado-chave: aumentar a taxa de sucesso do empregador de 37% para 39%.
- Resultado-chave: aumentar as postagens com mais de 8 e menos de 25 inscrições qualificadas de 54% para 58%.

Ferramentas de recrutamento — a equipe das ferramentas de recrutamento esperava ser impactada de maneira significativa pelo objetivo da empresa, então propôs trabalhar essencialmente ao lado da nova equipe de ferramentas corporativas enquanto corria atrás desse novo mercado. Ela faria o que fosse necessário para melhorar as ferramentas de recrutamento com o intuito de atender às necessidades das empresas. Observe que esse é um *objetivo de equipe compartilhado* com a equipe de ferramentas corporativas.[3]

Objetivo (compartilhado com a equipe de ferramentas corporativas)

- Resultado-chave (compartilhado com a equipe de ferramentas corporativas).

Serviços premium — a equipe de serviços premium tinha uma teoria arriscada, mas potencialmente significativa, acreditando que alguns de seus serviços deveriam ser disponibilizados para *todas* as postagens de empregador. Ela acreditava nisso porque tinha evidências de que esses recursos geravam mais postagens bem-sucedidas e, portanto, menos rotatividade, e que, de modo geral, a receita total aumentaria. Assim, se propôs a seguir com essa teoria, executando uma série de testes direcionados. Ela esperava que a redução na taxa de rotatividade levasse algum tempo para aparecer, mas o aumento da taxa de sucesso do empregador deveria ser preditivo.

Objetivo: melhorar a taxa de sucesso dos empregadores por meio de serviços premium

- Resultado-chave: melhorar a taxa de sucesso do empregador (para grupo de teste) de 37% para 40%.
- Resultado-chave: o impacto da contabilização da receita é neutro ou positivo (para coorte de teste).

Recurso de comunicação para o empregador — a equipe de comunicações do empregador acreditava que poderia alavancar novas práticas recomendadas de CRM para melhorar a eficiência da interação com recrutadores e gerentes de

---

3 Observe que este é um exemplo de objetivo de equipe compartilhado. A equipe de ferramentas do empregador trabalhará em estreita colaboração com a equipe de ferramentas de recrutamento, bem como com duas equipes de plataforma, a fim de colaborar para resolver o objetivo da equipe compartilhada.

contratação, de modo a permitir que eles fechassem mais rapidamente o ciclo com os candidatos.

Objetivo: melhorar a taxa de sucesso dos empregadores por meio de recursos de comunicação

- Resultado-chave: melhorar a taxa de sucesso do empregador de 37% para 40%.
- Resultado-chave: aumentar a porcentagem de postagens com mais de 8 e menos de 25 inscrições de 54% para 56%.[4]

Ferramentas corporativas (equipe nova) — essa nova equipe assumiu a liderança na iniciativa de objetivo corporativo e trabalhou com as outras equipes conforme a necessidade. A intenção dela era começar imediatamente um programa de descoberta de clientes com oito clientes corporativos em potencial, que já haviam sido identificados pela organização de vendas, e usá-los para descobrir e entregar um produto adequado a esse novo mercado.

Objetivo: demonstrar a adequação do produto/mercado para a corporação

- Fazer com que pelo menos oito clientes do programa de descoberta de clientes assinem uma carta de intenção de compra.[5]

---

4 Consulte a barra lateral "Atribuição de Resultados-chave" para entender como as equipes foram capazes de saber quais mudanças causaram quais impactos.

5 Em última análise, a medida de sucesso para esta equipe de ferramentas corporativas é desenvolver pelo menos seis clientes de referência para a oferta inicial do produto corporativo. No entanto, os líderes e a equipe esperavam que isso fosse demorar provavelmente mais de um trimestre (mas, com sorte, menos de dois), então a questão era compreender qual seria um bom proxy KPI para o progresso real em direção a esse resultado comercial. A decisão foi tomada para usar a participação ativa nesse programa de desenvolvimento do cliente, com a crença de que, se pelo menos oito clientes assinassem a carta de intenção de compra (não vinculativa), então seria razoável esperar que alguns deles realmente comprariam o produto quando este estivesse pronto. E isso depende muito de se a equipe cumprirá a promessa do produto ou não.

Organização dos Candidatos a Empregos

Homepage do candidato — a equipe da homepage do candidato acreditava que poderia aproveitar o histórico de dados para introduzir uma personalização inteligente no dashboard inicial do candidato, sugerindo empregos mais adequados. Observe que este é um *objetivo de equipe compartilhado* com a equipe de recomendações de emprego.

Objetivo: melhorar a taxa de sucesso para os candidatos por meio de recomendações

- Resultado-chave: aumentar o sucesso do candidato de 23% para 25%.
- Resultado-chave: aumentar a primeira inscrição nas primeiras 48 horas de 27% para 30%.

Busca de emprego — a equipe da busca de emprego acreditava que poderia expandir o paradigma de pesquisa de forma que, uma vez que um candidato descrevesse suas posições desejadas, o recurso de pesquisa pudesse escanear continuamente novas postagens e garantir que o candidato fosse notificado de imediato sobre uma nova correspondência.

Objetivo: melhorar a taxa de sucesso dos candidatos por meio da pesquisa

- Resultado-chave: aumentar o sucesso do candidato de 23% para 25%.
- Resultado-chave: aumentar a porcentagem de inscrições a partir dos resultados da pesquisa de 0% para 3%.

Recomendações de emprego — a equipe de recomendações de emprego acreditava que poderia melhorar a qualidade de suas recomendações e ajudar os candidatos a encontrar os empregos para os quais não sabiam que estavam qualificados. Observe que esse é um *objetivo de equipe compartilhado* com a equipe da homepage do candidato.

Objetivo: melhorar a taxa de sucesso para os candidatos por meio de recomendações

- Resultado-chave: aumentar o sucesso do candidato de 23% para 25%.
- Resultado-chave: aumentar a porcentagem de inscrições a partir de recomendações de 3% para 5%.

Inscrições em vagas — a equipe de inscrições em vagas se habilitou para tornar o processo de inscrição consideravelmente mais inteligente. Depois que um candidato se inscrevesse para um emprego, seria significativamente mais rápido e fácil se candidatar para outros, de qualquer dispositivo e a qualquer hora.

Objetivo: melhorar a taxa de sucesso dos candidatos por meio de inscrições

- Resultado-chave: aumentar o sucesso do candidato de 23% para 25%.
- Resultado-chave: aumentar o número médio de inscrições de 3,2 para 4.

Recursos de comunicação para o candidato — a equipe de comunicação do candidato adotou o conceito de "primeiras 48 horas" como tema e planejou uma série de experimentos com uma experiência mais rica e oportuna durante esse período — pelo menos até que a primeira inscrição fosse enviada.

Objetivo: melhorar a taxa de sucesso dos candidatos por meio de recursos de comunicação

- Resultado-chave: aumentar o sucesso do candidato de 23% para 25%.
- Resultado-chave: aumentar o primeiro uso do aplicativo nas primeiras 48 horas de 27% para 30%.

Aplicativos para celular — a equipe de aplicativos para celular propôs focar as notificações em tempo real como uma forma de gerar mais engajamento — tanto durante as primeiras 48 horas quanto continuamente, conforme novas possibilidades compatíveis de trabalho são descobertas.

Objetivo: melhorar a taxa de sucesso dos candidatos por meio do aplicativo

- Resultado-chave: aumentar o sucesso dos candidatos que utilizam o aplicativo de 32% para 35%.
- Resultado-chave: aumentar a porcentagem de pessoas que buscam, instalam e usam o aplicativo pela primeira vez de 17% para 20%.
- Resultado-chave: aumentar a classificação dos últimos 30 dias na app store de 3,0 para 3,5.

Organização da Plataforma

Observe que, como as equipes de plataforma existem principalmente para ajudar as equipes de experiência do empregador e do candidato a cumprirem seus objetivos, a maioria dos objetivos das equipes de plataforma para o trimestre será necessariamente em apoio aos objetivos de outras equipes.

Serviços compartilhados — como várias equipes acreditavam que precisavam buscar notificações, a equipe de serviços compartilhados se comprometeu a fornecer o suporte de serviços necessário.

Objetivo: fornecer a tecnologia necessária para dar suporte às equipes de experiência

- Compromisso de alta integridade: entregar a versão 1.0 do sistema de notificação.[6]

---

6 Você pode estar se perguntando por que este é um compromisso de alta integridade em vez de apenas uma dependência normal de "manter as luzes acesas" ou, se não for isso, um objetivo de equipe compartilhado. Assumimos compromissos de alta integridade apenas para os principais resultados, e não para dependências menores (das quais sempre existem muitas). Quanto ao motivo de não ser um objetivo de equipe compartilhado, a diferença é que as equipes já haviam discutido e determinado que precisavam de um serviço de notificação, então a questão realmente era quando poderiam começar a usá-lo.

Pagamentos e faturamento — a equipe de ferramentas corporativas pediu à equipe de pagamentos e faturamento que fornecesse o suporte necessário para estabelecer contas de faturamento mensal em termos corporativos, em vez de lidar com pagamentos apenas de transação. Observe que esse é um *objetivo de equipe compartilhado* com a equipe de ferramentas corporativas.

Objetivo: demonstrar a adequação do produto/mercado para a corporação

- Resultado-chave (herdar os resultados-chave da equipe de ferramentas corporativas).

Dados e relatórios — a equipe de ferramentas corporativas pediu à equipe de dados e relatórios para habilitar relatórios de toda a corporação e ajudar a agregar relatórios para empresas que tinham vários usuários (gerentes de contratação), cada um com as próprias contas. Observe que esse é um *objetivo de equipe compartilhado* com a equipe de ferramentas corporativas.

Objetivo: demonstrar a adequação do produto/mercado para a corporação

- Resultado-chave (herdar os principais resultados da equipe de ferramentas corporativas).

Infraestrutura — a equipe de infraestrutura estava no meio de um esforço de replatforming de dois anos para resolver os problemas substanciais de dívida de tecnologia. O surgimento do esforço corporativo fez com que a equipe propusesse o ajuste do sequenciamento do trabalho para garantir que o trabalho de integração do ATS pudesse acontecer na nova fundação, o que deveria ser substancialmente mais rápido e sem a necessidade de reimplementação posterior.

Objetivo: continuar com o grande esforço de reorganização da dívida de tecnologia[7]

- Compromisso de alta integridade: completar a migração de quatro ou mais componentes principais do sistema para a nova arquitetura, garantindo, enquanto isso, que todas as equipes continuem progredindo durante o replatforming
- *Ferramentas* — a equipe de ferramentas foi solicitada a focar um monitoramento mais flexível e em tempo real para lidar com as necessidades de integração da corporação.

Objetivo: demonstrar a adequação do produto/mercado para a corporação

- Resultado-chave (herdar os principais resultados da equipe de ferramentas corporativas).

---

7 Este é um exemplo de um objetivo que se estende por trimestres, já que o plano de dívida de tecnologia é de dois anos, então isso ilustra um objetivo contínuo e plurianual, mas com progresso significativo não menos do que a cada trimestre.

8 Isso poderia ter sido um resultado-chave em vez de um compromisso de alta integridade, mas é um problema de software cuja melhoria, em termos de velocidade, confiabilidade, escalabilidade, desempenho, e tolerância a falhas decorrentes da mudança para uma plataforma mais moderna, é muito difícil de quantificar. Por isso, é tão difícil fazer um caso de negócios de alta integridade para o trabalho de dívida de tecnologia, e eu não recomendo nem mesmo tentar. Digo aos líderes para simplesmente se certificarem de que o trabalho será feito se quiserem permanecer no negócio (e manter seus empregos).

Nível de ambição

Com resultados-chave desejáveis, é importante ter um entendimento claro de quão ambiciosa a equipe está sendo em relação aos seus principais resultados para o trimestre.

Muitas vezes, esse é um lugar onde a cultura da empresa se manifesta. Algumas empresas incentivam suas equipes a serem muito ambiciosas (moonshots), e outras querem que as equipes sejam conservadoras (roofshots). Algumas pedem ainda que suas equipes projetem algum nível de confiança no resultado-chave (por exemplo, "Seus principais resultados devem ter 70% de confiança").

Nessa empresa, os líderes utilizaram termos subjetivos a fim de descrever para as equipes o nível de ambição que esperavam. Em geral, eles queriam que as equipes fossem relativamente ambiciosas porque não acreditam que roofshots alcançariam os resultados que achavam que precisavam.

68

Resultados dos Negócios

Para aqueles que estão se perguntando como tudo isso realmente aconteceu, incluí aqui os resultados trimestrais e também algumas observações referentes a cerca de um ano depois.

Essa concentração de esforços em fazer com que mais empregos tivessem entre 8 e 25 inscrições de fato compensou. Isso era principalmente o resultado da disseminação de inscrições que estavam sendo desperdiçadas, indo para empregos que já tinham o suficiente. No fim do trimestre, a empresa tinha elevado o KPI de "publicação de sucesso" de 37% para 41%, mas a melhor notícia é que continuou a crescer e terminou o ano perto de 45%. Isso resultou em uma redução significativa da rotatividade do empregador — de 6% para 5,1%.

Como você viu, a empresa atacou esses problemas de muitos ângulos diferentes, na esperança de que alguns tivessem sucesso. A abordagem que teve o impacto mais significativo foi a da equipe de recomendações de emprego, que se concentrou em mostrar aos candidatos as vagas para as quais o sistema acreditava estarem qualificados, mas que passaram despercebidas. Isso não apenas teve um impacto imediato, mas também continuou a melhorar por pelo menos mais dois anos.

Do lado do candidato a emprego, a empresa acabou fazendo mudanças bastante fundamentais no fluxo de trabalho de, primeiramente, se registrar e, em seguida, fornecer a primeira inscrição. Ela conseguiu melhorar significativamente a porcentagem de candidatos a emprego que enviaram uma candidatura nas primeiras 48 horas (de 27% para 42%), principalmente por tornar o primeiro envio de inscrição muito mais fácil e integrado com o processo de registro.

O investimento no aplicativo próprio para celular também se mostrou valioso e, nos trimestres seguintes, a empresa alinhou melhor os esforços de marketing do produto para incentivar mais candidatos a emprego a instalarem o aplicativo.

Quanto ao objetivo de adequação do produto/mercado à venda para corporações, acabou demorando dois trimestres inteiros para conseguir os seis clientes de referência, mas isso resultou na construção de um canal de venda direta pela empresa. No entanto, a empresa descobriu que passar da venda online direta para a contratação de gerentes, e da venda por meio de uma força de vendas direta para organizações de RH, exigia mudanças muito maiores do que o previsto. Demorou quase um ano para obter a base necessária no nível que precisavam, incluindo segurança e controle de acesso, dados, relatórios, pagamento e faturamento.

Se você perguntasse às próprias equipes de produto, elas provavelmente diriam que seu resultado favorito foi o progresso no replatforming, que acabou levando dois anos inteiros, mas resultou na capacidade de funcionar significativamente mais rápido e de maneira muito mais alinhada com os esforços da empresa.

A maioria das equipes de plataforma tinha a função de gerente de produto de plataforma coberta pelo líder de tecnologia. Para algumas equipes, isso realmente não foi um problema (infraestrutura, ferramentas e até mesmo serviços compartilhados). No entanto, para outras equipes (pagamentos e cobrança, dados e relatórios), as complexidades e as restrições dos negócios sobrecarregaram os líderes de tecnologia, e a empresa adicionou gerentes de produto de plataforma a essas equipes no fim daquele ano.

No geral, embora algumas equipes de produto tenham tido mais sucesso do que outras, os funcionários, líderes e investidores dessa empresa ficaram mais do que satisfeitos com o progresso, e o nível de inovação necessário foi reconhecido e celebrado. Eles ainda tinham muito trabalho a fazer nos anos seguintes, à medida que continuavam a crescer, mas haviam feito um progresso real.

Como os líderes foram muito abertos e transparentes com os executivos e stakeholders da empresa, vários deles compartilharam comigo que tinham uma avaliação muito melhor de como os produtos de tecnologia eram feitos, especialmente ao verem o nível de experimentação necessário para resolver os problemas que eram particularmente difíceis.

69

Principais Vantagens

Se você persistiu em seguir seu caminho através deste estudo de caso, espero que tenha uma imagem mais clara em sua mente sobre como as organizações de produto fortes funcionam na prática.

Aqui estão os dez pontos que considero mais importantes a se considerar a partir deste retrato de uma empresa real que lida com os desafios e as tensões do crescimento rápido:

1. A função crítica que os líderes de produto precisam desempenhar — da topologia à estratégia do produto, passando pelos objetivos da equipe e pelo gerenciamento ativo dos problemas e dos obstáculos que surgiram durante o trimestre.

2. A importância de uma verdadeira estratégia de produto baseada em foco e insights. A estratégia de produto é o que nos diz quais problemas precisamos que cada equipe de produto resolva. Esses líderes criaram uma estratégia em torno de alguns insights de alto impacto e pediram à maior parte da organização para lidar com esses problemas. Os resultados serão tão bons quanto a estratégia.

3. A importância do gerenciamento ativo dos objetivos da equipe — tanto pelas próprias equipes de produto quanto pelos líderes de produto. Se as equipes não cumprirem seus objetivos, e, como o tempo não para, logo grande parte do trimestre terá acabado e não se terá feito o suficiente.

4. O valor de empoderar as equipes e transformá-las em equipes de missionários. As verdadeiras inovações ocorridas foram todas resultado direto de equipes empoderadas e entusiasmadas para trabalhar em um problema difícil que pode fazer uma diferença real para os clientes e para a empresa.

5. As limitações do que você consegue ou não saber. Esses líderes sabiam que não havia como prever quais ideias realmente dariam frutos e quais não. Eles se planejaram para essa realidade.

6. O elemento de gerenciamento de risco de se fazer uma série de apostas sabendo que apenas algumas vão vingar. Esses líderes estavam fazendo apostas com base em quão fortes eram os insights dos dados, quanta confiança eles tinham nas pessoas e nas equipes específicas e quão confiantes as equipes estavam na sua própria capacidade de causar um impacto.

7. O impacto que a topologia da equipe tem na conversão dos insights em ação. Uma topologia diferente resultaria em atribuições diferentes e provavelmente em resultados muito diferentes — talvez melhores, talvez piores, mas definitivamente diferentes. Essa topologia possui algumas virtudes claras, mas também algumas limitações reais.

8. O vaivém necessário entre os líderes e as equipes de produto — parte de cima para baixo, parte de baixo para cima. Os líderes não abdicaram de sua responsabilidade ao convidar as equipes a se voluntariarem em áreas nas quais tinham grande convicção, mas sua disposição em tentar acomodá-las contribuiu muito para motivar as equipes.

9. A importância de compartilhar o contexto estratégico mais amplo com todas as equipes de produto. Para que as equipes de produto tomem boas decisões, elas precisam ter uma noção geral e entender a visão e a estratégia do produto — e especialmente os insights por trás dessa estratégia.

10. A incerteza é sempre confusa, e nunca há garantias. Entretanto, líderes inteligentes geralmente encontram uma maneira de fazer isso funcionar porque confiam em suas equipes, assumem a incerteza e gerenciam os riscos adequadamente.

Perceba que cada empresa se encontra em uma situação única, com diferentes posições de mercado, diferentes talentos nas equipes, diferentes tecnologias de capacitação e diferentes culturas empresariais. Só porque algo pode ter funcionado bem para esta empresa do mercado de vagas de trabalho, não significa que funcionará para você. Contudo, espero que este exemplo lhe dê uma boa noção dos tipos de considerações que você deseja manter em mente e o tipo de liderança que precisará fornecer.

70

Perfil de Liderança:
Judy Gibbons

O Caminho para a Liderança

Judy estudou na London Business School e começou sua carreira profissional na mesma empresa (Hewlett Packard) e no mesmo período que eu.

Ela se juntou à HP durante a era do PC, onde aprendeu gerenciamento e marketing de produtos. Judy morava no Reino Unido e eu no Vale do Silício, mas nos conhecemos e nos tornamos amigos, e tenho observado sua carreira e testemunhado sua liderança desde então.

Ela foi da HP para a Apple, onde passou sete anos no desenvolvimento e no gerenciamento de produtos e no evangelismo tecnológico, migrando depois para a Microsoft, onde passou dez anos construindo e liderando o negócio global da empresa na internet (MSN).

Depois da Microsoft, Judy começou a aconselhar e a investir em startups e a atuar como membro do conselho e presidente de várias empresas que perceberam que precisavam se transformar, começando pelo topo.

Sua carreira lhe deu experiência em quase todos os aspectos de um negócio movido a tecnologia, bem como lições aprendidas ao liderar vários negócios de crescimento muito rápido.

Liderança em Ação

Aqui está Judy, em suas próprias palavras:

No início de minha carreira, tive a sorte de trabalhar na Hewlett Packard — tanto no Reino Unido quanto no Vale do Silício —, primeiro como engenheira de sistemas e depois como gerente de produto.

Bill Hewlett e Dave Packard criaram uma cultura muito forte baseada em valores e princípios operacionais que foram consagrados no livro *The HP Way*. Entre eles, "[a] empresa acredita que os melhores resultados surgem quando você consegue as pessoas certas, confia nelas, dá a elas liberdade para encontrar o melhor caminho para alcançar os objetivos e permite que compartilhem as recompensas geradas pelo seu trabalho".

Isso se traduziu em outras práticas, como "sempre contrate pessoas mais inteligentes do que você", "empoderamento dos funcionários" e "tudo gira em torno do cliente".

A HP também foi pioneira na adoção de *gerenciamento por objetivos*, a base para os objetivos e resultados-chave de hoje. Meus sete anos lá proporcionaram uma educação formidável, que permaneceu comigo ao longo da minha carreira.

Sempre que vejo organizações que não possuem valores fortes, junto com uma cultura de colaboração e empoderamento, sei que elas terão dificuldades em oferecer experiências excelentes ao cliente — e, portanto, valor comercial.

A tecnologia torna muitas coisas possíveis, mas, se não atender às necessidades do cliente, não atenderá às necessidades do negócio.

Depois da HP, entrei para a Apple, onde Steve Jobs demonstrou de forma muito eficaz a importância e o poder de se articular uma visão convincente do que pode ser alcançado com a tecnologia e, ao mesmo tempo, estar obcecado pela experiência do cliente.

As equipes de produto da Apple eram mais diversificadas e incluíam design de produto, bem como gerentes de produto e desenvolvedores que foram capazes de combinar suas habilidades de forma eficaz para inovar de maneiras extraordinárias.

Em seguida, entrei para a Microsoft a fim de lançar o MSN, seu serviço de internet para o consumidor. Esse era um produto em uma nova plataforma — a web — e com conteúdos que eram atualizados constantemente. E, claro, com novos modelos de negócios. Como resultado, as equipes de produto se diversificaram ainda mais para incluir jornalistas, produtores e profissionais de publicidade. Porém, a necessidade ainda era a mesma: uma visão clara, criatividade em relação às possibilidades, aprender com o cliente e iteração constante.

Fala-se muito em diversidade atualmente, mas em nenhum lugar ela é mais importante do que nas equipes de produto. Grandes coisas podem acontecer quando você dá a liberdade de explorar ideias para pessoas criativas e apaixonadas.

A criatividade é necessária para gerar ideias originais, que precisam ser criticadas, avaliadas e elaboradas. Muitas possibilidades diferentes precisam ser exploradas antes de focar aquelas que têm o maior valor potencial, e são as equipes de produto que são capazes de combinar esses diferentes comportamentos — e alternar entre eles de maneira flexível —, que são mais adequados para se ter sucesso no mundo em que nos encontramos agora.

Quando saí da Microsoft, entrei para a Accel Partners, uma empresa líder de capital de risco que investe em startups de tecnologia. Eu ouvi centenas de argumentos de venda de aspirantes a empreendedores, e fiquei surpresa ao ver que muitos não tinham líderes de tecnologia ou produto em suas equipes fundadoras. Muitos disseram que planejavam terceirizar o desenvolvimento de produtos, o que claramente demonstrava uma falha profunda em sua compreensão de como grandes produtos e negócios movidos a tecnologia são construídos.

Passei os últimos dez anos nos conselhos de administração de uma ampla variedade de organizações, muitas delas em processo de "transformação digital".

O resultado desse esforço deve ser a entrega de experiências digitais atraentes para os clientes, e isso requer equipes de produto empoderadas.

A fim de criar as condições para isso, os líderes precisam estabelecer e comunicar um propósito e uma visão claros e convincentes — o que a organização está tentando alcançar e por quê. É preciso que haja uma obsessão com o cliente desde o topo — quem ele é, o que deseja e como se comporta.

Para desenvolver a solução, é preciso haver equipes multifuncionais altamente focadas e eficazes, lideradas por um gerente de produto capaz, que esteja empoderado para cumprir a visão do produto. Isso significa ter objetivos claros, responsabilidade, interação constante e aprendizado contínuo.

Os líderes precisam definir as expectativas, estabelecer uma governança que reconheça os limites necessários — mas que remova as barreiras ao progresso — e que dê suporte às equipes com as ferramentas e os recursos necessários. E, então, eles precisam sair do caminho. O apoio da liderança sênior para a adoção desses métodos de trabalho, valores e comportamentos é fundamental.

Marty me perguntou por que eu achava que tantas empresas ainda preferiam a liderança ao estilo comando e controle em vez do empoderamento.

Não sei se trata-se de uma preferência, ou mesmo de algo consciente; em muitos casos, parece ser o único modelo que os líderes conhecem. Sei que mudar é extremamente difícil, e que é um processo que só funciona com uma liderança forte e um esforço sustentado e comprometido em criar a cultura e os valores certos. Os líderes devem estabelecer novas formas de trabalho que quebrem os silos e que possibilitem e apoiem uma colaboração multifuncional eficaz.

Como membro do conselho, procuro impressionar os líderes seniores com esses princípios e valores, e enfatizar que as equipes de produto precisam ser empoderadas. Sem isso, haverá pouca progressão e muita frustração, o que inevitavelmente significa que o talento digital necessário — que foi trazido para a organização com grande esforço e a muito custo — sairá porta afora em busca de um lugar mais interessante para se trabalhar.

Colaboração Empresarial

Ter líderes de produto fortes e equipes de produto empoderadas é necessário, mas geralmente não é suficiente.

Isso ocorre porque o trabalho do produto acontece no contexto da empresa como um todo. Seu CEO é importante, assim como o restante de seus principais executivos e os vários stakeholders que representam outras áreas-chave de seu negócio.

No entanto, estabelecer as relações de trabalho necessárias com o resto de sua empresa é um nível diferente de dificuldade. Requer muito mais sensibilidade e nuance.

Perceba que sua empresa está acostumada atualmente a ter *equipes de recursos* que existem claramente *para atender ao negócio*, e agora você está tentando substituí-las por equipes de produto empoderadas que existem *para atender aos clientes de maneiras que funcionem para o negócio*.

O que isso realmente significa na prática é que você precisa mover sua organização de produto de um modelo *subserviente* para um modelo *colaborativo*.

Em um nível muito humano, você está pedindo aos executivos seniores que pensem de forma diferente sobre equipes compostas por pessoas comuns — contribuintes individuais — e que foram transformadas em equipes extraordinárias.

Essa é uma mudança muito significativa, em especial porque afeta o resto do seu negócio. Precisamos discutir as implicações dessa mudança e como você, como líder de produto, pode guiar sua empresa durante essa mudança de mentalidade e de responsabilidade.

71

O Papel dos Líderes de Produto

Transformar as equipes de produto do modelo *subserviente* de equipe de recursos para o modelo *colaborativo* de equipes de produto empoderadas começa pela _confiança_ — especialmente entre a organização do produto e o restante dos líderes do negócio. E a chave para essa confiança são os *líderes de produto*, principalmente o chefe de produto.

Sem um chefe de produto forte que inspire confiança e tenha a confiança do CEO e dos outros executivos-chave, este será um caminho longo e muito difícil.

Observe que há uma grande suposição aqui, que pode não ser verdadeira em sua organização: presumimos que os líderes de produto geralmente estão no mesmo nível de parceria que os outros executivos-chave e stakeholders na organização.

Normalmente, em uma empresa de produtos movidos a tecnologia, eles estão. No entanto, em algumas empresas anteriores à internet, os líderes de produto eram mantidos abaixo de alguém, como um CIO, CTO ou dentro de empresas individuais (todos esses são sinais claros do modelo de equipe de recursos subserviente).

Nesse caso, é muito mais difícil, politicamente, fazer com que o vice-presidente sênior de vendas, o diretor de marketing ou o diretor financeiro tenham um relacionamento colaborativo com o chefe de produto.

Por que isso é importante? Porque é muito mais fácil fazer com que um executivo coloque sua confiança em um colega do que em um subordinado de nível muito inferior que ele não conhece e não acredita ter a experiência ou o conhecimento necessários.

Em qualquer caso, os líderes de produto devem estabelecer uma relação direta com o CEO (ou gerente-geral em uma empresa muito grande) e os outros executivos-chave. Geralmente são os gerentes de vendas, de marketing, de serviços, de finanças, do departamento jurídico e de desenvolvimento de negócios. Porém, essa lista varia em cada empresa.

A base desse relacionamento é que os executivos precisam acreditar que os líderes de produto têm um profundo entendimento do negócio e que estão comprometidos em garantir que as soluções fornecidas funcionem para os vários aspectos do negócio.

É isso que está em jogo para os líderes de produto. Além disso, existem três aspectos em que os líderes de produto serão julgados:

1.   Resultados dos negócios.
2.   Estratégia do produto.
3.   Equipes de produto.

Resultados dos Negócios

Em última análise, a única coisa que realmente motivará uma empresa a mudar para o modelo de equipe empoderada são os *resultados do negócio*.

A razão pela qual a empresa começou essa jornada é, muito provavelmente, porque o método antigo não estava entregando os resultados necessários. Portanto, é importante que a organização do produto o faça. E, para isso, é importante que a organização tenha uma estratégia de produto intencional e focada, e que as equipes de produto sejam empoderadas e responsáveis pelos resultados.

Estratégia do Produto

Lembre-se de que, com as equipes de recursos, realmente não havia uma estratégia de produto além de tentar atender às necessidades das diferentes partes do negócio.

Agora, a empresa tem uma estratégia de produto, e é importante que essa estratégia seja compartilhada com os executivos, porque isso comunicará o motivo do foco e das decisões sobre o que fazer. Observe que é comum que um ou mais dos insights mais importantes tenham sido descobertos pela primeira vez por um dos principais executivos ou stakeholders e, em tais casos, é importante ser generoso ao creditar a fonte desse insight. Você deseja construir uma cultura que incentive a busca e o aproveitamento constantes desses insights.

Equipes de Produto

As empresas com o modelo de equipe de produto empoderada aprendem rapidamente que o trabalho real ocorre nessas equipes de produto, e sua capacidade de resolver problemas difíceis para o negócio depende muito das pessoas da equipe, especialmente do gerente de produto. Portanto, esteja ciente de que eles estarão julgando os gerentes de produto e, indiretamente, os líderes de produto.

Gosto de dizer aos líderes de produto que eles são tão fortes quanto o gerente de produto mais fraco, e esse é o motivo. É também por isso que é tão importante que, durante a integração de novos funcionários, o gerente se certifique de que o novo funcionário (principalmente os novos gerentes de produto) fez o dever de casa e de fato entende os clientes e o negócio antes de interagir com os principais executivos ou stakeholders. Sem esse conhecimento profundo dos clientes, não poderá haver confiança.

Em seguida, o líder de produto deve apresentar pessoalmente o novo funcionário ao executivo-chave. Perceba que, ao fazer isso, ele está atestando o conhecimento e a habilidade do funcionário; está reconhecendo, portanto, que sua reputação também está em jogo.

Como você pode ver, tudo depende de ter líderes de produto fortes. Por favor, não cometa o erro de colocar alguém que não esteja preparado para essa função-chave; e, se você sentir que deve fazer isso, certifique-se de obter um coaching executivo, feito por um líder de produto consolidado, para essa pessoa.

CAPÍTULO

72

Gerenciamento de Stakeholder *versus* Colaboração

Você deve ter notado que não falamos muito sobre o tópico de "gerenciamento de stakeholders" neste livro. Isso ocorre porque esse termo representa uma mentalidade que é, frequentemente, mais uma característica das equipes de recursos do que das equipes de produto empoderadas.

Não me entenda mal. Não estou dizendo que as equipes de produto empoderadas não precisam prestar atenção aos stakeholders. Estou dizendo que é um relacionamento diferente.

Lembre-se de que as equipes de recursos estão lá para *servir ao negócio* e, geralmente, "o negócio" é representado por um ou mais stakeholders que devem ser "gerenciados" para que a equipe não fique sobrecarregada com demandas e solicitações.

Para a maioria das equipes de recursos, o aspecto mais temido da função do gerente de produto é lidar com os stakeholders. Os gerentes de produto das equipes de recursos sentem que nunca poderão fazer todos os diversos stakeholders felizes. Simplesmente não há tempo ou pessoas o suficiente e, às vezes, os pedidos dos stakeholders nem mesmo fazem sentido.

Mais uma vez, não estou sugerindo que equipes de produto empoderadas possam ou devam ignorar esses stakeholders, mas elas têm um relacionamento fundamentalmente diferente — que considero muito mais construtivo e propício à inovação.

Em uma equipe de produto empoderada, *as pessoas estão lá para atender aos clientes, com produtos que eles amem, mas que funcionem para o negócio.* Os stakeholders são parceiros com os quais precisamos colaborar para chegar a soluções que funcionem (especificamente, isso significa que as soluções são valiosas, utilizáveis, aplicáveis e viáveis). Eles, em particular, nos ajudam com a *viabilidade*.

Por exemplo, podemos ter que conversar com um advogado da empresa para discutir restrições legais e as várias maneiras de abordá-las. Sabemos que, não importa o quanto o cliente adore uma solução, se ela não for legal, não terá sucesso.

Em vez de o stakeholder ser "o cliente" que nos diz o que construir e, como tal, precisar ser "gerenciado", agora temos um parceiro do qual precisamos para ajudar a entender as restrições a fim de que possamos descobrir uma solução que funcione.

O Modelo de Agência

Uma agência — seja de design ou de desenvolvimento — está lá para fornecer serviços de design ou serviços de desenvolvimento, respectivamente.

Você pode não ter pensado sobre as coisas dessa forma, mas uma equipe de recursos é realmente muito semelhante ao modelo de agência. A principal diferença é que a equipe de recursos é interna e o modelo de agência é terceirizado. Essas agências em geral não têm pessoas com o título de "gerente de produto", mas têm "gerentes de engajamento", que estão lá para "gerenciar o relacionamento com o cliente" (na maioria dos casos, os mesmos stakeholders que uma equipe de recursos está lá para servir).

E não deve ser surpresa que as empresas que usam agências de design e desenvolvimento tenham os mesmos problemas que têm com as equipes de recursos.

Nesse caso, os profissionais da agência não apenas se *sentem* como mercenários; eles literalmente *são* mercenários.

Tal como acontece com as equipes de recursos, na minha experiência, as pessoas nas agências são capazes de muito mais, e geralmente não gostam do modelo mais do que as pessoas nas equipes de recursos. Contudo, a realidade para elas é que, se não quiserem construir o recurso que "o cliente" lhes diz, então o cliente simplesmente irá para outra agência que o faça.

Existem algumas agências que estão tentando fornecer os serviços de equipes de produto verdadeiramente empoderadas para seus clientes, e eu aplaudo essa tendência. Porém, isso infelizmente depende do cliente ter um nível excepcionalmente alto de confiança nessa agência.

Outra observação: muitas vezes você pode encontrar, em agências de design e desenvolvimento, pessoas excepcionalmente boas para contratar porque foram expostas a muitos tipos de produtos.

No entanto, perceba que mudar para uma equipe de produto empoderada será uma grande transformação cultural. Em muitos casos, os profissionais de agências trazem consigo os mesmos problemas que fazem com que as equipes de recurso falhem. Muitos me disseram com entusiasmo: "Agora eu é que vou ser o cliente!"; no entanto, tento mostrar a eles que não é disso que se trata.

73

Percepções e Aprendizados Compartilhados

Em equipes de produto empoderadas que trabalham na solução de problemas difíceis, as técnicas de descoberta que usamos geram insights com muita frequência.

Estamos nos reunindo com usuários e clientes, normalmente toda semana, e testando nossas ideias de produtos. Estamos investigando com mais profundidade seu contexto e suas necessidades.

Estamos analisando os dados de uso do nosso produto e do teste de dados, em tempo real, das nossas ideias.

Estamos investigando constantemente novas tecnologias capacitadoras para ver se alguma delas pode nos ajudar a resolver os problemas que enfrentamos de maneiras novas e melhores.

Estamos acompanhando os dados e os aprendizados do setor para verificar se há tendências relevantes.

Também buscamos constantemente esses insights de outras pessoas em toda a empresa — marketing de produto, vendas, finanças, sucesso do cliente.

À medida que aprendemos insights importantes ou potencialmente relevantes, queremos compartilhar esses aprendizados com nossos colegas de toda a empresa. Há várias razões para isso.

Primeiramente, o insight também pode ajudá-los. Em segundo lugar, eles podem ter percepções adicionais enquanto visualizam os dados através de suas próprias lentes.

Terceiro, eles podem nos ajudar a explicar a dinâmica para aproveitar melhor os insights. Quarto, é importante que a empresa aprenda a diferença entre um protótipo que obtém uma resposta ruim durante a descoberta e um produto que falha no mercado.

"Fracassar" na descoberta não é realmente fracassar — é um aprendizado muito rápido e barato. "Fracassar" no mercado, por outro lado, é fracassar de fato, já que esses erros costumam ser muito lentos e custosos. Queremos que a empresa como um todo entenda essa diferença. Ainda não podemos evitar por completo as falhas de mercado, mas podemos reduzir drasticamente sua frequência.

De maneira mais geral, o tipo de relacionamento desejável é aquele no qual você compartilha as coisas de forma aberta e generosa. Ao compartilhar ideias e aprendizados, você está trazendo seus parceiros de negócios junto consigo nessa jornada.

Adoro convidar líderes empresariais importantes para alguns de nossos testes de usuário ou cliente. Sou um grande defensor de compartilhar amplamente os aprendizados-chave em toda a organização, bem como compartilhar as ideias que funcionam — e também as que não funcionam.

Por fim, seja generoso com o crédito quando uma visão vinda de um de seus principais líderes ou executivos acabar sendo crucial para alguma inovação ou progresso substancial. Em uma certa empresa, eu até inventei e distribuí crachás de vice-gerente de produto quando anunciei as contribuições de outras pessoas em reuniões gerais.

Apenas certifique-se de que os insights sejam reconhecidos e compartilhados em ambas as direções.

CAPÍTULO

74

Mantendo as Luzes
Acesas

Grande parte deste livro é sobre como equipes fortes resolvem problemas difíceis de maneiras que nossos clientes amem, mas que também funcionem para o negócio.

No entanto, também é verdade que cada equipe deve realizar o trabalho de "manter as luzes acesas".

Quando você está tentando administrar um negócio, sempre haverá determinados trabalhos que não são negociáveis caso se queira permanecer no mercado. Exemplos comuns incluem:

- Corrigir erros críticos.
- Abordar questões de conformidade (como uma nova lei relacionada à privacidade).
- Incorporar pequenas alterações para lidar com as necessidades de relatórios em constante mudança.
- Adicionar instrumentação para coletar análises de uso.

Nenhum deles é glamoroso, mas em geral são relativamente menores. Você pode abordar esses itens para seus próprios propósitos (por exemplo, consertar erros críticos ou instrumentação analítica), ou pode endereçar solicitações de alguém, como seu diretor jurídico (por exemplo, um novo problema de conformidade) ou seu parceiro financeiro (por exemplo, uma necessidade de relatório).

O gerente de produto é normalmente a pessoa responsável por entender esses itens que mantêm as luzes acesas, coletando todos os dados necessários e colocando o trabalho no backlog. Como regra geral, não precisamos fazer a descoberta de produto para nenhum desses itens. Se a fizermos, consideraríamos isso um trabalho de produto mais normal.

Então, como isso se relaciona com a colaboração empresarial?

A fonte desses itens para manter as luzes acesas costuma ser um ou mais de nossos parceiros de negócios. Eles podem não saber a melhor maneira de satisfazer a necessidade, mas em geral estão perfeitamente cientes dela e podem fornecer qualquer contexto necessário. Se uma equipe de produto não pode lidar com esses problemas, o parceiro de negócios está realmente em apuros e as coisas podem ficar tensas.

Obviamente, se o nível de itens para manter as luzes acesas ficar muito alto e impedir o trabalho nos objetivos da equipe, a empresa terá um problema sério que precisará ser levado à liderança do produto.

De maneira mais geral, é normal que os donos do negócio e os stakeholders identifiquem novas oportunidades — novas maneiras de monetizar, além de novos serviços e recursos. E, se vocês têm um bom relacionamento, eles poderão trazer essas oportunidades para você.

Aqui, é fundamental ser capaz de lembrar constantemente seus parceiros de negócios sobre (e também evangelizar, algo que será discutido em seguida) a estratégia de produto e a importância do foco. Na maioria dos casos, não são oportunidades ruins, mas diluiriam rapidamente a capacidade de fazer a diferença nos itens mais importantes.

Outra coisa a se observar é que às vezes o líder do negócio tenta fazer com que a equipe de produto trabalhe nos recursos de estimação ao posicioná-la para "manter as luzes acesas". No entanto, é claro, se isso acontecer demais, não seremos capazes de prosseguir com o trabalho crucial do produto e estaremos de volta às equipes de recurso gerenciadas pelos stakeholders.

CAPÍTULO

75

Evangelismo

Uma das funções mais críticas para líderes de produto fortes — especialmente em empresas de médio a grande portes — é o *evangelismo*.

Evangelismo, nesse contexto, significa marketing para a própria organização (por exemplo, marketing de produto, marketing e vendas).

Nesse caso, você não está tentando fazer com que as pessoas comprem. Em vez disso, está tentando persuadi-las de que isso será muito importante e, portanto, é algo com o qual elas devem se preocupar e contribuir para que se torne realidade.

Existem muitas técnicas para ajudar a comunicar o valor do que você está propondo para suas equipes de produto, executivos, stakeholders e investidores. Aqui estão as minhas dez técnicas principais:

1. Use protótipos. Para muitas pessoas, apresentações em PowerPoint simplesmente não funcionam. Então, mostre a elas um protótipo. Provavelmente precisará ser um protótipo de alta fidelidade, o que significa que deverá parecer realista, mesmo que seja apenas uma miragem. Essa é provavelmente a técnica mais eficaz para persuasão de uma ideia de produto.

2.   Compartilhe a dor. Mostre a dor do cliente que você está tratando. Você pode compartilhar citações ou até mesmo editar uma montagem de vídeo. É também por isso que adoro trazer desenvolvedores ou executivos para os testes de usuários. Para muitas pessoas, é preciso que elas ouçam as palavras do cliente e testemunhem sua dor para entendê-los.

3.   Compartilhe a visão. As pessoas não querem saber apenas o que você está fazendo hoje — elas querem saber para onde você está indo. A visão do produto mostra onde você espera estar daqui a três ou dez anos.

4.   Compartilhe os aprendizados. Conforme discutido anteriormente, quando suas equipes fizerem trabalho de descoberta de produtos todas as semanas, você terá aprendizados e percepções significativas a partir dos dados dos usuários e dos clientes, e com bastante frequência. Compartilhe esses aprendizados — não apenas as coisas que deram certo, mas também os problemas. Dê ao seu público as informações de que precisa para ajudá-lo a encontrar a solução.

5.   Compartilhe o crédito generosamente. Certifique-se de que a equipe, os executivos e os principais stakeholders vejam o produto como sendo deles também, e não apenas seu. Por outro lado, quando as coisas não forem bem, dê um passo à frente e assuma a responsabilidade pelo erro; mostre às pessoas que você também está aprendendo com os erros. Elas irão respeitá-lo por isso.

6.   Aprenda a fazer uma ótima demonstração. Especialmente para seus executivos e stakeholders, não estamos tentando ensiná-los a operar o produto, e nem testar se eles podem usá-lo. Estamos tentando mostrar a eles o seu valor. Uma demonstração não é um treinamento, tampouco um teste — é uma forma de venda. Seja bom nisso.

7.   Faça sua lição de casa. Sua equipe, seus executivos e seus stakeholders terão muito mais probabilidade de segui-lo se acreditarem que você sabe do que está falando. Seja um especialista em seus usuários e clientes, seus dados, sua empresa e seu mercado.

8.   Esteja genuinamente empolgado. Se você não estiver empolgado com seus produtos, provavelmente deve consertar isso mudando o que você faz, ou a sua função.

9. Aprenda a mostrar algum entusiasmo. Supondo que você esteja genuinamente empolgado, é incrível como muitos líderes de produto são tão ruins e/ou ficam tão desconfortáveis em mostrar entusiasmo. Isso importa. Seja absolutamente sincero, mas deixe as pessoas verem que você está empolgado de verdade. O entusiasmo é realmente contagioso.

10. Passe algum tempo com as equipes de produto. Se você não estiver passando um tempo cara a cara com cada gerente de produto, designer de produto e desenvolvedor que façam parte da sua equipe, então eles não poderão ver o entusiasmo em seus olhos. Passar alguns minutos com cada uma das pessoas nas equipes de produto traz grandes retornos do ponto de vista motivacional. E isso vale o seu tempo.

Observe que o evangelismo nunca pode realmente parar. Caso você faça isso, as coisas começarão a desandar. Os executivos ficarão com medo. Seus engenheiros começarão a alegar que não sabem por que estão trabalhando em algo. É notável a rapidez com que isso acontece se você supõe que as pessoas já ouviram essas coisas e, portanto, não é mais necessário dizê-las.

Líderes de produto experientes sabem que nunca é demais evangelizar. Você pode mudar a técnica, variar os clientes citados como exemplos e continuar atualizando o protótipo, mas o evangelismo precisa ser uma constante.

CAPÍTULO

76

Perfil de Liderança:
Avid Larizadeh Duggan

O Caminho para a Liderança

Conheci Avid em 2001, quando trabalhava com produtos no eBay. Recebi um telefonema de um amigo com quem havia trabalhado na Netscape, e ele me disse para confiar nele e contratar essa pessoa porque tinha certeza de que ela se tornaria uma profissional de produto excepcional. Eu confiei nele, e ele estava certo.

Avid estudou engenharia, mas queria aprender sobre produtos. Depois de crescer na organização de produtos no eBay, ela decidiu fazer seu MBA em Harvard. Após isso, alternou entre o mundo do capital de risco — principalmente no Google Ventures — e as empresas líderes de produtos de tecnologia, mais recentemente na Kobalt Music.

Ao longo do caminho, investiu e aconselhou várias empresas de produto fortes e foi líder da Code.org (a organização que ajuda mulheres e minorias a aprender a codificar).

Por causa de suas contribuições para a tecnologia e além, ela foi recentemente premiada com a Ordem do Império Britânico (OBE).

Liderança em Ação

A seguir, as próprias palavras de Avid:

Minha filosofia de liderança em um contexto voltado para a inovação pode ser simplificada em três componentes principais: (1) confiança e segurança, (2) liberdade e autonomia, e (3) cultura e propósito.

Confiança e Segurança

Um líder não deve ter todas as respostas, mas deve fazer as perguntas certas e, mais importante ainda, criar um ambiente onde as perguntas certas surjam.

Para fazer isso, precisa fazer com que sua equipe se sinta segura. Nesse ambiente, ninguém é mais inteligente do que os outros; a confiança está estabelecida, a colaboração é natural e as ideias conflitantes são frequentes e confortáveis porque é seguro ser franco.

As equipes devem se sentir seguras ao discordar de seus colegas e de seus líderes. É um ambiente onde as pessoas não temem o fracasso porque ele faz parte do processo de iteração. É assim que boas ideias se tornam grandes ideias.

É um ambiente que celebra uma mentalidade construtiva em vez do sucesso em determinado momento, e que incentiva o aprendizado contínuo e rejeita os sabe-tudo. Ao trazer à tona o que há de melhor em seus companheiros de equipe, você encontra o que há de melhor em si mesmo.

Liberdade e Autonomia

Em um mundo digital onde a inovação é fundamental, os dados fluem livremente dentro e fora da empresa e as mudanças são constantes, o trabalho se tornou cada vez mais complexo, mutável e informal por natureza.

Como resultado, uma organização precisa se livrar de sua hierarquia tradicional — que promove principalmente as pessoas que interagem com outras no próprio departamento — em favor de um sistema que incentive a entrada e a colaboração de pessoas com diferentes conjuntos de habilidades em funções internas e externas com parceiros e clientes. Portanto, os líderes precisam se concentrar em reunir pessoas fortes e dar-lhes maior liberdade para gerar ideias e executá-las por meio da colaboração.

Um líder deve articular o que precisa ser feito e por que, e então deixar a equipe decidir como fazer. Ele colocará as coisas em movimento, guiará sua equipe e eliminará os obstáculos quando a equipe estiver em apuros.

Isso tem semelhanças com o papel de um gerente de produto. Ele terá que trabalhar multifuncionalmente com colegas de equipe e stakeholders, liderar, influenciar, motivar e confiar neles — sem nunca ordená-los a fazer nada.

Ele irá garantir que todos estejam motivados e saibam qual é o seu propósito. Fará o coaching e os ajudará a se desenvolverem em um ambiente seguro. Conectará os pontos interna e externamente para capacitar sua equipe com informações adicionais, ferramentas melhores e eficiência.

Por fim, garantirá que todos tenham os dados de que precisam para experimentar e iterar rapidamente, bem como a autonomia para tomar decisões informadas com base em seu aprendizado. Vai esclarecer o caos em um mundo onde a mudança é uma constante.

Cultura e Propósito

Bons líderes colocam em foco a cultura e o propósito, porque a cultura impulsiona a inovação e o desempenho. O maior capital de uma organização são suas *pessoas*.

Para inovar, as pessoas precisam de autonomia e de sentido. É crucial que um líder defina qual é o propósito de garantir que todos dentro e fora da organização — incluindo clientes e parceiros — saibam o que estão fazendo para promover a inovação.

Esse propósito, ao ser transmitido, precisa ter clareza e ser comunicado frequentemente, além de refletir de modo constante em todos os aspectos da gestão diária da empresa — desde os tipos de contratações feitas aos processos usados e até mesmo à forma como o espaço do escritório é projetado.

Inovação em Empresas Estabelecidas. Eu apliquei esses princípios em startups e empresas estabelecidas. Estas últimas são muito mais desafiadoras, porque muitas vezes já não são mais inovadoras.

Elas lutam contra uma tecnologia legada e processos complexos, embora frequentemente sejam complacentes na crença de que sua posição de liderança no mercado é segura porque estão nela há muito tempo. Elas superestimam a velocidade com a qual são capazes de inovar.

É aqui que o papel dos líderes se torna extremamente importante para a sobrevivência da empresa. A menos que entendam a verdadeira natureza e a urgência da ameaça, os líderes seniores não estarão dispostos a colocar a organização no estresse da mudança, apesar da necessidade — especialmente se isso causar um impacto de curto prazo na lucratividade.

Isso ocorre porque a inovação consistente em empresas estabelecidas requer mudanças radicais na forma como as equipes trabalham, nas tecnologias utilizadas, nos conjuntos de habilidades exigidos, na cultura da empresa e, consequentemente, na mentalidade dos líderes.

Eles precisam colocar os princípios que foram descritos aqui em prática, começando com a confiança. Uma vez que as equipes confiem em seus líderes, elas estarão mais dispostas a fazer mudanças, pois não temerão as repercussões de não acertar na primeira vez.

Essa confiança precisa ser bidirecional, e os líderes precisam empoderar suas equipes para serem autônomas, já que a maior parte da inovação vem daqueles que estão na linha de frente, e não dos executivos ou do conselho.

E as equipes precisam entender, crucialmente, por que estão passando pela reviravolta da mudança e para qual finalidade e propósito. Elas precisam ser motivadas por algo maior do que elas.

Uma vez que uma empresa estabelecida percebe que seu futuro depende de uma inovação significativa e contínua, e não acredita que tenha forças para isso no momento, existem duas opções: a empresa pode inovar por meio de aquisições ou pode aprender a inovar por meio de seu pessoal.

Para inovar por meio de seu pessoal, é necessário mudar as habilidades, a cultura, os métodos e a liderança dos quais falamos. E, sim, isso é difícil, leva tempo, além de um investimento significativo e de um comprometimento focado.

Portanto, para muitas empresas estabelecidas — e especialmente as empresas legadas —, em geral se acredita que é mais fácil inovar por meio de aquisições. O desafio é que, para obter os benefícios dessas aquisições, muitas vezes é necessário integrá-las profundamente ao funcionamento da empresa-mãe. E se essa empresa-mãe não fizer a maioria das mesmas mudanças em sua liderança, cultura, habilidades e empoderamento, ela precisaria inovar por meio de seu pessoal; além disso, as equipes adquiridas que estavam por trás da inovação iriam embora, os produtos inovadores diminuiriam, os clientes satisfeitos não estariam mais tão felizes e a empresa estaria de volta à estaca zero.

É por isso que gasto tanto tempo e esforço ajudando líderes de empresas a perceberem seu papel na liderança das mudanças necessárias.

PARTE

X

Inspirado, Empoderado e Transformado

Grandes equipes são formadas por pessoas comuns inspiradas e empoderadas.

Elas são *inspiradas* por ideias e técnicas para avaliá-las rapidamente com o intuito de descobrir soluções que funcionem — que sejam valiosas, utilizáveis, aplicáveis e viáveis.

Elas estão *empoderadas* para resolver problemas difíceis da maneira que seus clientes preferirem, mas que também funcione para seus negócios.

Equipes empoderadas que produzem resultados extraordinários não exigem contratações excepcionais. Elas exigem pessoas competentes e de caráter, para que possam estabelecer a confiança necessária com seus colegas de equipe e com o resto da empresa.

Equipes verdadeiramente empoderadas também precisam do contexto estratégico que vem da liderança do produto — em especial a visão do produto e a estratégia do produto — e do suporte ativo de seu gerenciamento, principalmente com coaching contínuo.

Nunca há garantias para a inovação, mas podemos melhorar substancialmente as nossas chances.

CAPÍTULO

77

Transformação
Significativa

Inevitavelmente, uma vez que você percebe o escopo e a escala do que é necessário para trabalhar da maneira que as melhores empresas funcionam, surge a questão de como mudar a forma com a qual trabalha hoje para a forma com a qual acredita que precisará trabalhar amanhã. E isso é essencialmente uma questão de transformação.

O que *realmente* significa tornar as equipes empoderadas?

O pré-requisito para essa transformação é fazer com que seus líderes seniores — geralmente começando com o CEO — entendam o *papel necessário da tecnologia* como o capacitador-chave do negócio, e não apenas um custo necessário ao se fazer negócios. Sem esse entendimento, suas chances de sucesso são baixas.

Contudo, supondo que sua liderança sênior compreenda o motivo disso ser essencial e esteja disposta a tomar as medidas necessárias, então podemos começar a trabalhar.

No nível mais alto, existem três etapas principais e, como regra geral, elas precisam acontecer na seguinte ordem:

Primeiro, você precisa garantir que tenha *líderes de produto fortes*. Sem isso, não será capaz de recrutar e fazer o coaching necessário dos profissionais para as equipes de produto, não terá uma estratégia de produto sólida e não ganhará a confiança dos líderes e dos stakeholders. Portanto, esta é realmente a primeira e mais crítica etapa, e é por isso que tem sido o tópico principal deste livro.

Em segundo lugar, você precisará dar a esses líderes de produto fortes a capacidade de recrutar e desenvolver os profissionais necessários para *equipes de produto empoderadas*. Isso quase sempre significa elevar o nível dos gerentes de produto, mas pode ir muito além disso. Observe que você não precisa elevar o nível de todas as equipes de uma vez. Só precisa ter certeza de que, antes de empoderar uma determinada equipe de produto, você garantiu que ela fosse composta por pessoas à altura da tarefa.

Terceiro, para as equipes que estão prontas para operar no modelo de equipe de produto empoderada, você precisará *redefinir o relacionamento com o negócio*. Lembre-se de que, no modelo de equipes de recurso, os stakeholders estavam, em grande parte, no controle, e as equipes de recurso foram configuradas para serem subservientes ao negócio. Agora, com o modelo de equipe de produto empoderada, a ideia é fazer uma parceria verdadeira com a empresa — colaborando para criar soluções que os clientes adorem, mas que também funcionem para a empresa.

Essa mudança representa uma troca de ideias com os líderes da organização. Perceba que você está pedindo para eles darem um grande salto de fé. O que eles ganham com isso é o fato de que a velha maneira de trabalhar nunca foi muito eficaz, de qualquer forma, então a maioria está disposta a pelo menos tentar.

É claro que, especialmente para organizações maiores, há muito mais a ser dito sobre como essa transformação impacta em termos de finanças, recursos humanos, vendas, marketing e quase todos os outros aspectos do negócio, mas isso é assunto para outro livro.

O Custo da Transformação

Uma das grandes ironias de todo esse tópico de equipes de produto empoderadas *versus* equipes de recurso é que, em geral, custa significativamente menos para formar e financiar equipes de produto empoderadas do que para financiar equipes de recurso.

Na verdade, nunca vi tanto desperdício quanto o das grandes empresas que administram equipes de recurso. Este é especialmente o caso quando essa empresa terceiriza partes significativas de sua engenharia para uma grande firma.

Não é incomum encontrar essas grandes e antigas empresas com literalmente milhares de engenheiros terceirizados financiados por contratos anuais de dezenas de milhões de dólares. Essa é a definição literal de uma *equipe de mercenários.*

A empresa muitas vezes pensa que está economizando dinheiro porque olha para o alto custo de um engenheiro, sem perceber que precisa de muito mais engenheiros, bem como de muitas pessoas para gerenciar esse número mais elevado de engenheiros.

No entanto, uma equipe muito menor de verdadeiros missionários em geral superará drasticamente essa abordagem, que, além de ser muito maior, é muito mais cara. Para além da economia de gastos, a inovação quase nunca acontece no modelo terceirizado, e o futuro da sua empresa depende disso.

É verdade que certamente pagaremos mais por pessoa pelo maior nível de talento que for exigido de uma equipe de produto empoderada, mas o número de pessoas será substancialmente menor e a sobrecarga de gerenciá-las reduzirá significativamente.

Conheci uma quantidade razoável de CFOs que são céticos em relação a esse argumento, então sugiro simplesmente que façam um teste. Escolham uma área do negócio e, nos próximos trimestres, compare os custos e os resultados de negócio do modelo de equipe empoderada com o modelo atual.

78

Transformação em Ação

*A*gora que já discutimos o que está envolvido em uma transformação significativa, você pode estar se perguntando como é uma organização de produto forte que passou por essa transformação.

Para responder a isso, compartilho a seguir uma história do parceiro do SVPG Jon Moore, baseada em suas experiências no Guardian *em Londres, uma das transformações mais impressionantes que pude presenciar.*

Em junho de 2007, o mundo da tecnologia mudou para sempre. Steve Jobs subiu no palco e revelou o iPhone — um dispositivo que era limitado em funcionalidade, mas rico em intuição. Foi uma época de mudanças revolucionárias para todas as empresas, o que não foi diferente para o jornal *Guardian*, do Reino Unido. Sob a supervisão do então editor-chefe, Alan Rusbridger, ele foi, sem discussão, o jornal digitalmente mais ambicioso do mundo.

Ao mesmo tempo, porém, também estava em crise. Pela primeira vez em quase duzentos anos, o futuro do *Guardian* era tudo menos garantido. A publicidade estava em queda livre e praticamente todas as outras fontes de receita estavam em processo de substituição por rivais mais novos e melhores, que priorizavam o digital.

Quando os jornais de todo o mundo começaram a tarefa de mudar para modelos de assinatura online, o *Guardian* escolheu uma estratégia alternativa e ambiciosa, mas potencialmente perigosa: permanecer online gratuitamente. "Nada de bom acontece com a construção de um empecilho", foi a mensagem transmitida por toda a organização.

A decisão foi fundada na crença de que o conteúdo editorial progressivo do *Guardian* iria murchar e morrer atrás de um acesso pago — mesmo que isso significasse encurtar consideravelmente a rampa, já que os clientes pagantes de jornais mudariam para o conteúdo online gratuito. Foi uma decisão arriscada, que eu apoiei de todo o coração, acreditando que uma câmara de eco progressiva, mas pequena, nunca mudaria o mundo. Primeiro, o alcance; o rendimento vem depois.

Foi nesse ambiente que me juntei a uma das organizações de produto e tecnologia mais impressionantes da mídia tradicional. Muitos dos meus novos colegas optaram por deixar startups ambiciosas, Google ou Microsoft, e, como eu, também tiveram sucesso na expansão de outras organizações de mídia conhecidas. Todos compartilhavam um desejo profundo de garantir a longevidade de uma das marcas midiáticas mais interessantes e importantes do mundo.

Entretanto, esse rápido influxo de tecnólogos inteligentes também criou um caos cultural. A identidade de longa data do *Guardian* como jornal estava sob ameaça e, como muitas organizações em rápida transição, o ambiente de trabalho era, no mínimo, confuso e frequentemente turbulento.

Muitos jornalistas e profissionais de longa data do editorial estavam compreensivelmente inseguros sobre seus novos colegas. Nossas formas de trabalhar eram estranhas, nosso desejo de criar mudanças era ameaçador e, embora nem sempre fosse publicamente reconhecido, nossas motivações eram, com frequência, questionadas.

Eu tinha a tarefa de criar e executar uma estratégia imediata para celulares. Foi um desafio excelente em um momento emocionante. Nosso então diretor digital, Mike Bracken (que avançou substancialmente no gerenciamento de produto nos círculos do governo do Reino Unido), criou uma equipe de talentos significativos.

Assim que entrei, liderei o primeiro aplicativo para iPhone da organização, em contato direto com a Apple. Nossa pequena equipe trabalhou muito para garantir que tirássemos o máximo proveito das então revolucionárias telas sensíveis ao toque e, por isso, desde o início prestei atenção especial à fotografia.

Nossa tecnologia inovadora baseada no iPhone baixava imediatamente o conteúdo mais importante e popular sem solicitação na abertura do aplicativo. Eu queria que nosso aplicativo fosse sempre útil, mesmo quando a força do sinal fosse fraca ou ausente (como costumava acontecer em 2007). Esse recurso, por si só, foi uma revelação para muitos.

Desde o momento em que entramos na App Store, foi um sucesso. Recebemos centenas de milhares de downloads nas semanas seguintes e, com o tempo, muitos outros milhões. Uma proporção significativa era de novos clientes internacionais, alimentado pelo alcance global do novo ecossistema da Apple. A qualidade de nossos aplicativos, combinada com o jornalismo de classe mundial do *Guardian*, transpareceu no feedback dos clientes. E, por causa disso, a Apple ficou feliz em nos mostrar em várias campanhas consistentes de marketing — tanto locais quanto globais —, muitas em primeiro plano.

Embora a maioria dos concorrentes tivesse lançado aplicativos que eram essencialmente leitores de RSS avançados, nós trabalhamos muito para abraçar a miríade de novas possibilidades do recurso de tela sensível ao toque. Para a Apple, nunca foi suficiente apenas se envolver. O que eles realmente procuram são parceiros que apreciem suas ferramentas o suficiente para impulsionar a experiência real do cliente.

Paralelamente à entrega operacional, como o principal gerente de projetos, estava claro para mim que, para ser de fato bem-sucedido, precisaria eliminar uma divisão crescente entre as equipes editoriais e de tecnologia.

Evangelizar nunca é mais importante do que quando sua integridade e sua motivação estão em questão, mas possivelmente qualquer coisa que valha a pena fazer em tecnologia em geral desafiará fortemente o status quo. E nesse caso não foi diferente.

Em inúmeras reuniões e apresentações com gerentes editoriais seniores, ao longo de muitos meses, comuniquei minha forte convicção de que, se bem-sucedida, minha função basicamente criaria "mais olhos para o seu incrível conteúdo, e também para monetizarmos". Meu trabalho era obter o máximo alcance dos novos canais de distribuição emergentes.

Para fazer isso, eu acreditava que precisava construir um produto de classe mundial a fim de mostrar um conteúdo inquestionavelmente de classe mundial.

Tendo estabelecido algum sucesso no início de minha gestão, foi então que o mundo da tecnologia mudou novamente. No fim de janeiro de 2010, Steve Jobs confirmou um dos segredos mais mal guardados da tecnologia ao anunciar formalmente o novo tablet da Apple: o iPad.

No dia seguinte, recebi um telefonema de Cupertino. "Steve amou o que vocês fizeram com o iPhone", disseram-me. "Gostaríamos que você replicasse isso para o iPad. E, por falar nisso, ele está planejando mostrar seus aplicativos favoritos no palco no lançamento público."

Obviamente, essa era uma ótima notícia, mas então veio o obstáculo: "Precisamos enviar o aplicativo até a última semana de março." Isso nos deu um pouco mais do que sete semanas para enviar nosso aplicativo para a revisão final.

Esse foi um grande problema. Havíamos adicionado significativamente mais funcionalidades do que a maioria e projetamos nosso produto de baixo para cima. E nem tudo era portátil, mesmo para um iPad.

Desde o início, nosso maior risco era a aplicabilidade. Depois de um ou dois dias de trabalho de descoberta intenso, ficou claro que seria impossível alcançar o mesmo nível de excelência. Simplesmente não tínhamos tempo suficiente. Precisávamos de outro produto que tivesse uma qualidade inquestionável — e rápido.

Eu sabia exatamente onde procurar. Eu já havia tomado a decisão de colocar a fotografia em primeiro plano no lançamento do nosso iPhone. Ficou imediatamente aparente que esses novos dispositivos sensíveis ao toque também eram os quadros digitais mais impressionantes (e caros) do mundo. Os dados qualitativos e quantitativos comprovaram que essa decisão foi certeira.

Nosso conteúdo fotográfico estava consistentemente entre os mais populares, ajudando a impulsionar uma forte frequência de uso e resultando em feedbacks positivos dos clientes.

Não houve tempo para coletar mais evidências. Nosso novo produto se concentraria especificamente na fotografia de notícias e, de acordo com os prazos, eu "diminuiria" o escopo. Tínhamos uma equipe de produto pequena e empoderada (cinco pessoas: produto, design e três engenheiros).

Eu precisava garantir que estaríamos focados no que poderia ser construído o mais rápido possível. Em seguida, contaríamos com a iteração rápida para torná-lo o melhor possível.

O conceito mudou do quadro branco para o protótipo do cliente em dias. Entregávamos uma única foto com curadoria por dia, que comunicava um importante evento mundial. Incluiríamos alguns outros detalhes, mas apenas alguns — destacando a história por trás da foto e como ela foi tirada.

A inclusão desses detalhes nos permitiu conquistar um patrocínio expressivo, comprovando desde cedo que éramos capazes de obter ganhos de receita. As fotos iriam construir, ao longo do tempo, uma biblioteca impressionante das fotos mais interessantes do mundo. Se acertássemos, concluí que poderíamos criar o primeiro e o melhor aplicativo digital de "mesa de centro" do mundo.

Eu precisava fazer amizade com a equipe de fotografia do *Guardian*, então liderada por um artífice fabuloso, Roger Tooth. Ele foi incrivelmente paciente e muito disposto a dedicar tempo e recursos a um projeto que tinha poucas chances de sucesso.

Com tão pouco tempo, as coisas aconteceram rapidamente. Enquanto meu designer e eu nos concentramos em iterar nosso protótipo, nossa equipe de engenharia de três pessoas começou a trabalhar na descoberta dos detalhes básicos de como criaríamos os sistemas e os serviços para garantir a entrega consistente de conteúdo.

Outro desafio importante era o fato de não termos nenhum hardware. Tínhamos visto um iPad, mas não havia oportunidade prática (isso viria um pouco mais tarde em Cupertino, mas, para ter sucesso, precisávamos estar com o código relativamente completo). Como resultado, nos divertimos um pouco com a prototipagem do hardware e do software em uníssono com o uso criativo de cardboards e telas de notebook. Era básico, mas permitia uma iteração incrivelmente rápida.

Com o valor, a aplicabilidade e a usabilidade começando a cair na minha lista de riscos, havia uma área restante que me preocupava de maneira significativa: a viabilidade do negócio.

Até aquele ponto, pouquíssimos stakeholders seniores haviam tido muita (ou qualquer) visibilidade do trabalho. Foi uma decisão que tomei deliberadamente, embora não de modo leviano, no início. Eu havia garantido um acordo com meu diretor de tecnologia e com Alan de que, para aproveitar essa oportunidade, eu precisaria agir com uma rapidez incomum. Eu teria que pedir desculpas mais tarde.

Com um produto agora em desenvolvimento e no qual eu estava cada vez mais confiante, a hora de pedir desculpas havia chegado. Na verdade, embora Alan quase certamente estivesse preocupado por eu não ter conseguido envolver mais figuras editoriais seniores, ele não vacilou em seu apoio depois que viu o protótipo.

Eu também tive defensores muito fortes na equipe de fotografia. Fiquei muito impressionado com a forma como Roger falava de sua arte, com paixão e conhecimento. Até coloquei um pequeno vídeo dele no aplicativo.

Alan, um crente de longa data no poder da tecnologia, sentiu que era hora de expor o trabalho por completo, no mais alto nível, e convidou-me para fazer uma apresentação ao conselho do grupo. Na sala estavam os grandes nomes da mídia e da tecnologia britânica, mas havia um rosto particularmente amigável: Judy Gibbons, ex-executiva da Apple e da Microsoft.

Eu já havia trabalhado para Judy em uma startup financiada por capital de risco, e ela era (e continua sendo) uma mentora externa fabulosa para mim. Com a minha apresentação encerrada, ela imediatamente respondeu com palavras que definiram o tom para aprovação: "Realmente excelente, parece incrível. Como você conseguiu se mover tão rápido?" Com essas palavras na mesa, o resto da reunião correu bem. Enviamos o aplicativo para aprovação no dia seguinte.

Como esperado, não recebi nenhuma resposta da Apple (uma conversa com eles pode ser como gritar em um beco escuro). Contudo, quando Steve subiu ao palco duas semanas depois, ele logo falou sobre seus aplicativos favoritos para o iPad, deixando de lado muitas marcas conhecidas dos EUA.

"Temos muitos aplicativos de notícias", disse ele, "*New York Times*, a revista *Time*, o *Wall Street Journal*, o *USA Today*". Então, fez uma pausa, deu um passo para trás e se virou para olhar a enorme imagem do Guardian Eyewitness que havia aparecido no palco. "Este é um aplicativo legal", ele continuou, "Guardian Eyewitness. Em vez de texto, ele mostra o dia em imagens. E é *muito* bom".

Praticamente qualquer pessoa que se importasse com tecnologia estava assistindo àquela transmissão — uma audiência bem grande, portanto. O uso resultante seguiu um caminho semelhante ao do lançamento do iPhone e, embora menor devido ao menor número de vendas do hardware básico, em muitos aspectos foi aprimorado.

Devido à natureza do conteúdo (fotos impressionantes para a família), também criamos involuntariamente o aplicativo perfeito para mostrar a então revolucionária tecnologia de tela do iPad. Como resultado, a Apple foi ainda mais diligente no uso do nosso aplicativo em praticamente todas as primeiras campanhas de marketing do iPad. E, durante a maior parte do ano, rastreamos uma relação de 1:1 entre as vendas exclusivas do iPad e o uso exclusivo do Eyewitness.

Conseguimos provar que o fotojornalismo de qualidade — combinado com uma experiência digital inovadora e envolvente — resultou em milhões de novos consumidores do *Guardian*. Contudo, o mais importante era que tínhamos demonstrado que o *Guardian* poderia liderar o mundo, não apenas editorial, mas também digital. O *Guardian* está agora perto de ser consistentemente positivo em termos de receita, um avanço significativo e que garantirá uma voz progressista e global forte por várias gerações. Que continue assim.

79

TRANSFORMADO

Aparceira do SVPG Lea Hickman está publicando outro livro da série SVPG, *TRANSFORMADO, que aborda o tópico muito difícil, mas extremamente importante, da transformação. A seguir, Lea explica sua motivação para escrever o livro e os tópicos que aborda nele.*

Existem muitos livros sobre transformações digitais, assim como muitas organizações que tentaram e não conseguiram se transformar de forma significativa.

Por que este livro é diferente e por que você deveria esperar ser mais bem-sucedido depois de lê-lo?

Por trabalhar com muitas empresas e por experimentar em primeira mão na Adobe uma das transformações mais notáveis e financeiramente bem-sucedidas da história da tecnologia, posso dizer que nem todas as empresas estão investindo totalmente em suas transformações. Na verdade, a maioria não está disposta a fazer as mudanças necessárias.

A maioria das organizações concentra sua transformação estritamente em como desenvolver seus produtos, em vez de em como produzir e entregar valor a seus clientes. Elas acham que podem criar isoladamente algum grupo de "transformação digital" ou fazer com que seus desenvolvedores adotem métodos Agile.

Deixe-me lhe dar um exemplo. Quando entrei para o Grupo de Produtos do Vale do Silício (SVPG), após construir produtos por mais de 25 anos, foi muito revelador trabalhar com várias organizações de produto em todo o mundo e ver os diferentes padrões de comportamento.

Em alguns casos, eu trabalhava com líderes de produto de classe mundial que sabiam como fazer a organização do produto operar de uma forma que produzisse resultados reais. Eles foram capazes de liderar, gerenciar e fazer o coaching da organização do produto, bem como formar parcerias eficazes com seus colegas em toda a empresa.

No entanto, em outras organizações, os líderes de produto — embora talvez conhecessem a mecânica do produto — não tinham a capacidade de construir as equipes de que precisavam para entregar os resultados necessários e influenciar o resto da organização. Eles eram vistos principalmente como a equipe de tecnologia e considerados como uma despesa necessária (ou, às vezes, não tão necessária assim).

A parte mais difícil desses compromissos é que eu poderia prever o que provavelmente aconteceria. Sim, eles iriam melhorar gradativamente, mas todo o seu potencial não seria realizado. Para essas organizações, mudanças mais fundamentais se faziam necessárias.

Se uma empresa deseja elevar os padrões da organização do produto, ela precisa pensar de forma diferente sobre o produto. Em vez de considerar o produto apenas como uma parte da organização de tecnologia (ou pior, da organização de TI), ela precisa pensar no produto enquanto *organização*. Não estou falando sobre estrutura de poder ou mesmo estrutura organizacional. Estou falando sobre como o produto precisa ser o impulsionador de valor da organização, em vez de apenas uma fábrica de recursos para o resto da organização.

À medida que me envolvo com esses tipos de organizações, outra lição que tenho aprendido é que, se a equipe executiva não estiver a bordo desse modelo operacional de produto, as chances de uma transformação bem-sucedida são mínimas. Descobri que é extremamente importante para a equipe executiva entender e ter a linguagem para se envolver com a organização do produto.

Observei também características-chave dos líderes executivos. Certos executivos têm as habilidades e a personalidade para impulsionar as mudanças necessárias, e outros não. O comportamento do líder pode gerar ou destruir a capacidade de uma organização de se transformar em uma verdadeira cultura de produto.

Uma das coisas de que mais me orgulho, quando penso no SVPG, é o fato de operarmos no mundo real. O que falamos não é acadêmico; não é teoria. Nós nos concentramos no que *sabemos* que funciona. Todos nós fabricamos produtos há décadas, tivemos sucessos e fracassos, atuamos como colaboradores individuais e líderes seniores em organizações e passamos pelas grandes transformações das quais falarei.

TRANSFORMADO pretende ajudá-lo a navegar em seu caminho através dos muitos desafios e armadilhas de uma transformação eficaz. Ele é direto e franco. Como digo a todos os meus clientes, você pode não gostar do que vou lhe dizer, mas serei honesta e direi o que acredito que você precisa ouvir. Marty Cagan me ensinou isso muito cedo na minha carreira. Ele também me deu um feedback difícil de ouvir quando estávamos passando pela transformação na Adobe, e que foi fundamental em termos de fazer as mudanças que precisávamos para transformar toda a empresa.

A Coisa Mais Importante

Engenheiros empoderados são a coisa mais importante que você pode ter em uma empresa.

—Bill Campbell

Em sua jornada para empoderar as equipes, se eu tivesse que escolher apenas um conceito deste livro que espero que você leve a sério, seria a ideia de um *engenheiro empoderado*.

Certamente, não estou dizendo que nada mais é necessário, já que *os produtos extraordinários vêm das equipes de produto*. Entretanto, estou sugerindo que acredito que esse seja o ingrediente mais importante.

Eu poderia ter enquadrado a maior parte deste livro em torno do conceito de um engenheiro empoderado. Expliquei que a melhor fonte de inovação são seus engenheiros (porque eles estão trabalhando com a tecnologia capacitadora todos os dias e, portanto, estão na melhor posição para ver o que é possível agora).

A visão do produto visa a atrair e a inspirar esses engenheiros. A estratégia do produto busca garantir que esses engenheiros estejam trabalhando nos problemas mais importantes.

Os objetivos da equipe fornecem aos engenheiros declarações claras sobre o problema a ser resolvido e os resultados a serem buscados. O gerente de produto e o designer de produto fornecem restrições críticas em relação à viabilidade do negócio e à experiência do cliente, respectivamente. A pesquisa do usuário e a ciência de dados fornecem aos engenheiros insights importantes. E, para ser muito claro, apenas deixar seus engenheiros decidirem *como codificar* uma solução não é o que se entende por empoderamento. Claro, eles precisam decidir *como implementar* a solução.

Permitir que *determinem a arquitetura* também não é o que se entende por empoderamento. Claro, eles também precisam ser capazes de *decidir a arquitetura*.

Empoderar um engenheiro significa que você fornece a ele *o problema a ser resolvido* e *o contexto estratégico*, e ele será capaz de alavancar a tecnologia para descobrir *a melhor solução para o problema*.

Uma maneira fácil de saber se você tem ou não engenheiros empoderados é se a primeira vez que eles virem uma ideia do produto for no planejamento de sprint, então você claramente tem uma equipe de recursos e seus engenheiros não estão empoderados forma significativa.

Se você está apenas usando seus engenheiros para programar, está obtendo apenas cerca de metade do valor deles. Espero que isso seja óbvio a essa altura do livro, mas uma empresa de produtos fortes movidos à tecnologia não terceirizaria seus engenheiros, da mesma forma que jamais faria isso com seu CEO.

As melhores empresas de tecnologia entendem isso. Todas elas têm planos de carreira dual track por um motivo. Seus principais engenheiros geralmente são remunerados no mesmo nível de um vice-presidente.

Os engenheiros são a maneira mais fácil de saber se a empresa tem equipes de missionários ou de mercenários.

Observe que não estou sugerindo que você coloque seus engenheiros em um pedestal. Eles são pessoas comuns como o resto de nós. Contudo, estou sugerindo que você os trate como membros de primeira classe das equipes de produto.

Considere as inovações revolucionárias que você usa e adora todos os dias. As probabilidades são de que a inovação se originou de um engenheiro empoderado trabalhando em uma equipe empoderada.

Devo avisá-lo que, em muitos casos, seus gerentes de produto resistirão a isso. Você ouvirá: "Meus engenheiros não estão interessados em nada além de codificação."

Essa é de longe a desculpa mais comum de pessoas que não entendem as equipes empoderadas. Já ouvi isso inúmeras vezes, principalmente quando pergunto a um gerente de produto ou designer de produto por que seus engenheiros não estão participando do trabalho de descoberta de produto.

A primeira coisa que devo reconhecer é que, ocasionalmente, isso é verdade, e voltarei a essa situação mais adiante. Porém, na minha experiência, essa é a exceção.

Sempre que ouço essa objeção, insisto em falar diretamente com os engenheiros. Muito frequentemente, não é isso que eles dizem. Na verdade, a reclamação mais comum que ouço dos engenheiros é que eles não são incluídos até que seja tarde demais e que são forçados a lidar com as consequências.

O que em geral está acontecendo é que o gerente de produto não quer que os engenheiros sejam incluídos porque prefere que eles gastem seu tempo codificando. Portanto, nesse caso, o problema é um gerente de produto com excesso de zelo — pensando muito mais como um gerente de projeto do que como um gerente de produto —, ouvindo o que quer ouvir ou não se importando o suficiente para sequer perguntar.

No entanto, também ocorre de os engenheiros me dizerem que não se importam muito com descobertas. Eles preferem codificar e estão satisfeitos em construir "qualquer coisa". Nesse caso, peço que me digam a última vez que um dos engenheiros conseguiu visitar pessoalmente um cliente. A resposta, com frequência, está entre "muito tempo atrás" e "nunca".

Porém, como eu disse antes, às vezes nem mesmo um único engenheiro da empresa tem qualquer desejo de fazer outra coisa senão codificar. Nesse caso, minha discussão passa para o chefe de engenharia, e eu explico que ele tem mercenários, e não missionários, e por que ele precisa aumentar o nível de contratação dos engenheiros. Ele precisa de pelo menos um verdadeiro líder de tecnologia em cada equipe de produto, e a descoberta é uma das grandes responsabilidades do líder de tecnologia.

Se, como líder de produto, você não fizer nada além disso, terá avançado significativamente no uso da tecnologia, bem como em sua jornada para empoderar as equipes de produto e em dar a si mesmo uma chance real de inovação contínua.

CAPÍTULO

81

O Destino

Se você se lembrar, iniciei este livro descrevendo a situação que muitas vezes encontro nas empresas. Agora que já discutimos o trabalho necessário para a transformação, gostaria de revisitar essa lista, mas desta vez ressaltando para onde espero que sua transformação o leve

O Papel da Tecnologia

Sua empresa entende o papel crítico e essencial que a tecnologia desempenha para capacitar seus negócios e a experiência que você fornece aos seus clientes.

Quando surgem novas tecnologias que você acredita ter o potencial de serem relevantes, você designa imediatamente alguns engenheiros a fim de aprendê-las e de considerar como elas podem ajudar a resolver problemas para seus clientes de maneiras que são possíveis atualmente.

Isso vai muito além do uso de tecnologias para a eficiência operacional. Você entende que a tecnologia permite reconsiderar o que é possível e reimaginar cada aspecto do seu negócio existente.

Você vê seus gerentes de produto, designers de produto, engenheiros e cientistas de dados como absolutamente essenciais para o seu negócio. Não consideraria terceirizá-los, assim como não o faria com seus executivos.

Coaching

Você desenvolveu e abraçou uma cultura de coaching. Cada membro de uma equipe de produto tem pelo menos um gerente que está comprometido em ajudá-lo a alcançar seu potencial. Você construiu uma reputação de empresa em que pessoas comuns, competentes e de bom caráter podem se tornar membros de uma equipe de produto extraordinária.

Alocação de Pessoal

Seus gerentes de contratação sabem que são pessoalmente responsáveis por recrutar candidatos, garantindo um processo rigoroso de entrevista e contratação e, em seguida, integrando essas novas pessoas e garantindo que sejam bem-sucedidas. Uma alocação de pessoal rigorosa tornou-se uma competência central para seus gerentes.

Visão do Produto

Você tem uma visão de produto inspiradora e atraente que une as várias equipes de produto de toda a organização em um propósito comum que é significativo para seus clientes. Essa visão provavelmente levará de três a dez anos para ser totalmente concretizada, mas você está fazendo progressos consistentes nela a cada trimestre que passa.

Topologia da Equipe

Você projetou a topologia de sua equipe para otimizar o empoderamento e a autonomia. As pessoas em suas equipes de produto sentem-se realmente responsáveis por uma parte significativa de um todo maior e entendem como e quando trabalhar com seus colegas em outras equipes para colaborar em problemas maiores.

Estratégia de Produto

Você está executando uma estratégia de produto que se concentra nas metas mais importantes e é alimentada por percepções que vêm de seus dados e de suas interações contínuas com os clientes. O resultado é que você conhece os problemas de maior impacto que precisa que suas equipes resolvam.

Objetivos de Equipe

Esses *problemas a serem resolvidos* são atribuídos a equipes de produto específicas com *objetivos de equipe*. Essas equipes, então, usam técnicas de *descoberta* de produto para descobrir as táticas que podem realmente resolver os problemas, e a *entrega* do produto constrói essa solução para colocá-la no mercado.

Relacionamento com os Negócios

Hoje, o relacionamento entre as equipes de produto e seus líderes de negócios e stakeholders é de respeito mútuo e de colaboração verdadeira. As equipes de produto trabalham em estreita colaboração com os stakeholders para chegar a soluções que os clientes adorem, mas que também funcionem para os negócios. Tanto as equipes quanto os stakeholders entendem e abraçam isso.

Equipes Empoderadas

O mais importante é que as equipes de produto sejam empoderadas a fim de apresentar as melhores soluções para os problemas que foram solicitadas a resolver, e que sejam responsáveis pelos resultados.

Os engenheiros procuram aplicar, constantemente, novas tecnologias de novas maneiras para resolver melhor os problemas dos clientes. Os designers estão trabalhando continuamente para fornecer a experiência de usuário necessária. Os gerentes de produto assumem a responsabilidade pelo valor e pela viabilidade das soluções.

As equipes estão inspiradas e orgulhosas de trabalhar em colaboração com colegas qualificados em problemas significativos. Elas têm um forte senso de propriedade e definem seu sucesso a partir de suas contribuições consistentes aos clientes e à empresa.

O estado que estou descrevendo aqui ainda não é fácil — você sempre terá concorrentes fortes a cobiçar os seus clientes —, mas agora você está equipado não apenas para lutar, mas para crescer e prosperar inovando continuamente em nome de seus clientes.

Considerações Finais

Minha profunda esperança é de que os muitos líderes de produto lá fora, que nunca tiveram a sorte de receber um coaching sério, agora tenham um recurso para ajudá-los a melhorar — e, portanto, elevar o nível do seu pessoal.

Além disso, tenho esperança de que a próxima geração de líderes leia isto e entenda o que precisa ser feito para ser o líder que seu pessoal e sua empresa merecem.

Eu espero que todos vocês se tornem líderes de produto excepcionais. Espero que possam trabalhar em uma empresa que saiba como utilizar seus talentos. Por último, espero que usem seus talentos e suas energias para o bem.

Saiba Mais

O site do Grupo de Produtos do Vale do Silício (https://svpg.com/) foi projetado como um recurso aberto e gratuito, no qual compartilhamos nossas ideias e aprendizados mais recentes sobre o mundo dos produtos movidos a tecnologia.

O SVPG também realiza workshops para gerentes de produto, equipes de produto e líderes de produto — tanto online quanto pessoalmente (em geral em São Francisco, Nova York e Londres). Nosso objetivo é compartilhar os aprendizados mais recentes e fornecer uma experiência definidora de carreira (consulte https://svpg.com/workshops/) [conteúdo em inglês].

Para empresas que acreditam precisar de uma transformação drástica e significativa em sua tecnologia e organização de produto para produzir produtos movidos a tecnologia de forma competitiva, nós também oferecemos encontros personalizados e presenciais.

Índice

Projetos corporativos e edições personalizadas
dentro da sua estratégia de negócio. Já pensou nisso?

Coordenação de Eventos
Viviane Paiva
viviane@altabooks.com.br

Assistente Comercial
Fillipe Amorim
vendas.corporativas@altabooks.com.br

A Alta Books tem criado experiências incríveis no meio corporativo. Com a crescente implementação da educação corporativa nas empresas, o livro entra como uma importante fonte de conhecimento. Com atendimento personalizado, conseguimos identificar as principais necessidades, e criar uma seleção de livros que podem ser utilizados de diversas maneiras, como por exemplo, para fortalecer relacionamento com suas equipes/ seus clientes. Você já utilizou o livro para alguma ação estratégica na sua empresa?

Entre em contato com nosso time para entender melhor as possibilidades de personalização e incentivo ao desenvolvimento pessoal e profissional.

PUBLIQUE SEU LIVRO

Publique seu livro com a Alta Books. Para mais informações envie um e-mail para: autoria@altabooks.com.br

 /altabooks   /alta-books   /altabooks   /altabooks

CONHEÇA OUTROS LIVROS DA **ALTA BOOKS**

Todas as imagens são meramente ilustrativas.

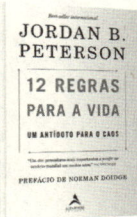

Este livro foi impresso nas oficinas gráficas da Editora Vozes Ltda.,
Rua Frei Luís, 100 – Petrópolis, RJ.